Das Reich der

PHARAONEN

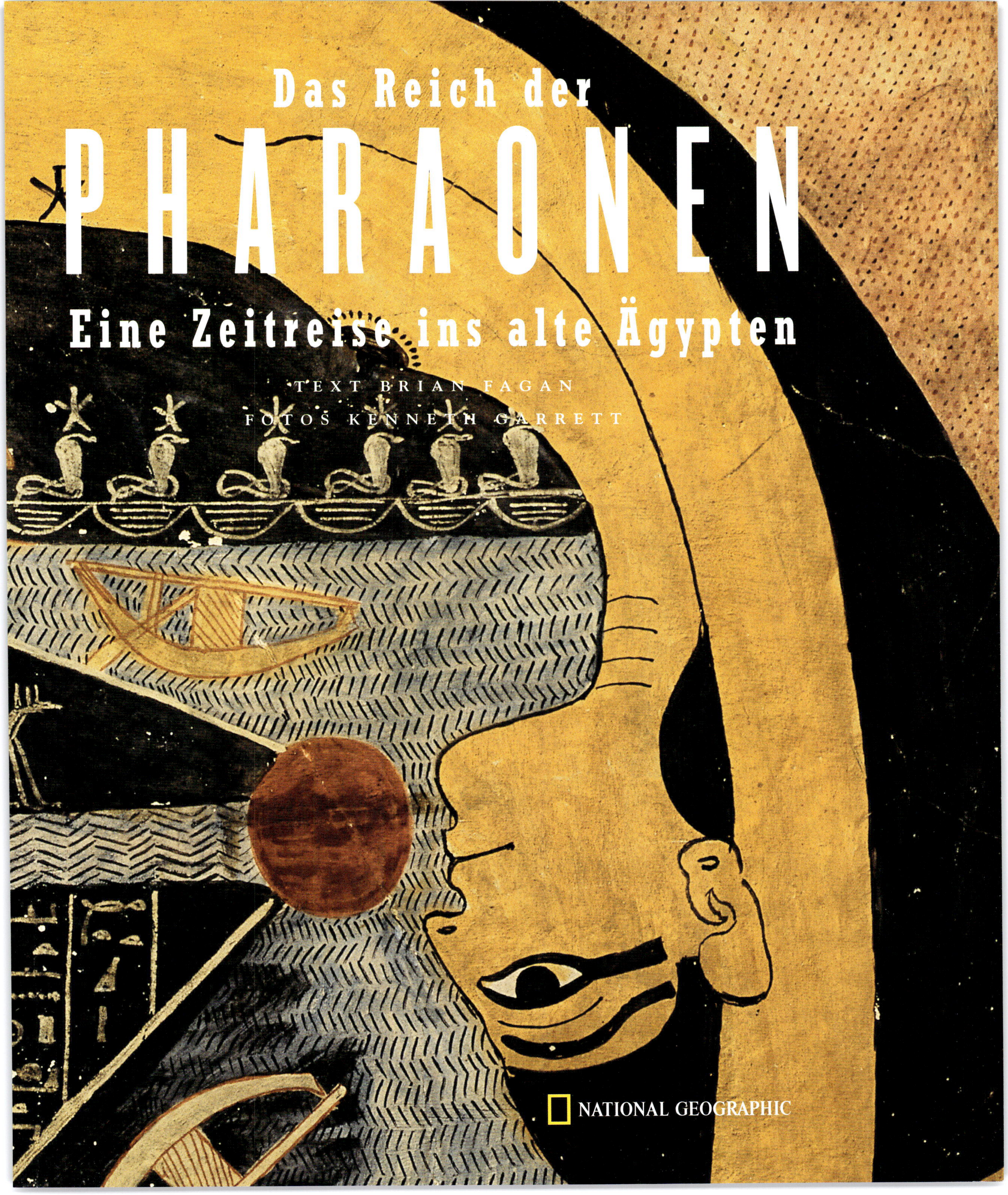
Das Reich der
PHARAONEN
Eine Zeitreise ins alte Ägypten
TEXT BRIAN FAGAN
FOTOS KENNETH GARRETT
NATIONAL GEOGRAPHIC

INHALT

VOWORT

Könnten Sie einen ganzen Tag bei den Grossen Pyramiden von Giseh verbringen, so würden Sie die Sonne im Osten über der östlichen Wüste aufgehen und ihr Licht langsam über das Antlitz der Sphinx wandern sehen; später am Tag würde Ihr Gesicht widerleuchten vom Schein der Sonne, während Sie beobachten, wie der Feuerball im Westen hinter den Pyramiden versinkt. Dieser Tag würde Sie davon überzeugen, dass Zauber und Geheimnis des alten Ägypten noch immer sehr lebendig sind.

Fünf Jahre lang erfuhr ich diesen Zauber fast täglich. Ich lebte als junger Inspektor der Altertümerverwaltung auf dem Giseh-Plateau, dort lagen die außergewöhnlichen Bauwerke direkt vor meiner Haustür. Zur Tagundnachtgleiche im Frühling und Herbst beobachtete ich, wie die Sonnenstrahlen hinter der rechten Schulter der Sphinx verschwanden und in das Heiligste des Sphinx-Tempels fielen. Diese fünf magischen Jahre überzeugten mich, mein Leben der Archäologie und dem Schutz dieser ewigen Bauten widmen zu wollen.

Der gleiche Zauber ergriff mich, als ich Inspektor der Altertümerverwaltung in Abu Simbel wurde. Zweimal im Jahr, im Oktober und im Februar, sah ich dort das Sonnenlicht in die Tiefen des in den Fels gehauenen Tempels eindringen, um die im innersten Tempelbezirk verborgenen, steinernen Gesichter zweier Götter und Ramses' II. zu erhellen und gleichzeitig eine andere Gottheit geheimnisvoll in völliger Dunkelheit zu belassen.

Meine nächste Aufgabe führte mich an das Westufer des Nils bei Luxor, wo ich, nicht weit vom Tal der Könige entfernt, mit einer Expedition der Universität von Pennsylvania am Königspalast Amenophis' III. in Malkata arbeitete. Eines Morgens veranlasste mich etwas, diesen Ort der Stille aufzusuchen, den sich die Könige des Neuen Reiches zur Grabstätte gewählt hatten. Allein betrat ich die Gruft von Sethos I., dem Vater Ramses' II. Die farbenprächtigen Reliefs aus dem *Totenbuch* an den Wänden machten einen tiefen, mystischen Eindruck auf mich, der mir noch heute unerklärlich ist.

Nach Giseh zurückgekehrt, begann ich, einen Wasserschacht unter dem Damm der Chephren-Pyramide freizulegen. Genau hier, so nahm man an, habe es zur Römerzeit einen Tunnel gegeben, der Sphinx und Große Pyramide verband. Die Ausgrabung gestaltete sich schwierig, der Schacht war sehr tief. In unsere Arbeit, mitunter mühselig und anstrengend, mischte sich Erregung, als wir endlich zwischen den Überresten von vier Säulen einen von Wasser umgebenen, großen Sarkophag entdeckten, den man als Kenotaph oder symbolische Gruft des Gottes Osiris deutete.

Etwas weiter südlich in Giseh, in den Felsen am Rande der Wüste, legen wir die Gräber der Pyramidenerbauer frei. Täglich kommen Dinge ans Tageslicht – eine Inschrift, ein Skelett, auch eine Tonscherbe –, die uns vom Leben derer erzählen, die an den Pyramiden arbeiteten; Dinge, die zweifelsfrei belegen, dass diese außerordentlichen

Zahi Hawass bei der Arbeit im Tal der Goldenen Mumien in der Oase Bahariya.

Bauwerke von den alten Ägyptern, nicht von Sklaven oder gar Wesen anderer Welten, errichtet wurden.

Tatsächlich zeigt unsere Grabungsarbeit, dass der Pyramidenbau eine enorme gesellschaftliche Kraft im Ägypten jener frühen Zeit war: Junge Dienstverpflichtete aus weit entfernten Weilern und Dörfern wurden nach Giseh gebracht, wo sie, in Gruppen aufgeteilt, am Bau der beeindruckendsten Bauwerke dieses antiken Landes mitwirkten. Die dramatischen Szenen in Cecil B. deMilles Filmepen lassen die Mühen dieser Menschen, die Millionen Steinblöcke bewegten, erahnen. Doch ein noch größeres Schauspiel – die Große Pyramide – steht nach wie vor majestätisch auf der Hochebene und erinnert die ganze Welt an die unvergleichliche gemeinsame Anstrengung dieser Menschen.

In jüngster Zeit haben Nachrichten von überraschenden Entdeckungen im Tal der Goldenen Mumien die Welt aufhorchen lassen. Erstmals hat ein Archäologenteam in nur elf Gräbern mehr als 200 Mumien entdeckt, manche von ihnen waren mit Gold verkleidet.

Archäologen aus aller Welt arbeiten in Ägypten und trotz der vielen jüngsten Entdeckungen – neuer Gräber in Sakkara, des Grabes der Söhne Ramses' II. im Tal der Könige, der verlorenen Städte im Meer vor Alexandria – schätzen wir, dass noch rund 70 Prozent der antiken Bauwerke verborgen liegen.

Dieses Buch, *Das Reich der Pharaonen*, hat ein Wissenschaftler geschrieben, Brian Fagan; er hat alle aktuellen Informationen gesammelt und zu einer lebendigen Geschichte voller Abenteuer verwoben. Die verschwenderischen Fotos meines Freundes Ken Garrett illustrieren anschaulich das Aufregende der Archäologie in Ägypten und den Zauber seiner Bauwerke. Ich überlasse Sie nun der Geschichte und der geheimnisvollen Magie des alten Ägypten.

Zahi Hawass
Direktor der Pyramiden
Giseh 2001

MITTELMEER
Nildelta
Alexandria
Pe (Buto)
Sais
Tanis
Naukratis
Avaris
Pi-Ramses
Pelusium
ISRAEL
Jerusalem
Athribis
Heliopolis (Iunu)
Suez Canal
Pyramiden von Giseh
Kairo
Abusir
Sakkara
Memphis (Inebhedj)
Dahschur
Lischt
Kattara-Senke
Faijum-Senke
Hawara
Kahun
Herakleopolis
Beni Suef
Sinai
Golf von Suez
Golf von Akaba
Bahariya
Bahr Yusef
ARABISCHE WÜSTE
Beni Hasan
Hermopolis
Amarna (Achetaton)
El Kusiya (Kusai)
Farafra
ROTES MEER
LIBYSCHE
Assiut
ÄGYPTEN
This (Tjeny)
Abydos (Abdju)
Dendera
WÜSTE
Nakada (Nubt)
Tal der Könige
Luxor (Theben, Waset)
Dachla
Charga
Esna (Iunyt)
Nechen (Hierakonpolis)
Edfu (Idfu)
Insel Elephantine
Assuan (Syene)
1. Katarakt
Philae
Assuan Hochdamm
Kurkur
Dunkul
NÖRDLICHER WENDEKREIS
Kalabscha (Talmis)
UNTERNUBIEN
Nassersee
Abu Simbel
Toschka
Buhen
Mirgissa
2. Katarakt
Semna
Salima
Nubischer See
NUBISCHE
Nil
WÜSTE
SUDAN
3. Katarakt
OBERNUBIEN
DAS ALTE ÄGYPTEN
Kerma
Fruchtbares Land
Altägyptische Stätte
Heutige Stadt
Oase
Dschebel Barkal
4. Katarakt
Napata
BAYUDA-WÜSTE
5. Katarakt
0 Kilometer 150
Die Karte zeigt heutige Gewässer, Küsten und Grenzen
Atbara

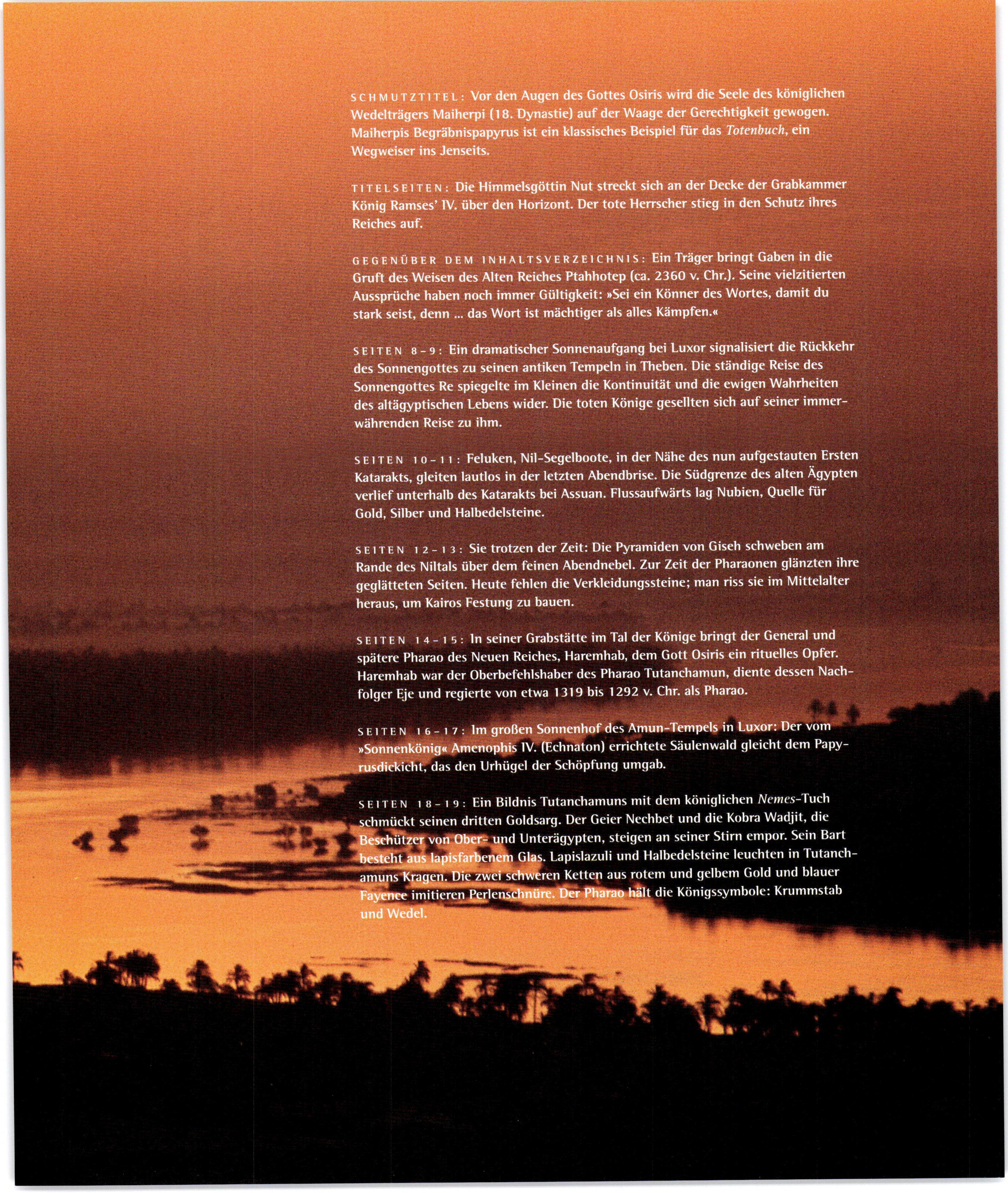

SCHMUTZTITEL: Vor den Augen des Gottes Osiris wird die Seele des königlichen Wedelträgers Maiherpi (18. Dynastie) auf der Waage der Gerechtigkeit gewogen. Maiherpis Begräbnispapyrus ist ein klassisches Beispiel für das *Totenbuch*, ein Wegweiser ins Jenseits.

TITELSEITEN: Die Himmelsgöttin Nut streckt sich an der Decke der Grabkammer König Ramses' IV. über den Horizont. Der tote Herrscher stieg in den Schutz ihres Reiches auf.

GEGENÜBER DEM INHALTSVERZEICHNIS: Ein Träger bringt Gaben in die Gruft des Weisen des Alten Reiches Ptahhotep (ca. 2360 v. Chr.). Seine vielzitierten Aussprüche haben noch immer Gültigkeit: »Sei ein Könner des Wortes, damit du stark seist, denn ... das Wort ist mächtiger als alles Kämpfen.«

SEITEN 8–9: Ein dramatischer Sonnenaufgang bei Luxor signalisiert die Rückkehr des Sonnengottes zu seinen antiken Tempeln in Theben. Die ständige Reise des Sonnengottes Re spiegelte im Kleinen die Kontinuität und die ewigen Wahrheiten des altägyptischen Lebens wider. Die toten Könige gesellten sich auf seiner immerwährenden Reise zu ihm.

SEITEN 10–11: Feluken, Nil-Segelboote, in der Nähe des nun aufgestauten Ersten Katarakts, gleiten lautlos in der letzten Abendbrise. Die Südgrenze des alten Ägypten verlief unterhalb des Katarakts bei Assuan. Flussaufwärts lag Nubien, Quelle für Gold, Silber und Halbedelsteine.

SEITEN 12–13: Sie trotzen der Zeit: Die Pyramiden von Giseh schweben am Rande des Niltals über dem feinen Abendnebel. Zur Zeit der Pharaonen glänzten ihre geglätteten Seiten. Heute fehlen die Verkleidungssteine; man riss sie im Mittelalter heraus, um Kairos Festung zu bauen.

SEITEN 14–15: In seiner Grabstätte im Tal der Könige bringt der General und spätere Pharao des Neuen Reiches, Haremhab, dem Gott Osiris ein rituelles Opfer. Haremhab war der Oberbefehlshaber des Pharao Tutanchamun, diente dessen Nachfolger Eje und regierte von etwa 1319 bis 1292 v. Chr. als Pharao.

SEITEN 16–17: Im großen Sonnenhof des Amun-Tempels in Luxor: Der vom »Sonnenkönig« Amenophis IV. (Echnaton) errichtete Säulenwald gleicht dem Papyrusdickicht, das den Urhügel der Schöpfung umgab.

SEITEN 18–19: Ein Bildnis Tutanchamuns mit dem königlichen *Nemes*-Tuch schmückt seinen dritten Goldsarg. Der Geier Nechbet und die Kobra Wadjit, die Beschützer von Ober- und Unterägypten, steigen an seiner Stirn empor. Sein Bart besteht aus lapisfarbenem Glas. Lapislazuli und Halbedelsteine leuchten in Tutanchamuns Kragen. Die zwei schweren Ketten aus rotem und gelbem Gold und blauer Fayence imitieren Perlenschnüre. Der Pharao hält die Königssymbole: Krummstab und Wedel.

DIE ANFÄNGE

Ein zeitloser Sonnenaufgang über dem Nil spiegelt den unveränderten Rhythmus der Jahrtausende wider. Wiedergeburt bei Sonnenaufgang, Jugend, Erwachsensein, Alter und Tod bei Sonnenuntergang – die Reise des Sonnengottes über den Himmel vom Morgengrauen bis zur Dämmerung war mehr als 3000 Jahre Brennpunkt ägyptischer Existenz. Wie die Sonne beschreibt auch der Nil den Rhythmus des Lebens. Seine regelmäßigen Hochwasser bescherten dem Boden, auf dem eine der größten Kulturen der Welt errichtet wurde, Leben spendendes Nass und fruchtbaren Schlamm.

Die Zeit vor den Pharaonen

Späte vordynastische Periode	Frühdynastische Periode	Altes Reich	Erste Zwischenperiode	Mittleres Reich
circa 3100 v. Chr.	ca. 2950–2575 v. Chr.	ca. 2575–2150 v. Chr.	ca. 2125–1975 v. Chr.	ca. 1975–1640 v. Chr.

Ka

Ro

Narmer

Zweite Zwischenperiode	Neues Reich	Dritte Zwischenperiode	Spätzeit	Hellen.-Röm. Zeitalter
ca. 1630–1520 v. Chr.	ca. 1539–1070 v. Chr.	ca. 1075–715 v. Chr.	ca. 715-332 v. Chr.	332 v. Chr.–395 n. Chr.

DIE ANFÄNGE

Die Hochebenen und Täler der thebanischen Berge nahe dem Tal der Könige westlich des Nils sind raue und unfruchtbare Wüste, das Reich der Toten. Kemet, das schwarze Land, war ein langes, schmales Königreich, gesäumt von den trostlosen Einöden der östlichen Sahara. Das alte Ägypten glich einer großen Blume. Den Stengel formte Oberägypten, das Sumpfdelta Unterägyptens die Blüte. Jeden Sommer überschwemmten und düngten Hochwasser die Böden des Tals. Fellachen fingen die Nilfluten in natürlichen Becken und Tümpeln auf und pflanzten Getreide an. Schon 6000 v. Chr., vielleicht aber auch noch früher, gediehen entlang des Flusses Dutzende von Ansiedlungen. In nur 2000 Jahren waren die größeren unter ihnen zu kleinen Königreichen erblüht, die Handel trieben und miteinander konkurrierten. Nach Jahrhunderten eifersüchtiger Rivalität, die ein Fachmann als gigantisches Monopoly-Spiel bezeichnete, unterwarfen die mächtigen Fürsten des nahen Abydos in Oberägypten ihre Gegner im Delta nilabwärts. Sie einten Ägypten zu dem Reich, das fast drei Jahrtausende währen sollte.

Eine neblige Morgendämmerung am Nil. Die hohen Segel der Feluken flogen wie Schwalben vor dem sanften Nordwind dahin. Die Dunstschleier zogen tief über das graue Wasser. Palmwedel schimmerten weich in der lauen Brise. Ich saß im Bug unseres schwer beladenen Schiffs und beobachtete die ziehenden Wasservögel hoch über uns. Die Stimmen von Frauen und Männern auf dem Weg zu ihren Feldern durchbrachen die morgendliche Stille.

Gleißende Sonnenstrahlen ergossen sich über unser Segel. Der Sonnengott Re war plötzlich über der Wüste im Osten erschienen und tauchte sein Land in funkelnde Strahlen. Ich begriff, dass die gleichen Rhythmen aus aufgehender Sonne und sich zerstreuenden Schleiern, aus Dörfern und Feldern, aus langen Schatten und rosigem Licht bei Sonnenuntergang so alt waren wie das antike Ägypten selbst.

Bauern bestellen die Überschwemmungsebene bei Sakkara. Ägyptens frühe, durch ihre Töpferei (Nakada II. mit Booten, oben) bekannten Bauern trieben in den vom Nil überfluteten Landesteilen Ackerbau.

Gelegentliche Steingravuren wie dieser Steinbock aus unbekannter Zeit sind Hinweise auf die Beute der entfernten Vorfahren der alten Ägypter. Die frühen Jäger und Sammler am Nil bleiben schemenhaft. Wir wissen von ihnen durch die zahllosen Steinwerkzeuge, die man entlang des Flusses fand.

Während Re am Himmel aufstieg, beobachtete ich einen endlosen Fries sich entfaltenden Lebens entlang der Nilufer. Das Gefühl von Zeitlosigkeit war überwältigend – Männer ritten auf Eseln, ihre Füße berührten fast den Boden, ein Dörfler hob einen *schaduf*, um sein Land zu bewässern, Frauen bückten sich über das wachsende Getreide der Felder, Arbeiter mit Körben auf den Köpfen, die einen Bewässerungskanal reinigten wie ihre Vorfahren 4000 Jahre zuvor. Es war ein Leichtes, mich in die Zeit der Pharaonen zurückzudenken, deren Zivilisation mehr als 3000 Jahre bestand.

Ägypten ist ein Paradies für Archäologen, wie ein Palimpsest (eine in immer neuen Schichten überschriebene Pergamenthandschrift) von Pharaonen, Priestern und Eroberungsarmeen. Grüne Felder und wachsende Städte berühren die Mauern antiker Tempel. Das trockene Nilklima ist den Artefakten, den Kunstgegenständen, den Toten gnädig und schont selbst die zartesten Gewebe und andere Schätze der Vergangenheit. Riesige Friedhöfe und kleine Königsgräber in Nakada und Abydos erzählen von den bescheidenen Anfänge des alten Ägypten vor über 5000 Jahren. Die Stufenpyramide in Sakkara, etwa 2650 v. Chr. erbaut, ist einer der ältesten Monumentalbauten der Welt. Amarna beherbergt die Hauptstadt des »Ketzerkönigs« Echnaton, der mehr als 1300 Jahre v. Chr. gegen die Macht der Priester aufbegehrte. Die großartigen Tempel Thebens künden von der Heiligkeit des Sonnengottes Re und den Feldzügen der großen Kriegerkönige, die seine Heiligtümer schmückten. Diese und zahllose weitere Bauwerke erzählen die faszinierende Geschichte einer untergegangenen Kultur.

Die Ägypter wussten, dass ihre Kultur sehr alt war. 1000 Jahre, nachdem König Djoser seine Stufenpyramide erbaut hatte, kam ein Schreiber, Ahmose, Sohn des Iptah, »den Tempel des Djoser zu schauen. Er sah ihn, als sei der Himmel selbst darin, in dem Re aufstieg«. Der Glaube veränderte sich nur wenig, Jahr um Jahr wurden die gleichen Feste gefeiert, und die Pharaonen regierten wie Jahrhunderte zuvor ihre Vorgänger. Ein berühmtes, vor mindestens 4000 Jahren niedergeschriebenes Harfnerlied spricht von jenen, die vorangingen:

Was wurde aus ihren Häusern? / Ihre Mauern liegen danieder, / Ihre Orte sind vergangen, / Als hätte es sie nie gegeben!

Die geordnete Welt des alten Ägypten ist untergegangen. Die Tempel schweigen. Die Götter sind verschwunden im Auf und Ab der Gezeiten der Geschichte. Der Sonnengott Re ist in den eigenen Schreinen ohne Bedeutung. Gesänge und Anrufungen, Prozessionen und Tänze der Verehrung sind verstummt. Was geblieben ist, sind zerfallene Säulen und stumme, von den Strahlen der Sonne verspottete Inschriften. Doch noch immer fesselt das alte Ägypten unsere Fantasie. Denken Sie an den Fluch der Pharaonen, die Kraft der Pyramiden und die Sonnenanbeter. Vie-

le glauben, die Ägypter hätten fortschrittliche Computer entwickelt, ungewöhnliche, mediale Kräfte und ein dem unseren weit überlegenes Wissen um Astronomie und Mathematik besessen. Diese und andere Mythen klingen im öffentlichen Bewusstsein nach.

Auch das Geheimnisvolle zog Ägyptenreisende über Jahrhunderte in seinen Bann. Der griechische Geschichtsschreiber Herodot reiste im 5. Jahrhundert v. Chr., als das Land persische Provinz war, den Nil hinauf. »Es ist voller bemerkenswerter Eigenarten und hat mehr unbeschreibliche Bauwerke hervorgebracht als jedes andere Land der Welt«, berichtete er. Naiv, aber neugierig, schildert Herodot das Einbalsamieren und bewundert die Pyramiden von Giseh, von denen er erzählt, König Cheops habe ihren Bau finanziert, indem er die Tochter zur Prostitution zwang. Wie Herodot hielten viele Ägypten für die Wiege aller Kulturen. Römische Touristen strömten an den Nil und hinterließen ihre Wandkritzeleien im Tal der Könige, der Nekropole einiger der mächtigsten Pharaonen Ägyptens.

Als General Napoleon Bonaparte 1798 in das Niltal eindrang, begleitete ihn ein Stab von Wissenschaftlern mit dem Auftrag, das alte wie das neue Ägypten zu studieren. Erstaunt über das, was sie vorfanden, rätselten sie über geheimnisvolle Hieroglyphen und skizzierten im Kugelhagel Tempel, bis ihnen unterwegs die Bleistifte ausgingen. Als ein Armeeoffizier den heute berühmten Stein von Rosette fand, ahnten die Männer Napoleons, dass diese Inschriften das Rätsel der Pharaonen lösen würden. Der General ließ Gipskopien an Gelehrte in ganz Europa schicken. Es vergingen 20 Jahre, bevor der junge Franzose Jean-François Champollion in Paris auf die Straße rannte und schrie: »Ich habe es!« Dann brach er erschöpft zusammen. Es war die Geburtsstunde der modernen Ägyptologie.

Heute, mehr als 180 Jahre später, besitzen wir ein erstaunliches und doch unvollständiges Bild des alten Ägypten. Die ersten Archäologen gruben auf der Suche nach dem Großen und Spektakulären im Wettlauf mit skrupellosen Grabräubern die Stätten wie Kartoffeläcker um. Das Ende jener Ära schlug im späten 19. Jahrhundert, als der britische Ägyptologe William Matthew Flinders Petrie strengere Methoden einführte und auf der Bedeutung kleiner Objekte beharrte. Die Ägyptologie hat sich seitdem zu einem hoch spezialisierten Forschungszweig entwickelt, der moderne Technik, zahlreiche Disziplinen und fortschrittliche Konservierungsmethoden mit akribischer Dokumentation von Inschriften und der Entzifferung von Schriften verbindet. Dank der hoch technisierten Wissenschaft können wir Pharaonenmumien röntgen, Nahrungsreste in Tontöpfen analysieren, Tempel mithilfe von Computergrafik rekonstruieren und die Herkunft exotischer Steine und Metalle bestimmen. Die Medizintechnik verrät uns mehr über den Gesundheitszustand einiger früher Ägypter als diese selbst wussten. Doch trotz Schwindel erregender Fortschritte bleibt vieles im alten Ägypten weiterhin rätselhaft.

DAS SCHWARZE LAND

Wie kein anderes Land unseres Planeten ist das vom längsten Fluss der Erde genährte Ägypten durch Wüsten, Berge und Meer von der Außenwelt isoliert. Der Nil entspringt im ostafrikanischen Hochland und fließt mehr als 6400 Kilometer durch einige der trockensten Gebiete der Erde nach Norden zum Mittelmeer. Ägyptens Anteil an diesem Strom beträgt weniger als ein Viertel. Die Ägypter nannten ihre Heimat nach den schwarzen Böden, die ihre Zivilisation nährten, Kemet, das schwarze Land. Kemet durchbohrt die östliche Sahara wie ein grüner Pfeil; Lage um Lage fruchtbaren Schlamms liegt in der Schlucht, die sich vor rund 14 000 Jahren füllte, als die letzte Eiszeit zu Ende ging. Der Meeresspiegel hob sich einige hundert Meter und ließ den Nil über seine Ufer treten.

Niemand wusste, woher die schöpferische Kraft des Flusses rührte. Die Pharaonen glaubten, er werde von einem Strom der Unterwelt gespeist. Man nahm an, das Leben spendende Nilwasser steige zwischen Granitfelsen – fast 1000 Kilometer vom Mittelmeer entfernt – in der Nähe des Ersten Katarakts aus einer Höhle unter der in der Flussmitte gelegenen Insel Elephantine an die Oberfläche empor.

Dank der viktorianischen Entdecker Richard Burton, John Speke und anderer wissen wir, dass der Fluss nicht bei Elephantine, sondern 5500 Kilometer flussaufwärts in Ostafrika entspringt. Im Sommer gehen über dem Äthiopischen Hochland schwere Monsunregen nieder; sie lassen den Blauen Nil und die Atbaraflüsse anschwellen. Bis zum Bau des Assuan-Staudamms in den Sechzigerjahren floss das Wasser, das seinen Höchststand zwischen Juli und September erreichte, schlammbeladen nordwärts. Es war die Zeit der Überschwemmung: Der Fluss trat über die Ufer und ergoss sich in die Überschwemmungsebene. Das Tiefland liegt weit vom Fluss entfernt, und so breitete das Wasser sich seitwärts stark aus, die Strömung ließ nach, der Schlamm lagerte sich ab, und das Wasser ging langsam zurück.

Der Fluss düngte und bewässerte die sorgfältig angelegten Felder der Ägypter. Üppiges Sumpfland und Wiesen versorgten Haus- wie Wildtiere mit Nahrung. Entlang des Nils gab es Tümpel im Überfluss, in denen es von Fischen wimmelte. In einem guten Flutjahr wurde der Fluss zu einem weiten, seichten See. Dörfer und Städte wurden zu Inseln. Stieg der Nil, errichteten die Bauern Erdwälle und bauten natürliche Becken zu Wasserspeichern aus; sie legten Bewässerungskanäle an, die das Flutwasser sogar noch weiter landeinwärts verteilten. Die Menschen fürchteten überdurchschnittliche Überschwemmungen, weil diese alles fortspülten: Vieh, Häuser, ganze Ortschaften.

In manchen Jahren stieg der launische Fluss infolge großer Dürren flussaufwärts kaum an. Geringe Überschwemmungen konnten zu Wasserständen führen, die so niedrig waren, dass der Wasserspiegel fast umgehend wieder fiel, was bedeutete, dass Tausende hungern würden.

Die Pharaonen wussten um das Unheil, das unregelmäßige Hochwasser brachten. Sie beschäftigten ein Heer von Schreibern, die die präzise geeichten Nilometer ablasen, die das Steigen und Fallen der Flut bei Elephantine und an strategischen Punkten flussabwärts maßen. Über die Jahrhunderte erwarben sie eine beachtliche Fertigkeit im Voraussagen der Wasserstände; doch sie vermochten wenig auszurichten, wenn das Hochwasser ein Rinnsal blieb und die Felder verdorrten.

Kemet mag wie ein Paradies auf Erden erschienen sein, und in vieler Hinsicht war es das auch sicherlich im Vergleich zu anderen Teilen der Alten Welt. Allerdings waren die Ägypter der Gnade der Naturgewalten ausgeliefert. Ihre Welt war die der fließenden Wasser und fruchtbaren Böden, einer Ordnung, die um ein Gleichgewicht mit dem unberechenbaren, drohenden Chaos rang. Allein die Sonne, die sich von Auf- bis Untergang über wolkenlosen Himmel bewegte, war

Auf diesem Topf der vordynastischen Nakada-I.-Kultur Oberägyptens sind im Nil treibende Krokodile dargestellt. Die frühen Ägypter schätzten feine Töpferarbeit, und die Dörfer am Fluss handelten mit der Ware geschickter Töpfer. Der Nil wimmelte von Krokodilen, bis die Touristen der viktorianischen Zeit sie mit Repetiergewehren zu jagen begannen und die Population stark reduzierten.

unwandelbare Realität. Die Vorstellungen der alten Ägypter von Umwelt, Leben, Religion, Königtum und Staat entsprangen ihrer Abhängigkeit von den Wassern des Nils.

Ägypten ist ein einzigartig geradliniges Land. Hoch aus dem All betrachtet, gleicht Kemet einer gewaltigen, tief im Herzen Afrikas verwurzelten Lotusblume. Stängel und Blüte bilden die Zwei Länder der alten Ägypter. Ta-shema (Oberägypten), der Stiel, beginnt beim Ersten Katarakt, wo das Tal nur 2,5 Kilometer breit ist. Jenseits von Elephantine und dem Ersten Katarakt liegt Nubien, Ta-seti (das Land der Bogenschützen), wo der Fluss sich in der unendlichen Wüste und einer fremden Welt verliert. Das Land verdankt seinen Namen der Meisterschaft der Nubier im Umgang mit Pfeil und Boden. Das oft von Felsen begrenzte Oberägypten ist etwa 800 Kilometer lang. An Orten wie Amarna ist die Überschwemmungsebene des Nils bis zu 18 Kilometer breit. Nahe der Pharaonenhauptstadt Memphis geht der Stiel in die Blüte über, hier windet sich der Fluss durch ein weites sumpfiges Delta zum Meer. Ta-mehu (Unterägypten) umfasst das Delta vom Mittelmeer nilaufwärts bis Memphis. Das 22 000 Quadratkilometer große Delta, feucht, tief gelegen, mit niedrigen Hügeln, Sümpfen und Seen, diente als Kornkammer und Weinberg Ägyptens. In der Antike war die Nilmündung ein Labyrinth von wenigstens fünf Armen, heute sind es noch zwei.

Der Fluss war die Hauptverkehrsader. Fast der gesamte Handel und ein Großteil der Staatsgeschäfte wurden, Strömung und vorherrschende Winde nutzend, über den Nil abgewickelt. Der Pharao selbst reiste mit großem Zeremoniell durch sein Reich, um an Feldzügen teilzunehmen, oder von der Verwaltungshauptstadt Memphis 650 Kilometer nilaufwärts nach Theben zu den großen religiösen Festen zu fahren. Wir können uns die Aufregung vorstellen, wenn sich das große Segel der königlichen Barke im Nordwind blähte. Die nubische Leibgarde des Königs säumte die Reling, und der wettergegerbte Steuermann hoch auf dem Achterschiff lenkte die Barke durch die tiefsten Kanäle. An den Ufern versammelten sich Dörfler wie Städter, um das prächtige Schauspiel des majestätisch vorüberziehenden Pharao zu beobachten, den eine bunt bemalte Kabine mittschiffs vor den Blicken schützte. Wesire und hohe Beamte folgten ihrem Herrn, dem König der Zwei Länder, in respektvollem Abstand, hochmütig starrten sie von ihren Booten herab. Die Reise des Pharao nilaufwärts war eine langsame Fahrt – selbst bei günstigem Wind.

Doch bei Hochwasser floss der Nil mit etwa vier Knoten dahin, schnell genug, um ein Boot in nur zwei Wochen von Theben nach Memphis reisen zu lassen. Der Fluss war tief und bei sieben bis zehn Metern unterm Kiel leicht befahrbar. Ließ das Hochwasser nach, sank die Strömung auf kaum mehr als einen Knoten, dieselbe Fahrt dauerte nun zwei Monate und barg die ständige Gefahr, auf Sandbänken aufzulaufen.

Der ägyptische Staat entstand und bestand nicht zuletzt dank dieses natürlichen Verkehrsweges. Doch die Geradlinigkeit der Geographie Kemets hatte einen Preis: die Entfernungen

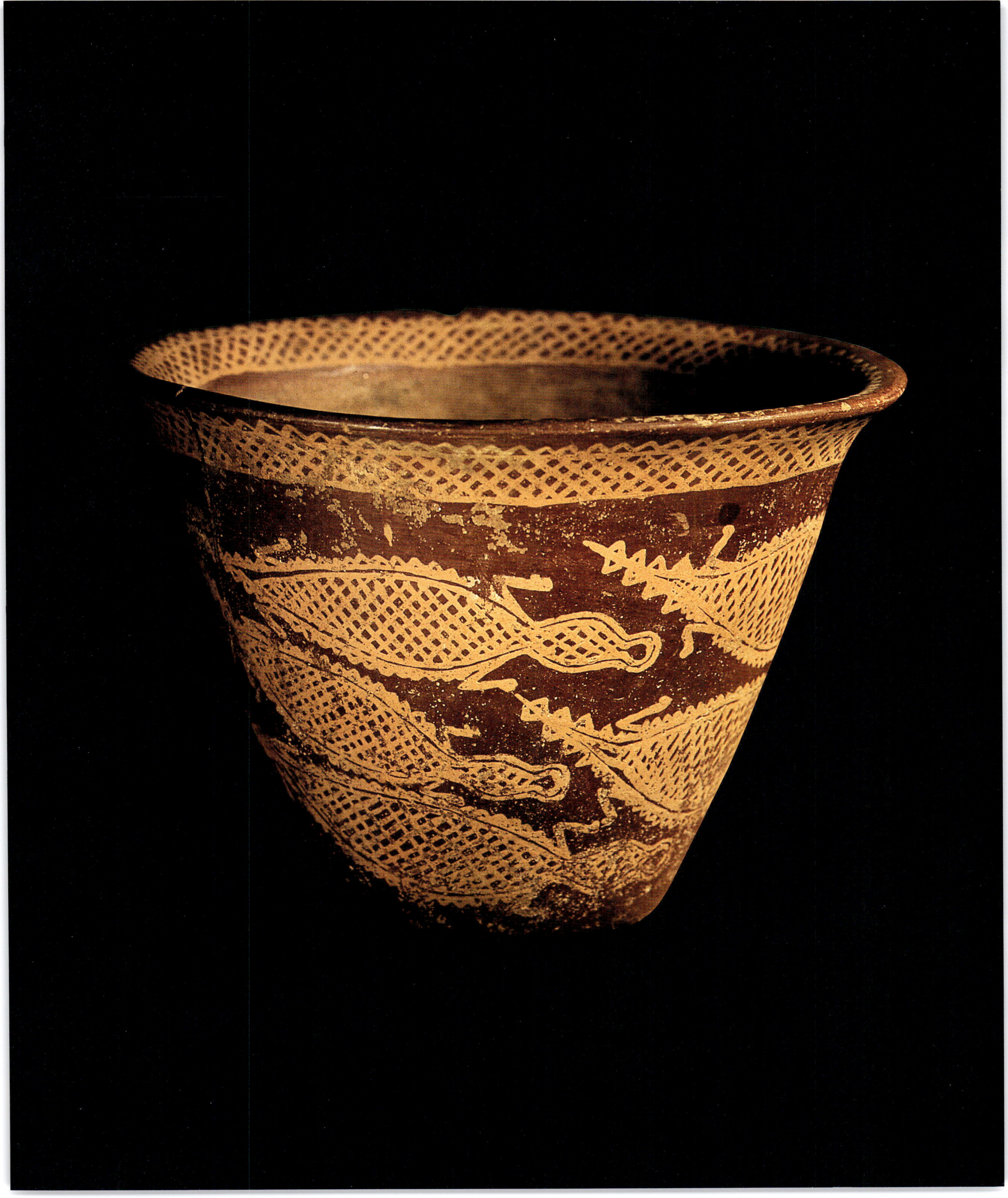

CHEVROLET

ERNTEARBEIT UND HANDEL

Datteln werden traditionell von Männern geerntet, die barfuß mit Seilen in die Bäume klettern (oben). Man begann erst etwa 1000 Jahre nach der Errichtung der Pyramiden von Giseh mit ihrem Anbau; heute lösen Datteln auf dem geschäftigen Markt von Sakkara (links) einen wahren Kaufrausch aus. Träger wirbeln mit Platten der für den Markt in Kairo bestimmten Früchte vorüber. Auf den Märkten der altägyptischen Städte und Dörfer tummelten sich Käufer und Getreide-, Gemüse- und Obsthändler. Gelächter, Tratsch und das Lärmen der Feilschenden erfüllten die Luft. Märkte bedeuteten weit mehr als nur Kaufen und Verkaufen. Man traf Verwandte oder tauschte Luxusgüter wie Kupferschmuck. Kaufleute und kleine Händler zogen mit exotischen Waren von Markt zu Markt. Lebensmittel aber waren die wichtigste Ware, besonders die Grundnahrungsmittel Getreide, Erbsen, Zwiebeln, Gurken und Feigen.

waren groß und die Kommunikation, selbst unter günstigsten Bedingungen, langsam. Ägypten umfasste zwei Länder, zwei politisch wie wirtschaftlich sehr unterschiedliche Regionen. Um diese Länder zusammenzuhalten, bedurfte es einer tatkräftigen und entschiedenen Führung, eines großen politischen Einfühlungsvermögens und eines herausragenden persönlichen Charismas. Die Vereinigung der beiden Reiche und eine starke Regierung brachten Harmonie, Gleichgewicht und Ordnung. Jener, der über ein geeintes Land herrschte, war der lebende, personifizierte falkenköpfige Gott Horus, das Symbol der Könige. Er verkörperte das geeinte Ober- und Unterägypten.

König Amenophis III., der wohl mächtigste aller Pharaonen, errichtete etwa 1360 v. Chr. am Tempel des Sonnengottes Re von Karnak eine Stele, die seine Aufgabe beschreibt: »Es lebe Horus: starker Stier, erschienen in Wahrheit. Die beiden Herrinnen: Spender von Gesetzen, der die beiden Länder befriedet. Goldhorus: Stark an Kraft. Bezwinger der Asiaten: Herr von Ober- und Unterägypten ... geliebt von Amun-Re ... Der frohlockt, da er über die Zwei Länder herrscht dauerhaft wie Re.« Der Pharao war Ägypten.

HORUS UND SETH

Wasser, Erde und Sonne waren die Kernelemente der alten Welt Ägyptens. Seine Existenz begann mit Nun, den Urwassern des Nichts. Der Gott Atum, »der sich selbst Erschaffende«, war der über den Kosmos herrschende Schöpfer. Er entstieg dem Chaos der Urwasser, und indem er den Urhügel aus dem Wasser hob, schuf er »den ersten Moment«. Dann ging Re, die Leben spendende Kraft der Sonne, über dem Land auf und besorgte den Rest der Schöpfung.

Atum erschien an der Stätte seines Tempels auf der Erde, wo der Benben, ein heiliger Stein in Form eines eckigen Miniaturhügels, seinen Schrein hatte. Er stand im unterägyptischen Iunet Mehet (»die Säule«), für das man meist den griechischen Namen Heliopolis verwendete (heute ein Vorort von Kairo). Symbolische Urhügel waren auch die vergoldeten Decksteine der Pyramiden von Giseh. Atum war männlich, und er erschuf Schu, die erhaltende Kraft des Lichts und der Luft, und Tefnut, die korrodierende Kraft der Feuchtigkeit. Sie wiederum zeugten Geb (die Erde) und Nut (den Himmel). Ihre Nachkommen waren die Götter Osiris und Seth und deren Gattinnen Isis und Nephthys. Die ersten neun Götter bildeten die Enneade, die verehrten neun Götter von Heliopolis, die den ägyptischen Glauben dominierten. Re aber war die höchste Manifestation der Kraft, die man oft als Falke darstellte, den stärksten Vogel am ägyptischen Himmel.

Folgende Seiten: Noch heute vollzieht sich an den Ufern des Nils der zeitlose Rhythmus dörflichen Lebens. Kinder holen die Früchte von den Feldern, die an einem von Palmen gesäumten Bewässerungskanal liegen. Im alten Ägypten, das immer eine Agrargesellschaft war, hielten selbst mächtige Würdenträger engen Kontakt zu ihren Heimatdörfern auf dem Land.

Der Sonnengott durchzieht die Schöpfung, als reise er in einem Boot über den Nil. Jeden Tag vollzog sich die Reise über den Himmel, wie auch das Leben sich vollzog. Bei Sonnenuntergang stieg Re in die Unterwelt hinab, wo er körperlich auferstand.

Unweigerlich kehrte Re morgens zurück und bürgte den Ägyptern dafür, dass auch sie nach dem Tod auferstehen und ihren Platz in der Weltordnung einnehmen würden:

> *Heil dir, Re, vollkommen jeden Tag, / Der bei Tagesanbruch unweigerlich aufgeht. / Chepri, der sich müht ohne Mühe / Überquerst du den Himmel, sehen dich alle Gesichter / Gehst du unter, entschwindest du ihrem Blick.*

Der Schöpfungsmythos von Atum und der »erste Moment« bildeten das Herz des ägyptischen Glaubens. Wie aber war diese Kultur wirklich entstanden? Können wir das tatsächliche Geschehen aus dem komplizierten Geflecht von Mythen, offiziellen Königslisten und akribisch gesammelten archäologischen Informationen herauslesen?

Glaube und Ideologie am Nil fußten auf der stabilen und weisen Herrschaft frommer Könige, die über die harmonisch, fast mythisch geeinten Zwei Länder regierten. Oft bestimmte das Beispiel der Vorfahren ihr Handeln, und so nahm man die Geschichte als geordnete Abfolge von Königen wahr, die ihre Krone über Generationen weitergaben. Keine epischen Ereignisse, keine Helden, keine zu verinnerlichenden, großen moralischen Lehren, nur eine geordnete Reihe königlicher Vorfahren, die einem fernen Moment entsprang, als Zeit und Kosmos aufeinandertrafen. Unter Ramses II. (um 1279 – 1213 v. Chr.) verfasste ein namenloser Schreiber eine Liste der Vorgänger des Königs seit Menes, dem ersten belegten Herrscher des geeinten Ägypten. Diesem Turiner Kanon zufolge reicht die Geschichte zurück in eine Zeit, da göttliche Geister über die Erde geboten. Vor ihnen regierten die Götter als Könige – allein Thot, der Gott der Schreiber, herrschte 7726 Jahre!

Den ersten ernsthaften Versuch, die Geschichte der Pharaonen zu erfassen, unternahm Manetho, ein ägyptischer Priester in Heliopolis um 280 v. Chr., in seinem Werk *Aigyptiaka*. Er teilte die Herrscher Ägyptens seit Menes in 31 Dynastien. (Eine Dynastie war ein Königshaus, das manchmal Jahrhunderte, immer aber länger als die Herrschaft eines Königs regierte.) Heute liefert die Archäologie genauere Daten; aber die Gliederung der ägyptischen Geschichte seit etwa 3000 v. Chr. in 31 Pharaonendynastien fußt nach wie vor auf Manethos Königsliste, dem Turiner Kanon, und dem Palermo-Stein.

Seit Menes regierten die Pharaonen als Horus, als Offenbarung des Gottes des Himmels und der überirdischen Macht. Man nannte sie Horus Menes, Horus Cheops und so weiter. Der Name des falkenköpfigen Gottes, der die gute Ordnung symbolisierte, leitete sich von *hry* ab, »er,

Die rituelle, auf etwa 3000 v. Chr. datierte Narmer-Palette erinnert an König Narmers Siege. Diese Seite der Schieferplatte zeigt den siegreichen König mit der Weißen Krone Oberägyptens, der anhebt, einen Gefangenen namens Wash mit einer Steinkeule zu erschlagen. Zu seiner Rechten greift ein Falke, der Horuskönig, den Kopf eines Deltagefangenen. Ein hoher Würdenträger, links, hält die Sandalen des Königs.

der oben/fern ist«. Sein Gegner war Seth, eine Kreatur mit Schnauze, gespaltenem Schwanz und großen, geraden Ohren, Sinnbild des Chaos und der Unordnung. Er brachte Sturm und Dürre, ja sogar Fremde in die harmonische Nilwelt. Der Konflikt zwischen Horus und Seth symbolisierte den Kampf zwischen den Mächten Ordnung und Anarchie.

Horus und Seth lagen in stetem Streit, wer von ihnen das Königtum von Gebs Sohn Osiris erben sollte. Ein archaischer, als Theologie von Memphis bekannter Text beschreibt, wie Geb, Gott der Erde und Herr der Götter, zwischen Horus und Seth vermittelt und ihren Streit schlichtet. »Er machte Seth zum König von Oberägypten im Land Oberägypten bis zu dem Ort, wo er geboren wurde... Und Geb machte Horus zum König von Unterägypten im Land Unterägypten bis zu dem Ort, an dem sein Vater (Osiris) ertränkt wurde, der ›Grenze der Zwei Länder‹.«

Die Theologie von Memphis beschreibt die Einigung als Akt der Harmonie, als Triumph der Ordnung über das Chaos. Die Forschung verrät uns, dass der tatsächliche Prozess der Vereinigung von Ober- und Unterägypten mehrere Jahrhunderte dauerte.

DIE VORDYNASTISCHEN FÜRSTEN

Ägypten, 6000 v. Chr. Stellen wir uns ein reiches, von Wüsten umschlossenes Flusstal vor, dessen unregelmäßige Regenfälle genügten, um das dürre Grasland der sanften Ebenen zu erhalten. Am Fluss lebten wenige tausend Menschen: Jäger, Sammler und Fischer, die vielleicht auch schon Getreide anbauten. Gelegentlich kamen aus den umliegenden Gebieten Nomaden zum Handeln oder Tränken ihrer Rinderherden. Das Leben der Wüstenbewohner, die von der Milch und dem Blut ihrer Tiere lebten, war hart. Ihre Führer riefen die Geisterwelt an, um Regen vorherzusagen, sie waren erfahren und von großer ritueller Kraft.

Als 5000 v. Chr. bestenfalls noch sporadisch Regen fiel, zogen die Hirten ostwärts ins Niltal. Ihre Hirtenkultur und ihren Glauben nahmen sie mit. Über Generationen lebten die Nomaden in Wechselbeziehung mit den sesshaften Siedlern, ließen vielleicht ihre Herden in den immer längeren Dürreperioden in den Feuchtwiesen grasen. Die Sahara wurde so trocken, dass die meisten Nomaden ganz ins Tal zogen. Vielleicht brachten sie neue religiöse Ideen mit – den Rinderkult, die Idee von Führern, die stark wie Stiere und Hirten waren, vielleicht auch jene Rituale, die in die Verehrung der Hathor, der Fruchtbarkeitsgöttin in Gestalt einer göttlichen Kuh, mündeten. Wüstenhirten und sesshafte Bauern heirateten untereinander und formten die markante Kultur der Nilbauern, die sich in nur wenigen Jahrhunderten so dramatisch verändern würde. Leider hat der Fluss ihre Siedlungen begraben oder fortgespült, aber wir können uns die winzigen Dörfer mit

Auf der hier gezeigten Rückseite der Narmer-Palette verflechten sich, möglicherweise die Reichseinigung symbolisierend, die Hälse zweier Sagentiere. Darüber besichtigt Narmer mit der Roten Krone Unterägyptens gefesselte und geköpfte Feinde. Unten greift der siegreiche König wie ein heranstürmender Stier eine ummauerte Stadt an.

Schilf- und Lehmhütten an den Wasserbecken der Überschwemmungsebene vorstellen. Frauen bauen auf dem feuchten Boden Emmer und Gerste an. Männer jagen am Rande der Überschwemmungsebene mit Pfeil und Bogen Wild oder mit Speeren Welse in den seichten Becken des weichenden Hochwassers. Das Getreide reift schnell in der heißen Sonne. In der Spätsommerhitze schlagen die Bauern vorsichtig Breschen in ihre Dämme und bewässern so die Felder. Alles hängt von einer sorgfältigen Wasserverwaltung ab. Der Bau von Kanälen und Deichen, die Trockenlegung der Sümpfe und andere Aufgaben erfordern schnelle und flexible Zusammenarbeit.

Alle Dorfbewohner unterwerfen sich der Wasserverwaltung, leisten Schwerarbeit, die ein Anführer, der auch die Oberaufsicht hat, einteilt. In einer Welt, in der es kaum Regen gibt und alles von überlebenswichtigen Hochwassern und starken Führern abhängt, gräbt sich die Tradition autoritärer Führung, Ordnung und Gleichheit tief in das ägyptische Denken. Vielleicht sah man im Anführer bereits den Hirten, den führenden Kopf.

Um 3600 v. Chr. zeigen sich die ersten Zeichen einer vordynastischen Kultur. Dorfgruppen verbinden sich – wie in Nakada, etwa 25 Kilometer nördlich von Theben – zu größeren Orten. Ursprünglich lebten die Nakadaner in knapp einen Kilometer voneinander entfernten Weilern in der Nähe von sehr fruchtbarem Boden. Bald fällen die Dorfbewohner Bäume; sie mähen das dichte Gras, bauen Deiche und machen durch das Anlegen von Entwässerungskanälen die vierfache Landfläche urbar. Um 3300 v. Chr. ist Nakada eine befestigte Stadt; schmale Gassen trennen die Häuser aus Lehmziegeln. Ende des 19. Jahrhunderts legte der Ägyptologe Flinders Petrie auf den Wüstenfriedhöfen hinter Nakada über 2000 Gräber frei. Petrie entdeckte, dass die meisten Bewohner von Nakada einfache Leute gewesen waren, die man in Matten oder Leinen gehüllt mit Perlenschnüren oder fein gearbeiteten schwarz-roten Tontöpfen in flache Gräber gebettet hatte. In manchen Gräbern fand man Zeichen von Wohlstand: Paletten in Tiergestalt zum Mahlen von Schminke und von meisterlichen Handwerkern gestaltete Feuersteinmesser. Die Fürsten von Nakada lagen in einer Nekropole im Südwesten der Stadt. Ihre mit Ziegeln ausgekleideten Gräber hatte man mit feinen Töpfereien und anderen Beigaben ausgestattet.

Bald fiel der Schatten eines mächtigeren Königreichs nilaufwärts über Nakada. Nechen (der allgemein verwendete griechische Name Hierakonpolis bedeutet »Stadt des Falken«) wurde als Heimat des Falkengottes Horus und als frühes Zentrum des Königtums verehrt. Nechen gedieh, seine Bevölkerung wuchs, und die Nachfrage nach Tontöpfen explodierte; sie wurden nicht nur als Grabbeigabe, sondern auch als standardisierte Behälter unterschiedlicher Größe zum Brauen von Weizenbier, einem nahrhaften, leicht alkoholhaltigen Getränk, verwendet. Eine unweit der wachsenden Stadt im Norden entdeckte Brauerei produzierte täglich 1200 Liter Bier pro Tag – genug für mehr als 200 Menschen.

EINE NATÜRLICHE VERKEHRSADER

Bei der Insel Elephantine am Ersten Katarakt, der Südgrenze des vordynastischen Ägyptens (rechts), drängen sich Feluken auf dem Nil. Auf Elephantine gefundene, glasähnliche Fayencefigurinen (oben) der ersten Dynastie belegen die frühe, strategische Bedeutung der Insel. Hier regierte der widderköpfige Gott Chnum über die Leben spendenden Wasser. Vor den Straßen und Eisenbahnen des 19. Jahrhunderts war der Nil Ägyptens einzige Verkehrsader. Die Pharaonen herrschten über ein Reich, das sich entlang des Flusses erstreckte, dieser ermöglichte dem König regeimäßige Reisen in Begleitung seiner Würdenträger. Auf ihm beförderte man Truppen, Getreide und Steine für Pyramiden und Tempel. Das Segeln auf dem Fluss erforderte gerade bei Tiefstand großes Können: Nur zu leicht liefen beladene Schiffe im seichten Wasser auf Sandbänke. Für die Fahrt in Richtung Süden nutzten die Schiffe den vorherrschenden Nordwind, doch während der Überschwemmung im Sommer segelten nur wenige Boote nilaufwärts, denn das Hochwasser machte die Reise mühsam.

Viel von Nechens Macht entsprang der Assoziation von Stadtfürst und örtlichem Falkengott, wahrscheinlich einer frühen Form des Horus. Im Zentrum Nechens erhob sich der älteste in Ägypten bekannte Tempel. In einem ovalen Hof stand ein Abbild des Gottes auf einer hohen Säule vor dem Schrein. Zu seinen Füßen brachte man auf Podesten Opfer dar – Rinder, Krokodile, neu geborene Ziegen und Flussfische, von denen einige bis zu 170 Kilogramm wogen. Vier massive Holzpfosten trugen die Fassade des drei Räume umfassenden Schreins, dessen Wände mit bunten Matten behängt waren. Die Pfosten, die aus den Koniferenwäldern im fernen Libanon stammten, hatte man den Fluss hinaufgeschleppt. Der in leuchtenden Farben bemalte Tempel überragte die dicht gedrängten Häuser der Stadt – mächtiges Zeichen des Schutzgottes ihrer charismatischen Herrscher. Horus sollte zum Symbol des über drei Jahrtausende währenden ägyptischen Königtums werden.

Die gebogenen Reihen sandgefüllter Gräber der regierenden Familien von Nechen liegen außerhalb der Stadt am Wadi Abu Suffian. Gemessen an späteren Königsgräbern sind ihre Bestattungen bescheiden, für ihre Zeit aber beeindrucken sie. Die Räuber, die den Friedhof in der Antike verwüsteten, hinterließen ein archäologisches Puzzle: einen Wirrwarr aus feinen Töpfen mit schwarzen Deckeln, Pfeilspitzen aus Feuerstein und hölzerne Möbelfragmente. Die Ägyptologen Barbara Adams und Michael Hoffman unternahmen mit Pinseln, Kellen und fortschrittlichen Dokumentationsmitteln eine schwierige Bergungsaktion. Sie entdeckten, dass der Friedhof als symbolische Karte von Ober- und Unterägypten angelegt war mit dem Wadi, einem ausgetrockneten Flussbett, das als Grenze zwischen den beiden fungierte. Und sie fanden das früheste uns bekannte Königsgrab Ägyptens.

Nechen war die Wiege des Königtums am Nil, die Namen der ersten Könige jedoch gingen der Geschichte verloren. Szenen auf dekorierten Artefakten erlauben uns einen flüchtigen Blick auf sie. Ein herrlicher Keulenkopf aus poliertem grünweißen Porphyr ist eines der frühesten Symbole königlicher Macht im Niltal. Sein Besitzer mag einer jener ersten Urherrscher des legendären Ägypten gewesen sein. Ein anderer Keulenkopf zeigt einen Fürsten in vollem Zeremonialornat mit rituellem, hinten von seinem Gürtel herabhängendem Stierschwanz, einem Symbol königlicher Autorität. Die weiße Krone Oberägyptens tragend, schwingt er eine Breithacke, als wolle er eine Bresche in die Mauer eines Bewässerungskanals schlagen, um Flusswasser freizusetzen. Ein Skorpion baumelt vor seinem Gesicht – vermutlich ein Hinweis auf seinen Namen. Wedel- und Standartenträger nehmen an einer Zeremonie teil, in der ein Würdenträger sich darauf vorbereitet, die erste Deichsode in einem Korb zu empfangen. Die Staatsbarke wartet, um den Souverän in das Flutbecken zu tragen, sobald es gefüllt ist. Er trägt die Krone Oberägyptens; folglich regierte er wohl vor dem zentralen Ereignis der Reichseinigung.

Folgende Seiten: Ein Kind in der Oase Dachla läuft durch eine schmale Dorfgasse. Bei dieser uralten Bauweise werden strohgedeckte Häuser aus Lehmziegeln so verbunden, dass sie eine Begrenzungsmauer bilden und sich zu einem zentralen Platz in der Mitte hin öffnen. Die wenigen engen Eingänge hinderten berittene Räuber am Eindringen in den Ort.

DIE EINIGUNG DES REICHES

Bis in das fünfte Jahrtausend vor Christus war ein Großteil des Deltas Wüste. Dann stieg das Mittelmeer als Folge eines globalen Temperaturanstieges nach der jüngsten Eiszeit auf sein heutiges Niveau; es staute den Nil auf und zwang ihn über seine Ufer. 3500 v. Chr. gediehen blühende Städte an den die Ebene gliedernden Wasserläufen. Jede hatte eigene Götter und eigene, lokale Herrscher. Ägyptische Legenden sprechen von den »Seelen von Pe«, den sagenhaften vordynastischen Königen, die von einer Stadt dieses Namens aus regierten. Sie heißt heute Buto. Dina Faltings vom Deutschen Archäologischen Institut hat die frühesten prädynastischen Siedlungen bei Buto entdeckt. Nach der ersten Besiedlung im vierten Jahrtausend vor Christus blieb es mehr als fünf Jahrhunderte ein wichtiges Zentrum.

Tonscherben gehören zu den unspektakulärsten Funden, in Buto aber erzählen sie eine bemerkenswerte Geschichte. Die ersten Bewohner verwendeten höchst eigenwillige, schön gearbeitete Töpfe mit weißen, gemalten Bändern, die Tonwaren aus der weit im Osten gelegenen Wüste Negev stark ähneln. Wer sie herstellte, benutzte für die Gefäße örtlichen Nilton, den er zum Formen der Seiten auf eine Drehscheibe warf – eine Technik, die im Delta damals unbekannt war. Die Archäologin Faltings vermutet, dass Töpfer aus Kanaan sich in Buto niederließen und dort ihrem Handwerk nachgingen.

Ober- und Unterägypten waren sehr unterschiedliche Länder mit vielfältigen Kulturen – das eine geprägt durch die Wüste, das andere durch regelmäßige Kontakte mit Asien. Selbst vor der Vereinigung war das Nildelta eine kosmopolitische Welt. Jedes Jahr trafen Eselkarawanen aus dem Osten in den Deltastädten ein, die Satteltaschen mit exotischen Muscheln, Halbedelsteinen oder Kupfererz aus den Minen Palästinas in der Sinaiwüste bepackt. Vom Wetter mitgenommene Schiffe aus der Levante, den Ländern des östlichen Mittelmeers, legten in Butos Hafen an, ihre Laderäume waren angefüllt mit Tontöpfen voll Olivenöl und Wein. An Deck lagen Zedernstämme. Die Matrosen rollten das wertvolle Holz in den Fluss, das auf Booten mühsam den Fluss hinaufgeschleppt wurde.

Unterägypten unterlag schließlich den mächtigeren Königreichen im Süden. Verzierte Paletten aus Nechen, Abydos und anderen Orten zeigen Kriegsherren und Tote attackierende Geier und Krähen.

Nachdem Nechen Nakada besiegt hatte, fiel es selbst durch Eroberung oder dynastische Ehe an das nilab gelegene Königreich This, dessen Zentrum die gleichnamige Siedlung war. Der Herrscher von This wurde König; als starker Krieger und geschickter Händler war er der lebende Horus auf Erden. Er kontrollierte die lukrativen Handelswege nach Unterägypten und knüpfte Handelskontakte mit der Levante für Wein und Luxusgüter.

Ein Matrose nubischer Herkunft ruht sich bei Assuan auf dem Vordeck seiner Feluke aus. Noch heute sind solche Boote auf dem Nil unterwegs und befördern Touristen, Baumaterial und massenhaft Stapelwaren. Der dank des Assuan-Staudamms recht konstante Wasserstand hat das Navigieren auf dem Nil vereinfacht.

Nachdem der König von This und seine Erben den Kampf gegen die Deltastädte um die Handelswege aufgenommen hatten, eroberte schließlich einer von ihnen die Zwei Länder. Wer aber war dieser erste Pharao eines vereinten Ägypten? Einige Namen – Ka, Ro und Narmer – haben die Zeit überdauert, aber wenig sonst. Die Antwort liegt in Abydos, einer heiligen Stätte aus der Frühzeit Ägyptens. Diesen Ort, auf halbem Weg zwischen Erstem Katarakt und Delta, in der Nähe ihrer Vorfahren in This, wählten die ersten beiden Pharaonendynastien als Nekropole. Sie zog die Ausgräber des 19. Jahrhunderts magisch an. Hemmungslos pflügten sich diese durch bereits in der Antike geplünderte Gruften. Die meisten Leute gingen davon aus, dass hier nichts mehr zu finden sei.

Günter Dreyer vom Deutschen Archäologischen Institut war anderer Ansicht. 1988 grub er in unbeachtetem Gelände östlich des Königsfriedhofs, wo er eine überraschende Entdeckung machte: eine komplett mit Fenstern und Türen als jenseitiges Heim gestaltete, gemauerte Grabstätte mit zwölf Räumen für einen König, der um 3250 v. Chr. regierte. Der unbekannte Monarch war mit wertvollen Beigaben und reichlichem Nahrungsvorrat in die Ewigkeit eingegangen. Zum Erfassen der Getreideerträge hatten seine Schreiber, ganze 150 Jahre früher als bisher angenommen, ein gut entwickeltes Schreibsystem verwendet.

Wer war dieser geheimnisvolle König, der vom Delta Tribut forderte und mit der Levante Handel trieb? Günter Dreyer bemerkte, dass viele Gefäße mit Skorpion beschriftet waren, und nimmt an, dies sei der Name des Königs gewesen. Dreyers Arbeit bestätigte, dass Abydos der Nekropole der Könige der ersten Dynastie war.

1898 fanden zwei britische Ägyptologen, die bei Nechen gruben, eine prächtige, König Narmer gewidmete Zeremonialplatte aus Schiefer. Narmer hatte einige Zeit nach Skorpion regiert. Bis vor kurzem war unklar, ob die Palette an die tatsächliche historische Einigung erinnerte. Günter Dreyer barg in der Nähe von König Narmers längst geplünderter Gruft in Abydos ein winziges Elfenbeinschild. Die Skizze auf der Plakette zeigt den König, der einen Feind aus dem Delta – dargestellt als menschlicher Kopf, aus dem Papyrus wächst – erschlägt. Diese Plaketten gaben einst die Daten von Öllieferungen an; auf ihnen stellte man die Jahreszahlen durch große Ereignisse wie etwa Narmers Sieg über das Delta dar. Offensichtlich bezieht sie sich auf das gleiche Ereignis, das auch Thema der berühmten Narmer-Palette ist – ein Hinweis auf einen historischen Konflikt.

Wer aber einte Ägypten? Sicherlich einer der noch unbekannten Herrscher Oberägyptens. Skorpion und Narmer gehören zu einer vagen Dynastie O. Narmers berühmter Sieg mag der entscheidende Moment der Eroberung gewesen sein, aber es war sein Nachfolger, König Horaha oder Menes, der um etwa 3000 v. Chr. zum ersten wirklichen Herrscher des geeinten Ägypten aufstieg.

DAS ALTE REICH

Auf der Hochebene von Giseh: Die am Fuß der Pyramide von Pharao Chephren untergehende Sonne lässt die Menschen an ihrem Fundament wie Zwerge erscheinen. Die Entdeckung des Ägyptologen Mark Lehner, dass man im Frühling und Herbst zur Tagundnachtgleiche, sofern man auf der Achse des Sphinx-Tempels steht, die Sonne in der Ecke der Chepren-Pyramide untergehen sieht, stützt die Theorie der Archäologen, dass die Ausrichtung nach der Sonne für die von ihrer Unsterblichkeit besessenen Könige von größter Bedeutung war.

Späte vordynastische Periode	Frühdynastische Periode	Altes Reich	Erste Zwischenperiode	Mittleres Reich
circa 3100 v. Chr.	ca. 2950–2575 v. Chr.	ca. 2575–2150 v. Chr.	ca. 2125–1975 v. Chr.	ca. 1975–1640 v. Chr.

1. Dynastie

Menes
Djer
Djet
Den
Anedjib
Semerchet
Kaa

2. Dynastie

Hetepsechemui
Raneb
Ninetjer
Peribsen
Sechemib
Chasechemui

3. Dynastie

Djoser
Nebka I.
Chaba
Huni

4. Dynastie

Snofru
Cheops
Djedefreh
Chefren
Nebka II.
Mykerinos
Schepseskaf

5. Dynastie

Userkaf
Sahure
Neferirkare I.
Schepseskare
Neferefre
Niuserre
Menkauhor
Djedkare
Unas

6. Dynastie

Teti
Pepi I.
Merenre I.
Pepi II.
Merenre II.

7. und 8. Dynastie

Quakere
Neferkaure
Neferkauhor
Neferirkare II.

9. und 10. Dynastie

Meryibre
Chety
Merikare
Ity

11. Dynastie

Mentuhotep I.
Intef I.
Intef II.
Intef III.

Zweite Zwischenperiode	Neues Reich	Dritte Zwischenperiode	Spätzeit	Hellenistisch-Römisches Zeitalter
ca. 1630–1520 v. Chr.	ca. 1539–1070 v. Chr.	ca. 1075–715 v. Chr.	ca. 715–332 v. Chr.	332 v. Chr.–395 n. Chr.

DAS ALTE REICH

Die Pyramiden von Giseh, Berge von Menschenhand, wachen bei Sonnenaufgang über das moderne Kairo. Nach ihrem Tod gesellten sich die Pharaonen zum Sonnengott auf seiner Reise über den Himmel. Deshalb sah man ihre Pyramiden als Himmelsleitern oder als durch die Wolken brechende, die Erde erleuchtende Strahlen der Sonne. Vier Jahrhunderte kämpften die ersten Pharaonen um den Erhalt ihres Reiches. Dann, etwa 2630 v. Chr., schuf Imhotep, der Baumeister König Djosers, die Stufenpyramide von Sakkara. Er begründete damit eine Tradition königlichen Pyramidenbaus, die um etwa 2550 v. Chr. in Giseh ihren Höhepunkt erreichte und über das Ende des Alten Reiches hinaus Bestand hatte. Steinbauten dieser Größe hatten eine tiefgreifende Wirkung auf das politische und soziale Gefüge und verwandelten Ägypten in einen höchst zentralisierten Staat. Den Pharaonen diente ein Heer von Arbeitern, für deren Unterkunft und Verpflegung sie während des Brechens, Behauens und Transportierens der Steine sorgten. Obwohl die gewaltigen öffentlichen Arbeiten dazu beitrugen, eine mächtige, blühende Zivilisation zu schaffen, könnte die Anstrengung das Reich gleichzeitiggeschwächt haben. Spätere Pyramiden erreichten nie die Größe derjenigen von Giseh. Das Alte Reich endete mit der langen Regierung von Pepi II., dessen Macht im Alter zerfiel. Als um 2150 v. Chr. eine Dürre über das Niltal hereinbrach, ignorierten die Gaugouverneure den König und retteten ihr Volk vor dem Hungertod, indem sie als praktisch unabhängige Herrscher regierten.

Etwa 3000 v. Chr. verlegte König Hor-Aha (auch Menes genannt), Pharao eines vereinten Landes, seine Hauptstadt flussabwärts nach Memphis, der Stadt des Gottes Ptah, Schöpfergott und Schutzpatron der Handwerker. Über viele Jahrhunderte blieb die heilige Stadt des Ptah die Hauptstadt Ägyptens.

Aha war sich der Macht der örtlichen Priesterschaft bewusst, deren Lehre verkündete, Ptahs Gedanke, sein entschiedenes Wort, habe die Welt erschaffen. Dies stand offensichtlich im Widerspruch zu dem verbreiteten Glauben, der Schöpfer sei Atum, der Ursonnengott, der dem Chaos des Wassers entstieg. Aber Ägyptens Religion war voller ähnlich offenkundiger Widersprüche.

In Idus Felsengrab auf dem Friedhof östlich der Cheopspyramide in Giseh symbolisieren *Ka*-Statuen die Lebenskraft der Toten. Idu war Aufseher über die Bestattungspriester, die unter Pepi I. (ca. 2260 v. Chr.) die Pyramiden von Cheops und Chephren hüteten. Die geschlossene Hand (oben) der Statue des Beamten Chufuchaf auf demselben Friedhof bezeugt das Können des Künstlers.

Eine Schrift des Alten Reiches, die im 8. Jahrhundert v. Chr. auch in Stein gehauen wurde – den Ägyptologen als die Theologie von Memphis bekannt –, verzeichnet Ptahs Taten:

So war Ptah zufrieden, da er alle Dinge und göttlichen Worte geschaffen hatte. / Er gebar die Götter, / Schuf die Städte, / Errichtete die Gaue, / Führte die Götter in ihre Schreine... / So waren alle Götter und ihre Ka um ihn versammelt, / Zufrieden, vereint mit dem Herrn der Zwei Länder.

ERSTE UND ZWEITE DYNASTIE

Ptahs Tempel lag in Memphis, dem »Ausgleich zwischen den zwei Welten«, an der Grenze zwischen Ober- und Unterägypten. Sein Schrein spricht von Einheit und Königtum: »Der große Thron, der das Herz der Götter in Ptahs Haus erfreut, ist die Kornkammer von Ta-Tenen, die Herrin allen Lebens, die die Zwei Länder ernährt ... Osiris kam in der Königsburg im Norden des Landes zur Erde, zu dem er gekommen war. Sein Sohn Horus stieg zum König Oberägyptens auf, zum König Unterägyptens, in den Armen seines Vaters Osiris ...«

Dem griechischen Historiker Herodot zufolge lenkte Aha den Nil um und errichtete das neue Memphis hinter Deichen auf politisch neutralem, trockengelegtem Grund. Durch die Erbauung der Stadt auf jungfräulichem Boden, den Ptahs Hügel symbolisierte, wurde Aha zu einer Zeit, da sich neue religiöse Ideen formten, zur Inkarnation des göttlichen Schöpfers. Den Königspalast umgaben die »weißen Mauern des Menes«, die in der Nilsonne als Zeichen seiner göttlichen Herrschermacht leuchteten.

Der Umzug von Nechen (Hierakonpolis), der alten Hauptstadt im Süden, nach Memphis war politisch sinnvoll, aber ein Albtraum für jeden Ingenieur. In Jahren mit starkem Hochwasser ergoss sich das Wasser über die Deiche in die Straßen, und während die Menschen flüchteten, lösten sich ihre Häuser aus Schlammziegeln auf. Dürrejahre machten die Stadt zur Wüste. Sand wehte in die Hauptstadt und begrub Wohnstätten wie Tempel. Die Überschwemmungen verschoben die Nilkanäle. Der Hauptarm des Flusses verlagerte sich hier beständig nach Osten, und die Stadt musste dem Fluss, ihrer Verbindung zur Außenwelt, folgen. Bald begrub der Schlamm Ahas Hauptstadt, heute liegt sie unterhalb des Wasserspiegels. Davis Jeffreys von der Egypt Exploration Society hat sich mühsam in Handarbeit durch Schlammschichten gegraben und eine von wechselnden Klimabedingungen und unregelmäßigen Nilfluten geplagte Stadt freigelegt. Im Mittleren und Neuen Reich nahm Memphis zwei andere Bereiche ein, die uralte Hauptstadt liegt drei Kilometer nordwestlich der erhaltenen Stadtruinen.

Dem Priester Manetho zufolge regierte Aha (Menes) 60 Jahre über ein geeintes Ägypten, »unternahm eine Expedition, erwarb Ruhm, aber wurde von einem Nilpferd getötet«. Sein Nachfolger Djer herrschte 57 Jahre über Ägypten. Ein Feldzug gegen Nubien führte ihn weit in den Süden jenseits des Zweiten Katarakts. Die Elfenbeinplakette eines Sandalenpaares zeigt Pharao Den, der mit hoch erhobener Keule einen asiatischen Gefangenen erschlägt, ein Ereignis, das »erste Unterwerfung des Ostens« genannt wird. Die ersten Pharaonen waren Männer, die fähig waren, ein von Konflikten geschütteltes Königreich zu beherrschen.

Menes und seine dynastischen Erben kamen aus Oberägypten, wo die Wüstentradition des Herrschers als starker Stier und Hirte tief verwurzelt war. Sie waren die Nachkommen von Stammesschamanen oder Medizinmännern mit übernatürlicher Macht über den Nil und sein Leben spendendes Wasser. Ihre Vorfahren in Nechen hatten zwischen den Kräften der Ordnung und des Chaos vermittelt, und die neuen Könige folgten dieser Tradition. Wie Götter hielten sie die bösen Mächte in Schach: Nubier, Asiaten sowie die Tiere und Krankheiten, die Herden und reifendes Getreide heimsuchten. Die Herrscher jagten Löwen, Wildstiere und in den Sümpfen den im Nilpferd verkörperten bösen Gott Seth. Menschen galten der ägyptischen Welt als Hauptquelle der Unruhe. Das Ideal war *maat*, »Ordnung«, »Recht«, soziale Gerechtigkeit und Rechtschaffenheit, im Gegensatz zu und im Konflikt mit *isfet*, den Mächten der Unordnung. Die ägyptische Welt war nie statisch, sie rang beständig mit chaotischen Gewalten – im Himmel verkörpert durch den bösen Schlangengott Apophis, auf der Erde durch Ägyptens Feinde – um Erhalt und Festigung der Ordnung. Das tägliche Aufgehen der Sonne schuf Ordnung aus dem dunklen Chaos der Nacht. Für den König hieß Maat: für Ordnung sorgen und Feinde abwehren. Für das Volk hieß ein Leben in Maat allgemein: ein Leben in Harmonie mit Göttern und Mitmenschen führen. Die Welt war für den Menschen das Werk eines Schöpfers, der Maat an den Anfang setzte. Ein alter Text der Weisheit rät einem späteren Herrscher: »Wohl versorgt sind die Menschen, Gottes Vieh. Ihnen zum Wohl schuf er Himmel und Erde.« Maat bestimmte die Taten jedes Pharaos in einer uralten Form der Führerschaft, die von Nechen auf This, von Skorpion auf Narmer und später auf Menes und seine Erben überging. Die Könige waren der inkarnierte Schöpfer, im Tod kehrten sie zu ihm zurück.

Abydos blieb über Jahrzehnte königlicher Friedhof. Hier lagen die Könige in vollem Ornat mit ihren Grabbeigaben in unterirdischen Schlammziegelgräbern in der Nähe eines großen, zu den Wüstenbergen führenden Wadi (trockenes Flussbett eines Wüstenflusses). Von einem möglichen niedrigen Hügel oder einer einfachen Stele abgesehen, war das Grab unmarkiert. Ein Gottkönig war unsterblich, und so gingen viele seiner Frauen und Gefolgsleute mit ihm in den Tod, um in kleinen Grubengräbern in der Umgebung der Gruft ihres Herrn zu liegen.

Ein Zeichen des Reichtums der frühen Könige: Finster blickt das in Gold dargestellte Falkengesicht des Gottes Horus aus dem Nechen der 6. Dynastie, das Zentrum seines Kultes war (links). In der Gruft des Wesirs Mereruka in Sakkara (unten) sind geschäftige Goldschmiede dargestellt, die an einem Ofen arbeiten und mit einer Waage das Gewicht wertvoller Metalle überprüfen.

Folgende Seiten: Der Komplex von Djosers Stufenpyramide kontrastiert im Pyramidenfeld von Sakkara mit fruchtbarem Ackerland. Der Wesir und Architekt des Königs, Imhotep, entwarf für seinen Herrn eine weitläufige Grabstätte, die sich über mehr als 150 000 Quadratmeter erstreckte. Die Stufenpyramide erhebt sich in sechs Absätzen auf eine Höhe von 60 Metern.

Die Praxis, Menschen zu opfern, blieb unter der Regierung Djers erhalten und kam in der 2. Dynastie aus der Mode. Ein überirdischer Kulttempel aus Schlammziegeln stand separat, näher an den bewirtschafteten Feldern. Seine Fassade war in für den Königspalast typische ornamentgeschmückte Nischen – auf Arabisch *shunet* – eingeteilt, so als wolle man ein Wohnhaus für die Ewigkeit schaffen. Die Anlage, die auch einen symbolischen Urhügel, einen *benben*, beherbergte, diente als eine Art Totentempel für den verstorbenen König.

Der Sonnengott Re reiste bei Tag mit einem Boot über den Himmel und bei Nacht durch die Unterwelt, wo er sich erneuerte. Folglich gaben bereits die frühesten Pharaonen Begräbnisbarken in Auftrag, in denen sie symbolisch den Sonnengott begleiten konnten. 1988 erkundete der Ägyptologe David O'Connor einen nördlichen Abschnitt der Nekropole in Abydos, als er aus dem Wüstensand hervorstehende Schlammziegelmauern entdeckte. Anfangs glaubte er, auf verschüttete Mauern gestoßen zu sein. Drei Jahre später ergaben Grabungen einen erstaunlichen Fund: zwölf »Bootgräber«, jedes ausgekleidet und bedeckt mit Ziegeln und in der Form eines Bootes gestaltet. Lehmmörtel und Tünche überzogen jedes Grab, sodass sich dem Betrachter das Bild einer Flotte weißer Schiffe auf symbolischem Wasser bot. Einige Gräber waren mit einem kleinen Felsblock an Bug oder Kiel versehen, als stelle er einen Anker dar. Ein Teil des eingegrabenen Holzrumpfes eines Bootes lag 1991 frei, also beschloss O'Connor, dieses Grab zuerst zu untersuchen. Im Jahr 2000 drangen die Ausgräber in das Zentrum des Rumpfes ein und entdeckten Planken und Reste von Tauen und Schilfmatten. Termiten hatten den überwiegenden Teil des Holzes vernichtet, aber ihre verräterischen Exkremente markierten die Umrisse des Rumpfes. Das Schiff war etwa 25 Meter lang und an der breitesten Stelle zwei bis drei Meter breit, mit flachem Querschnitt, schmalem Bug und Kiel und genauso gestaltet wie die Totenbarken, die man 400 Jahre später in Giseh neben der Cheopspyramide begraben hatte. Die Totenbarken von Abydos sind die ältesten bekannten beplankten Schiffe der Welt; die Planken hatte man mit durch Zapfenlöcher gezogenen Tauen verzurrt und Stoßkanten mit Schilfbündeln abgedichtet. Die Boote sind noch undatiert, doch nimmt man an, dass sie in der 1. Dynastie um 3000 v. Chr. entstanden. Wie es scheint, vergrub man sie alle zur gleichen Zeit. Menes und Djer sind die nächstliegenden Kandidaten. Djers Kultstätte könnte sich ganz in der Nähe befinden. Die Boote von Abydos, und ihre wertvolle Holzbeplankung im Besonderen, stellen eine enorme Investition von Arbeitskraft und Ressourcen in die Bestätigung göttlicher Könige dar.

400 Jahre lang mühten sich die ersten Pharaonen damit ab, ein sich über fast 1000 Kilometer entlang einem Fluss erstreckendes Siedlungsband zu einem zentralisierten Staat zu vereinigen. Selbst für eine Regierung mit fortschrittlichen Kommunikationsmitteln wäre diese Aufgabe auch heute eine Herausforderung.

Der heute über 90 Jahre alte Ägyptologe Jean-Philippe Lauer arbeitete seit 1926 in Sakkara an der Freilegung und Restaurierung der Stufenpyramide. Der Komplex aus Höfen, Gewölben, Tempeln und Kolonnaden ist ein gigantisches Blendwerk aus Gebäudeattrappen. Die Ägypter glaubten, diese unbrauchbaren Bauwerke mit ihren falschen Türen würden im Jenseits zu Leben erwachen und völlig funktionstüchtig werden.

Es gelang ihnen, indem sie ihr Königreich in einen glorifizierten, sich auf persönliche Loyalität und Verwandtschaftsbande stützenden Familienbetrieb verwandelten und die Hülle des Falkengottes Horus annahmen. Götter waren fern und zeigten sich so gut wie nie. Und so hielten es auch die Pharaonen. Sie lebten in prächtigen Palästen, umgeben von den Attributen der Macht; strenges Protokoll regelte all ihr Tun. Die seltenen öffentlichen Auftritte bei Festen waren bedeutende, den Sonnenaufgang symbolisierende Ereignisse: Momente, um einen Gott zu feiern, für einen Sieg zu danken oder hohe Beamte zu belohnen. Das offizielle Gefolge des Pharaos bildeten die »Getreuen des Horus«, hohe Würdenträger, die den König im Palast und bei seinen Staatsreisen durchs Land begleiteten. Sie verkündeten der Welt jenseits des Audienzsaals seine Befehle. (Das Wort »Pharao« kam eigentlich erst sehr viel später, während des Neuen Reiches, in Gebrauch und leitete sich von dem Wort *Per-aa,* »großes Haus«, dem Königspalast, ab.)

Zur Zeit der Reichseinigung lebten in Ägypten über eine Million Menschen, davon die Mehrheit im Nildelta. Die meisten Dörfer und Städte säumten, getrennt durch Felder, Weiden, Sümpfe und Dickichte, den Fluss. Die Dorfvorsteher versammelten die Bauern zur Arbeit an Deichen und Kanälen und zum Ausbaggern der natürlichen Flutbecken. Sie wiederum gehorchten Häuptlingen, die den *nomes*, Gauen oder Stammesprovinzen, vorstanden, die sich meistenteils mit der natürlichen Struktur des Tals deckten. Die Rivalität unter den Gauen war die Feuerprobe der Reichseinigung gewesen. Nun waren die Gaue Provinzen eines etwa 950 Kilometer langen Reiches, aber das alte Netzwerk aus Vorstehern und Häuptlingssippen (Nomarchen) hatte überlebt. Die Pharaonen schufen ein Regierungssystem, das auf diesen alten Fundamenten aufbaute, indem sie mächtige Positionen mit vertrauenswürdigen Verwandten und Mitgliedern ihrer eigenen Familie besetzten und loyale Häuptlinge mit dem Posten eines Gouverneurs belohnten. Eine kleine Elite, versehen mit Titeln, Rangabzeichen und Gütern, regierte Ägypten im Namen des Königs.

Die Getreuen des Horus führten den königlichen Haushalt und halfen bei der Verwaltung des Reiches. Zwei hohe Beamte beaufsichtigten, als eine Art antiker Vorfahren heutiger Finanzminister, die Rote und die Weiße Schatzkammer, die Lagerhäuser von Ober- und Unterägypten. Zwei Aufseher der Kornkammern sammelten und verteilten Waren aller Art, Getreide, Öl, Bier und andere Verpflegung, die jeder, ob Beamter, Schreiber oder Arbeiter, erhielt, der für das Reich arbeitete. Die königlichen Prämienverwalter zahlten Apanagen an privilegierte Hofleute und Beamte aus. Die Arme der Verwaltung griffen von Memphis aus über Gouverneure, Bürgermeister und Vorsteher, die zählten, erfassten, besteuerten und Entscheidungen fällten, nach Städten und Dörfern. Von Anfang an war Ägypten nicht nur auf einen starken König und fähige Beamte angewiesen, sondern auch auf eine große Zahl von Schreibern.

Schreiber zählten zur des Lesens und Schreibens kundigen Minderheit, und sie bewahrten einen Schlüssel zur Macht: Information. Ihr Berufsstand wurde geehrt, nicht zuletzt weil das Schreiben eine Erfindung des Schreibergottes Thot, des Ibisköpfigen, war. Folglich hatten Worte magische Kraft, und dem Schreiber kam eine Sonderrolle im Königreich zu. Der Sohn lernte das Lesen und Schreiben vom Vater; mit zögernden Zeichen auf Tonscherben und kleinen Steinen fing er an, und später schrieb er auf flachgeklopftem Papyrusschilf, dem Papier des alten Ägypten. Ein Aufsatz aus späterer Zeit beschwört unwillige Schüler: »Sei ein Schreiber! Dein Körper wird gepflegt sein, deine Hände weich... Richte dein Auge darauf, ein Schreiber zu sein; ein feiner Beruf, der dir zusagt. Du rufst einen, und tausend antworten dir.« Die Schreiber fungierten als Zahnräder im Getriebe des Reiches. Mit ihren Stiften, Paletten und Papyrusrollen waren sie überall, maßen und überwachten die Ernte, reihenweise saßen sie und zählten die in die Silos geschütteten Getreidekörbe und nahmen Lagerbestände auf. Noch die kleinsten Siegel, die einst Kornkammer und Tempelmagazine verschlossen, tragen ihre Zeichen.

In dem Maße, in dem der Staat heranreifte, entfalteten sich die Künste des Schreibens und der Mathematik. Die schwerfälligen Zeichen aus Menes' Zeit entwickelten sich bald zu einer unaufwendigeren Kursivschrift. Es wurde für Schreiber leichter, Anweisungen zu versenden, Antworten zu empfangen, die Wasserstände des Nil festzuhalten und sie nach Memphis zu berichten. Aber sie mussten

Überfluss und Hunger

Kinder, die die Herden ihrer Familien in den intensiv bewirtschafteten Feldern bei Sakkara hüten, treiben die Tiere am Nachmittag heimwärts (links). Heute sorgt der Assuan-Staudamm für eine zuverlässige Wasserversorgung, aber auch für den steigenden Salzgehalt der Böden und ernsthafte langfristige Umweltsorgen. Bevor es den Damm gab, hatte sich der Nil als launischer Strom erwiesen, und die alten Ägypter waren von seinen Überschwemmungen abhängig. Verantwortlich für die regelmäßige Wiederkehr der lebenswichtigen Hochwasser waren die Pharaonen des Alten Reiches. Ihre göttlichen Kräfte regulierten den Fluss und sein Wasser. Unter Djoser stellten das Ausbleiben der Fluten und aller Wahrscheinlichkeit auch weit verbreiteter Nahrungsmangel die Unfehlbarkeit des Königs infrage. Der Hungerstein von der Insel Sehel am Ersten Katarakt (oben) erinnert an einen Besuch Imhoteps während einer Dürre. Sein Herr, Djoser, hatte Imhotep dorthin entsandt und ihm befohlen, dafür zu sorgen, dass das Nilhochwasser in normaler Menge und pünktlich eintraf.

Von massiven Wänden gestützte Säulen bewachen den einzigen echten Eingang zu Djosers Grabanlage (oben). Seine Ka-Statue (links außen) starrt durch zwei kleine Löcher einer versiegelten Kammer – vielleicht auf die als »die Ewigen« bekannten Polarsterne. Djosers Baumeister Imhotep (links) wurde 2000 Jahre lang mit Kultfiguren geehrt.

Folgende Seiten: Die Pyramide und die benachbarte Mastaba von König Snofru in der Wüste bei Medum, die noch unter seiner Regierung aufgegeben wurden. Weißer Kalkstein schmückte einst das eingestürzte Grab, einen von Schutthängen umsäumten dreistufigen Turm. Damals wie heute endet das bewässerte Ackerland abrupt am Wüstenrand.

auch Berechnungen anstellen – die Abmessungen von Tempelgrundrissen, die Größe von Getreidefeldern, die Zahl der an eine Schiffsmannschaft verteilten Brote, die Menge der für eine königliche Grabkammer benötigten Ziegel festhalten. Schreiber mussten Längen, Breiten und Rauminhalte berechnen, Bruchrechnen beherrschen, Land vermessen, alles mit den einfachen, linearen Maßen, die auf den Proportionen des menschlichen Körpers und Standardkubikeinheiten basierten.

Wie alle Bürokraten legten Schreiber großen Wert auf Status und Titel. Ihre Gräber rühmen ihre Leistungen mit formelhaften Katalogen ihrer Tugenden: »Ich gab den Hungernden Brot, Kleidung [den Unbekleideten]. Ich brachte jene ohne Boot an Land«, protzt ein Beamter namens Seschi in seinem Grab in Sakkara. Etwa 2640 v. Chr. maß der hohe Beamte Hesi-Re seiner Aufgabe als Steuereinnehmer solche Bedeutung bei, dass er zwei kunstvolle Reihen mit 14 Holz- und Lederröhren mit Schlagwerk zum Abmessen der Weizensteuer auf die Wände seiner Gruft malen ließ. Er selbst erscheint im Relief: in aufwendiger Perücke, den Amtsstab tragend, zwei Tintentöpfe hängen von seinen Schultern.

Vier Jahrhunderte lang kämpften die Pharaonen gegen rivalisierende religiöse Konzepte. Jeder Gau, jede Gemeinde huldigte trotz der das Reich beherrschenden göttlichen Figur des Königs eigenen Gottheiten. Jeder Herrscher jonglierte mit Loyalitäten, begünstigte strategisch wichtige Gaue, arrangierte diplomatische Ehen, um die Beziehungen zu potenziellen Rivalen zu festigen. Und sie prägten eine religiöse Ideologie, die 2500 Jahre überdauern sollte.

Von Anfang an identifizierten sich die Pharaonen der 1. und 2. Dynastie mit Horus, »dem Einen in der Höhe«, einer göttlichen Kraft. Die Schreiber setzten den Herrschernamen in eine der Fassade des Königspalastes nachempfundene *Serech*-Tafel mit einem darüber thronenden falkenköpfigen Gott, und sie bezeichneten den König als gegenwärtigen, lebendigen und herrschenden Horus. Menes nahm zudem den Titel »Er von den Zwei Ländern« an: Kobra von Unterägypten und Geier von Oberägypten.

2500 v. Chr. erschien der Name des Königs in einer ovalen, den Kreislauf der Sonne durch das Universum beschreibenden Kartusche. Das Zeichen, vom runden Glyphen *shen* abgeleitet, symbolisierte auch die Ewigkeit und schützte folglich Königsnamen und König – auf ewig. Auf seine noch engere Verbindung zum Sonnengott verweisend, nannte eine zweite Kartusche den Pharao Sohn des Re.

Höchste Herrscher leben von Propaganda. So verkündeten die frühen Pharaonen, dass sie die Ordnung in Anwesenheit einer höchsten göttlichen Kraft, der Macht der Sonne, bewahrten. Kleidung und Insignien des Pharaos wurden Hüllen seiner Göttlichkeit – des Schöpfertums. Er war Beschützer und Hirte seines Volkes. Jeder König trug die Insignien eines Hirtenfürsten: eine *shemset*-Schürze um die Taille und den Schwanz eines Stieres, der von seinem Gürtel hing und seinen Rücken schützte.

König Snofrus Hoherpriester Rahotep und dessen Frau Nofret leben in ihrer Mastaba nahe der Medum-Pyramide in Kalkstein weiter. In dem Glauben, die Verstorbenen würden ihre Gräber als Heim ansehen, stellten die Künstler des Alten Reiches ihre Motive verblüffend realistisch dar. Diese wirklichkeitsnahen Statuen erschreckten die Arbeiter, die sie 1871 entdeckten.

Er war mit Krummstab und Geißel des Schäfers ausgestattet, und ein Bart aus Ziegenhaar zierte sein Kinn. Zur Zeit des Pharaos Den setzte sich der Herrscher die Doppelkrone aufs Haupt, die den roten Kopfschmuck Unterägyptens mit dem weißen Oberägyptens kombinierte.

Gesänge und Rezitationen, die kunstvollen öffentlichen Zeremonien, Hieroglyphen-Inschriften an Tempel- und Palastwänden, Kunst und Architektur hallen wider von der Propaganda des allmächtigen Königtums. In der Kunst, in Inschriften und Insignien wird der König Krieger und Erbauer. Er trug die Tugend der Menschheit in den Himmel, nahm den Segen des Schöpfers und anderer Götter für die Erde entgegen. Den Göttern die Früchte des Landes anbietend, sieht man die Könige opfern oder im Falle von Huni, einem Pharao der 3. Dynastie, dem falkenköpfigen Horus Auge in Auge gegenüberstehen. Mit der linken Hand greift der Gott den Unterarm des Königs, während er den rechten Arm als Zeichen des Schutzes um dessen Schultern legt.

Einen ägyptischen Tempel zu besuchen heißt, mit permanenten Erklärungen zum Gottkönigtum berieselt zu werden: der König in der Gegenwart von Osiris, der König opfert dem Sonnengott Re, der König bringt den Göttern Amun, Re und Ptah eine Figur der Göttin Maat, der »Rechtschaffenheit«, dar. Die Litanei wirkt schnell monoton, ist in ihren Wiederholungen jedoch überwältigend. Stets obsiegt der Pharao. Im Triumph des Guten über das Böse durchbohrt er einen nilpferdgleichen Seth, trägt die heilige Barke des Sonnengottes und damit die Welt und erschlägt asiatische Feinde.

Vor einigen Jahren besuchte ich, wenige Wochen nachdem ich einen ganzen Tag im großen Tempel des Sonnengottes Amun in Karnak bei Theben verbracht hatte, die große mittelalterliche Kathedrale Notre-Dame de Chartres. Sie ist voller farbenfroher Glasfenster, ein Meisterwerk ätherischer Formen zwischen sich emporschwingenden Säulen und anmutigen Bögen. In bunten Farben vermittelten die Fenster ein Bild der christlichen Welt, während ein Labyrinth am Boden des Mittelschiffs den qualvollen Weg der Menschenseele durch das Erdenleben darstellt. Als man die Kathedrale im 12. Jahrhundert nach einem Brand wieder aufbaute, lebten in Chartres nur 1500 Menschen; an Feiertagen aber kamen nicht weniger als 10 000 in die Stadt. Wie Karnak war Chartres Schauplatz von Spektakeln und großartigen Zeremonien, greifbares Symbol ewiger, übernatürlicher Wirklichkeit. Ich weiß noch, wie ich dachte, dass diese Fenster, wie die Statuen und bunt bemalten Reliefs in Karnak, Analphabeten mit einem Grundvokabular an Formen unterwiesen. Die Botschaft wurde an Ägyptens öffentlichen Gebäuden immer wieder aufs Neue wiederholt: Der Pharao ist göttlich und unfehlbar; er ist Ewigkeit.

Der ganzen Propaganda zum Trotz schwelten unter der Oberfläche die Rivalitäten zwischen Norden und Süden weiter. Um 2700 v. Chr. verwarf Sechemib, Herrscher der 2. Dynastie, seinen

Horusnamen zugunsten eines neuen: Seth-Peribsen. Inmitten der Kämpfe und Unruhen zwischen Norden und Süden flackerte der uralte Konflikt zwischen Seth und Horus erneut auf. Der letzte Pharao der Dynastie, Chasechem, wurde von den Streitkräften des Nordens gezwungen, sich nach Nechen zurückzuziehen.

An die nach grausamen Kämpfen unterdrückte Rebellion erinnern die aufgetürmten Leiber zu Füßen der beiden Sitzstatuen des Pharaos in Nechen. Chasechem änderte seinen Namen in Chasechemui, »Das Erscheinen der zwei Mächte«, und ließ seinen *serech* taktvoll mit den Namen Horus und Seth schmücken. In einer Geste zur Verbesserung der Beziehungen heiratete er die Prinzessin Nemathap aus dem Norden. Ein erhalten gebliebenes Topfsiegel aus Ton hält ihren Titel fest: »Die König-gebärende Mutter«. Sie war die Ahnherrin der 3. Dynastie, unter der das ägyptische Reich erwachsen wurde.

DIE DRITTE DYNASTIE: DJOSER UND IMHOTEP

Der größte Pharao der 3. Dynastie war Djoser, dessen Horusname Netjerichet, »Göttlichkeit des Leibes«, lautete. Djoser, der um 2630 v. Chr. den Thron bestieg, regierte 19 Jahre. Zwar hatte er politische Unruhen an den ägyptischen Grenzen im Sinai und nilaufwärts von Memphis zu bewältigen, doch gelang es ihm, sein Reich über den Ersten Katarakt, der später offizielle Südgrenze des Königreiches werden sollte, hinweg auszudehnen. Wir wissen nicht, ob er als Herrscher Stärke zeigte, doch sein Wesir war so kompetent, dass dies letztendlich unerheblich war.

Djosers Wesir, Imhotep, war »Schatzmeister des Königs von Unterägypten, der Erste nach dem König von Oberägypten, Verwalter des Großen Palastes, erblicher Fürst, der Hohepriester von Heliopolis, Imhotep der Erbauer, der Bildhauer, der Schöpfer steinerner Vasen …« Ein solch bemerkenswerter Wesir diente nur wenigen Pharaonen. Imhotep war der Sohn des berühmten Baumeisters Kaneferu und das größte Genie des Alten Reiches. Er erlangte als weiser Hofbeamter, Architekt, Schreiber und Heiler solchen Ruhm, dass die Ägypter ihm 1400 Jahre später göttliche Ehren zuteil werden ließen. Seine beeindruckenden Titel erscheinen am zertrümmerten Sockel einer Statue seines Herrn. Imhotep war die Macht hinter dem Thron eines Königs, dessen Ruhm im Wesentlichen auf den Leistungen seines Architekten gründet.

Imhotep war Hoherpriester des Sonnengottes Re in Heliopolis, 30 Kilometer nördlich von Memphis. Seine Priester waren fähige Astronomen, die die Bewegung der Himmelskörper jahrhundertelang studiert hatten. Sie konnten das Vergehen der Zeit am Auf- und Untergang der Gestirne berechnen, sie verstanden einiges von Geometrie und wussten, wie man sich der Sterne

Folgende Seiten: Die von König Snofru um 2575 v. Chr. in Auftrag gegebene Medum war die erste echte Pyramide. Ursprünglich wies Medum, deren Bau mehr als 15 Jahre dauerte, acht Stufen und geglättete Seiten auf. Die Pyramide stürzte entweder ein oder wurde abgetragen, dabei blieb der heute sichtbare dreistufige Turm stehen.

bedient, um Richtungen zu bestimmen. Ihr Sonnenkult verbreitete die Legende vom Urhügel, der aus dem Chaos des Wasser in Form eines Pyramidensteins, des *benben*, aufgestiegen war und den man im Heiligtum in Heliopolis verehrte. Im Lauf der Zeit einten die Lehren von Heliopolis alle möglichen lokalen Glaubensrichtungen, indem sie das bekannte Pantheon ägyptischer Götter unter der Führung des Sonnengottes, des Himmelskönigs Re oder Re-Harachte, schufen.

Der Pharao herrschte als Vertreter des Re auf Erden. Jeden Tag brachte Re-Harachte, in seiner Barke über die Himmelswasser segelnd, einer Welt Licht und Leben, die sonst der vorschöpferischen Nichtexistenz geweiht wäre. Bei Sonnenuntergang wechselte Re die Boote und wurde zu einer trägen, die unterirdischen Wasser durchquerenden, widderköpfigen Manifestation des Schöpfers. Dort kämpfte er gegen die vom Schlangengott Apophis angeführten dämonischen Mächte von Isfet. Am Morgen des nächsten, jungen Tages, wenn sich der Schöpfungszyklus erneuerte, stieg der triumphierende Sonnengott in seiner Barke auf. Nach den neuen Lehren Djosers war dieser mehr als nur die Verkörperung des Horus, er herrschte auf Erden als der Sohn von Re oder gar als Manifestation des Sonnengottes selbst. Kühn veränderten er und Imhotep die Aufbauten seiner Gruft, um die innovative Theologie widerzuspiegeln. Der Urhügel wurde nun zur Stufenpyramide, einer Treppe, über die der tote Pharao in den Himmel gelangte, um sich dort mit Re in dessen Sonnenboot in dem Moment zu vereinen, in dem die aufgehende Sonne den Gipfel erleuchtete. Zugleich ließ der König seine Pyramide nicht neben seinen Vorfahren in Abydos errichten, sondern nilabwärts in der Wüste westlich von Memphis in Sakkara.

Selbstbewusst gingen Djoser und Imhotep ein gewaltiges, in diesem Umfang am Nil beispielloses Bauprojekt an; statt Lehm wählten sie Stein für die Ewigkeit. Der logistische Aufwand war überwältigend. Imhotep und seine Beamten mussten Tausende von Arbeitern aus den Dörfern im ganzen Land rekrutieren, transportieren, ernähren und beherbergen, einteilen und überwachen. Ein großer Arbeitstrupp brach in den Felsen bei Tura auf der anderen Nilseite Kalkstein, ein anderer verschiffte die Felsbrocken über den Fluss nach Sakkara, und eine dritte Kolonne zog die Blöcke und fügte sie unter der Aufsicht meisterlicher Handwerker ein. All dies musste hauptsächlich in den Hochwassermonaten geschehen, wenn die Felder brach lagen. Mit einem Schlag hob der Staat die Isolation Hunderter von Dorfgemeinschaften auf und vereinte sie mit ihren Landsleuten in etwas, was damals als gemeinsamer gottesfürchtiger Akt verstanden worden sein muss, eine Verneigung vor dem göttlichen Kosmos . Die Folgen waren gewaltig.

Imhotep schuf eine atemberaubende Huldigung der Unsterblichkeit. Djosers sechsstufige Pyramide stand im Zentrum eines 278 mal 545 Meter großen Bezirks, die Basis der untersten Stufe maß von Norden nach Süden 107 Meter und 122 Meter von Osten nach Westen. Der Ägyptologe David O'Connor argumentiert überzeugend, die Vorbilder für Anlage und Pyramide seien die

1882 fanden Archäologen in der Pyramide von Medum die ausgeraubte Grabkammer von König Snofru. Ein langer Gang führt von der Nordwand der Pyramide in einen kleinen Raum mit einer von Kragsteinen gestützten Decke. Einige der Deckenriegel sind erhalten geblieben. Solch ein grober, schmuckloser Raum sollte sich mit der Zeit unter späteren Pharaonen zu kunstvoll verzierten Grabkammern entwickeln.

früheren Grabanlagen in Abydos gewesen, nun jedoch aufwendiger geplant und in Stein ausgeführt. Wenn dem so ist, wurde der symbolische Urhügel der Schöpfung zur Stufenpyramide weiterentwickelt. Im Pyramideninneren sollte ein Labyrinth unterirdischer Stollen Grabräuber in die Irre führen. Ein Drei-Tonnen-Konus versiegelte den Gang zur granitverkleideten Grabkammer mit fast vier Meter hoher Decke. Zahlreiche Steinboote, von denen manche die Namen früherer Pharaonen tragen, wurden aus den Gängen entfernt; sie waren wohl den Vorgängern des Königs gewidmete Opfergaben. Imhoteps Einfallsreichtum konnte die Plünderer nicht aufhalten. Sie räumten die Grabkammer aus und zerfetzten die Königsmumie. Allein Djosers mumifizierter Fuß blieb erhalten. In einer zellenähnlichen Kammer auf der Nordseite der Pyramide blickt eine lebensgroße Sitzstatue des Pharao, gekleidet in das weiße Gewand, das man bei Festen trug, die seiner Herrschaft gedachten, auf die Sterne am Nordhimmel: die Unvergänglichen.

Eine dicke Steinwand mit Außentürmen umgab die Stufenpyramide. Die Erbauer versahen die Außenseite mit einer einfachen Variante der heute bekannten stilisierten Palastfassade und versahen sie mit 211 Bastionen und 14 großen Portalen; nur eines fungierte als echter Zugang, durch ihn entwich das Ka, die Lebenskraft des Königs. Durch den Haupteingang an der Südostecke gelangte man zu einer 53 Meter langen, säulengeschmückten Eingangshalle. Die Halle wiederum öffnete sich zu einem Vestibül mit vier Säulenpaaren, deren Form wiegende Pflanzenblätter imitiert. Auf der Südseite des Einfriedung befindet sich der Stufenpyramide gegenüber das so genannte Südgrab. Seine Funktion gibt Anlass zu zahlreichen Theorien. Vermutlich wurden hier, getrennt von seiner Mumie unter der Pyramide, Djosers innere Organe bestattet. Das mag Ausdruck des Wunsches nach zwei, einem nördlichen und südlichen, den Zwei Ländern entsprechenden Gräbern gewesen sein.

Imhotep legte am Fuß der Pyramide einen 108 Meter breiten und 187 Meter langen Hof des Königlichen Erscheinens und an dessen Südwestecke eine Kopie des Königspalastes an. Zwei hufeisenförmige Steinhaufen standen jeweils an den Enden des Platzes und wanden sich einer Thronanhöhe zu, der ein Baldachin am Fuß der Pyramide Schatten spendete. Die Gestaltung des Komplexes und die darin zu begehenden Zeremonien waren tief in der Geschichte verwurzelt. Der auf etwa 3000 v. Chr. datierte Keulenkopf von Narmer zeigt den Herrscher bei der Inspektion von Kriegsgefangenen und im Kampf erbeuteten Tieren auf einer ähnlich überdachten Thronanhöhe, angeordnet zwischen zwei jenen in Sakkara gleichenden Begrenzungen. Eine Holzplakette in Abydos aus dem Grab des Den, König der 1. Dynastie, zeigt den König auf einer überdachten Thronanhöhe und hinter ihm eine Hieroglyphe für seine Herrschaft. Pharao Den erscheint ein zweites Mal am Fuß der Anhöhe: Er umschreitet sechs Grenzmale. Entsprechend zeigen zwei Gruppen von je drei Paneelen in Durchgängen, die scheinbar zu Stollen unter der

REICHE GABEN

Das üppig dekorierte Grab des Ti in Sakkara, der unter Neferirkare und Niuserre (ca. 2400 v. Chr.), Königen der 5. Dynastie, Pyramiden- und Tempelaufseher im nahen Abusir war, wurde bereits in der Antike für die wundervollen Alltagsszenen auf seinem großen Gut gerühmt. Wandgestaltungen wie diese sollten lebendig werden und Ti den großen Reichtum, den er auf Erden genossen hatte, für das Jenseits erhalten. Sein Grab ist eine Fundgrube an Informationen über das idyllische Leben der Reichen und Mächtigen im Alten Reich. Hier bringen Dienerinnen Gaben: einen Korb Früchte, eine junge Ziege, Brot und Bier.

Ein Schreiber des Alten Reiches der 5. Dynastie aus Sakkara in der klassischen Haltung des hohen Beamten: Er trägt den einfachen, weißen Schurz seiner Klasse. Die linke Hand entrollt einen Papyrus, die rechte ruht auf der Schrift. Da sie lesen und schreiben konnten, waren Schreiber in Ägypten, wo man die Schrift erfunden hatte, um Erträge und Steuern genau zu erfassen, hoch angesehen.

Stufenpyramide führen, den die symbolischen Grenzen seines Reiches abschreitenden Djoser bei genau diesem Ritual. Spätere Inschriften verraten, dass die Steinhaufen territoriale Grenzmale waren, die im so genannten »Feld« standen.

Dem ägyptischen Glauben nach erhielt der Pharao noch im Mutterleib sein Wissen durch den Sonnengott. Der Pharao war zwar *netjer*, ein Gott, aber auch menschlicher Abkunft und benötigte folglich nach seinem Tod ein Grab. Anders als die Götter musste ein Pharao regelmäßige Verjüngungsriten vollziehen, um die Fruchtbarkeit des Landes zu gewährleisten. Das Heb-Sed-Fest, eine der größten Staatszeremonien, wurde exakt 30 Jahre nach der Thronbesteigung des Königs und im weiteren Verlauf der Herrschaft in kürzeren Abständen begangen. Das der irdischen Macht und Lebenskraft des Königs gedenkende Heb-Sed umfasste stets zwei Elemente. Zuerst erschien der König mit den Amtsinsignien und nahm auf der speziellen Anhöhe Platz, auf dem zwei Throne die Zwei Länder repräsentierten. Dann schritt er die Grenzmale ab und erneuerte so seinen Anspruch auf das Reich.

Heb-Sed und sein kompliziertes Gepräge war für das religiöse Leben von grundlegender Bedeutung, denn es bestätigte aufs Neue die enge Beziehung zwischen Gottkönig und geeintem Land. Wir haben wenige Berichte von Augenzeugen des Heb-Sed; der Beste entstand im Neuen Reich, 1300 Jahre später, als Pharao Amenophis III. nicht weniger als drei dieser Rituale, im 30., 34. und 37. Jahr seiner langen Regierung, vollzog. Und er befahl seinem Schreiber, nach früheren Zeremonien zu forschen. Statt die Arena zu umschreiten, befahl Amenophis, dort, wo die Schwemmebene im Westen an die Wüste grenzt, ein 1600 Meter langes und 800 Meter breites Becken auszuheben. Arbeiter legten mit dem Aushub in der nahen Hügelkette eine Terrasse für den Totentempel und den angrenzenden Palast des Königs an.

Der Höhepunkt der ersten Zeremonie war der »prachtvolle Auftritt des Königs im großen Portal seines Palastes, des ›Hauses der Freude‹, der Beamte, Freunde des Königs, den Kammerherrn … und die Würdenträger des Königs hereinbat«. Amenophis ehrte hohe Beamte mit Geschenken und gewährte ihnen das Privileg, die Barke des Morgens und die Barke des Abends im Becken zu ziehen. Das Schleppen der Barken mit Statuen des Sonnengottes vollzog die tägliche Reise der Sonne nach.

Djosers Stufenpyramide war eine aufwändige Kulisse für die Zurschaustellung von Königtum und König selbst, sowohl für seine Hofleute als auch für das gewöhnliche Volk. Als Bühne diente ein großer, offener Platz, eine erhöhte Stelle, wo der König sich den Massen zeigte, und ein Scheinpalast, in dem er ausruhen oder sein Staatsgewand wechseln konnte. Doch all das war Trug. Djoser hat das Heb-Sed in Sakkara nie gefeiert. Aber seine Pyramide und der Hof der Erscheinens auf Erden würden im Jenseits gebraucht werden.

DIE PYRAMIDEN VON GISEH

Mit der Fertigstellung der Pyramiden von Giseh waren zwischen 2550 und 2472 v. Chr. jährlich 20 000 bis 30 000 Menschen beschäftigt. Die königlichen Baumeister bedienten sich dabei der einfachsten Vermessungs- und Planierungstechniken. Die Bauerntrupps brachen Steine und schleppten behauene Blöcke und Füllschutt die Rampen hinauf. Handwerker setzten jede Fuhre an ihren Platz und passten sie ins Mauerwerk ein. Die größte Pyramide ließ Pharao Cheops errichten, von dessen persönlicher Erscheinung allerdings nur eine fünf Zentimeter hohe Elfenbeinstatuette zeugt (rechts, oben). Horus, der Falkengott der Könige, umarmt Pharao Chephren von hinten (rechts, Mitte). Zwei Göttinnen flankieren seinen Nachfolger Mykerinos (rechts, unten).

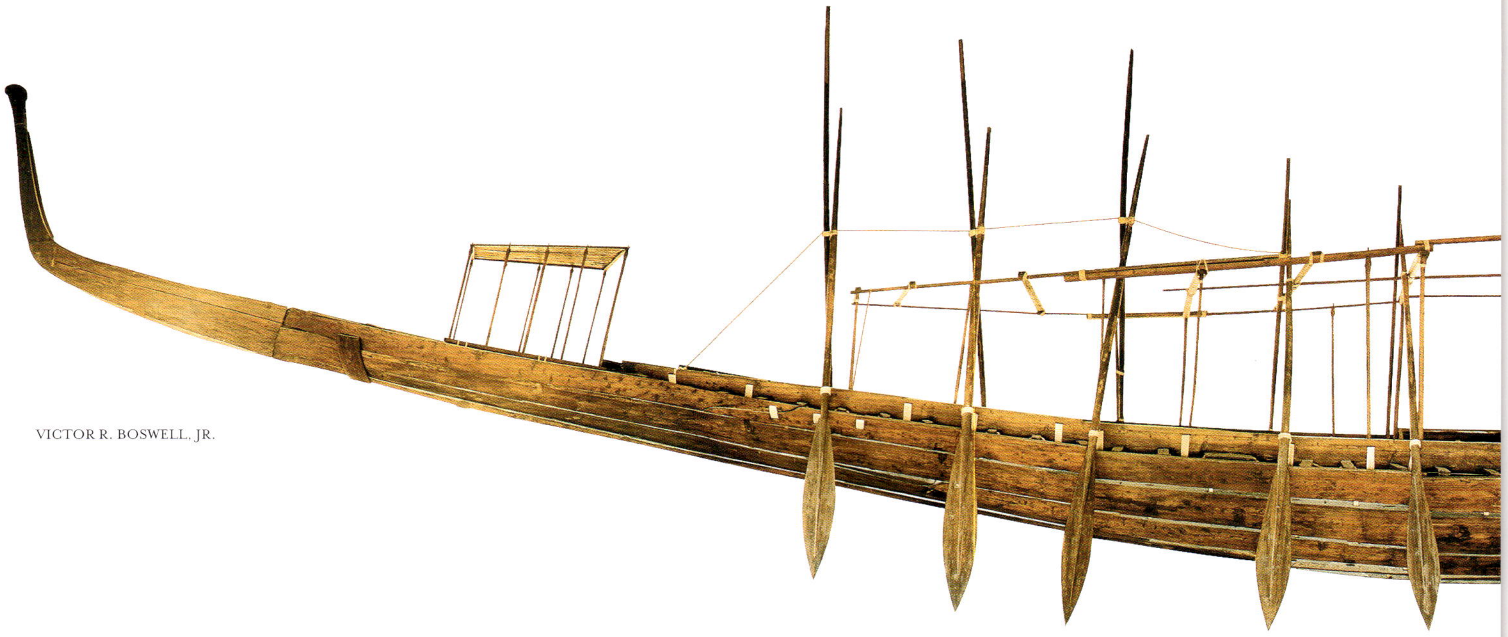

VICTOR R. BOSWELL, JR.

EIN HAFEN FÜR DIE EWIGKEIT

Leere, bootsförmige Gruben drängen sich östlich der Cheopspyramide. Zwei der auf der Südseite gefundenen Gruben enthielten zerlegte Schiffe. Der Ägypter Achmed Jussuf baute eines der 43 Meter langen Zedernholzboote aus 1224 mit U-förmigen Bohrungen versehenen und mit Pflanzenfasern zu verbindenden Teilen wieder zusammen (oben). Das Boot, mit Bug und Heck in Gestalt von Papyrushalmen und einer Schilfmattenkabine mittschiffs, war sorgfältig zerlegt worden. Ein weiteres zerlegtes Boot liegt in einer westlichen Grube; es wird von der Ägyptischen Altertümerverwaltung und NATIONAL GEOGRAPHIC mit einer durch das Dach eingeführten Periskopkamera untersucht. Innerhalb der Cheopspyramide befindet sich die meisterlich von Kragsteinen gestützte Mauer der großen Galerie (links); ihre mit Steinplatten bedeckte Decke ist fast acht Meter hoch. Im Grab des Ti (gegenüber) formt und montiert eine Mannschaft von Bootsbauern ein beplanktes Nilboot.

Wie von ihren Erbauern beabsichtigt, zeichnen sich die Pyramiden von Giseh für alle sichtbar am Horizont ab. Bei Ausgrabungen wurden kürzlich die aufwendige Satellitenpyramide, der Aufweg und der Taltempel des Pharaos Cheops freigelegt.

DIE PYRAMIDEN – DIE BERGE DES RE

Die ägyptischen Begräbnistraditionen durchdrangen alle Bereiche des täglichen Lebens: den Anbau von Nahrung und das Einbringen der Ernten, Kunst und Architektur, Handel und Transport ebenso wie die Schrift. Fünf Jahrhunderte lang verschwendeten die Könige des Alten Reiches den Großteil der Arbeitskraft und des Wohlstandes ihres Landes für die Errichtung ihrer Grabstätten und Totentempel zur Sicherung ihrer Unsterblichkeit. Pyramidenbau und Fixierung auf das Nachleben schufen ein geeintes Reich auf eine Weise, wie es einem Pharao allein nie gelungen wäre.

Djosers Nachfolger verfielen einer rauschhaften Bautätigkeit, ihre Pyramiden entstanden am Rand der Wüste an Orten, die steinbeladene Barken während der Sommerüberschwemmung erreichen konnten. Die größten Pyramiden wurden zwischen 2575 und 2494 v. Chr. von drei Pharaonengenerationen der 4. Dynastie errichtet: von Snofru, seinem Sohn Cheops und seinem Enkel Chephren.

Als Snofru 2575 v. Chr. den Thron bestieg, ließ er in Medum, 56 Kilometer von Sakkara entfernt, schrittweise eine achtstufige Pyramide fertig stellen und verlagerte dann seine Nekropole plötzlich nach Norden in das 40 Kilometer entfernte Dahschur. Vielleicht wünschte er eine näher am Delta gelegene Stätte, wo die königlichen Monopole auf den Zedernhandel aus der Levante und andere Handelsunternehmungen seiner Aufmerksamkeit bedurften. Snofru gab in Dahschur zwei Pyramiden in Auftrag, für die seine Baumeister mit der echten, glatten Pyramidenform experimentierten. Absackende Fundamente vereitelten ihren ersten Versuch und führten zu einem geknickten Profil. Sie lernten aus ihren Fehlern und erbauten Snofrus Rote Pyramide mit einem sanften Winkel von 43 Grad, wodurch ihnen ein einfacher und eleganter Bau gelang. Nach all diesen Anstrengungen sandte Snofru seine Graberbauer nach Medum zurück und wies sie an, die Stufen in eine echte Pyramide mit einem Winkel von 51° 50' 35'' umzuwandeln. Pflichtbewusst füllten die Architekten drei Stufen auf, doch die Arbeiten kamen ins Stocken, als Snofru starb. Niemand weiß, wo er bestattet wurde – vielleicht unter der Roten Pyramide oder gar in einem Sarkophag aus rotem Assuan-Granit, den man in einer unscheinbaren Gruft in der Nähe von Medum fand. Unglücklicherweise gingen die sorgfältig bandagierten menschlichen Knochen, die man in dem roten Sarkophag 1910 per Schiff an das Britische Museum geschickt hatte, verloren; so bleibt das Rätsel ungelöst.

Snofru mag ein anspruchsvoller Auftraggeber gewesen sein, aber ein wesentlich späterer Papyrus beschreibt ihn als gütigen Monarchen. Prinz Bauefre, ein Sohn König Cheops', erinnert sich an einen Tag, an dem sein Großvater gelangweilt durch den Palast schlenderte. Er rief den Oberpriester Djadjaemanch, der einen Ausflug auf dem nahen See vorschlug mit einem »von al-

len im Palastharem befindlichen Schönheiten« geruderten Boot. Snofru war begeistert. »Lasst mir 20 Netze bringen, und lasst diese Netze den Frauen geben, so sie ihre Kleider abgelegt haben ... Und das Herz Seiner Majestät war glücklich, da er sie rudern sah« – wahrscheinlich auch beim Anblick ihrer durchsichtigen Fischnetzkostüme.

Snofrus Sohn Cheops zog es nordwärts auf die Giseh-Hochebene beim heutigen Kairo. Hier entwarfen seine Baumeister, deren Vermessungsausstattung aus kaum mehr als langen Schnüren, Loten, Sichtlatten und anderen einfachen Werkzeugen von Architekten und Maurern bestand, eine riesige Pyramide mit fast exakt nach Norden ausgerichteten Seiten. Und als Teil eines spektakulären Totenbezirks, der seinesgleichen sucht, ließ Cheops eines der größten je in der Welt errichteten Steinbauwerke anlegen.

Die Cheopspyramide, bekannt als Achet Chufu, »Horizont des Cheops«, erhebt sich 137,5 Meter über die Giseh-Hochebene und besteht wahrscheinlich aus rund 2,3 Millionen im Schnitt 2,5 Tonnen schweren Steinblöcken. Die Erbauer arbeiteten erstaunlich präzise: Die Basis ist eben und weicht keine zwei Zentimeter ab, die Ausrichtung nach Norden nicht mehr als drei Bogenminuten und sechs Bogensekunden. Vermutlich errichteten sie die Außenhülle auf einer eingeebneten Plattform aus Muttergestein und griffen für die Ecken und oberen Reihen auf qualitativ guten Kalkstein zurück, um die aus Dahschur bekannten Probleme zu vermeiden. Die gesamte Pyramide war mit weißem Tura-Kalkstein verkleidet, von dem Jahrhunderte später viel abgetragen und für die islamische Zitadelle im mittelalterlichen Kairo verwendet wurde. Ein System aus Galerien und Korridoren führte zu einer Grabkammer aus rotem Granit, in der die Königsmumie in einem Sarkophag aus dem gleichen Material ruhte. Ein Durchgang verband die Große Pyramide mit dem Taltempel, der an einen aus dem Fels geschlagenen Nilhafen grenzte. Zu Cheops' Grabkomplex gehörten zudem zerlegte Boote, die den Körper zum Taltempel transportiert haben dürften oder dem König im Jenseits als Sonnenbarken dienen sollten.

Schließlich genehmigte Cheops die Anlage von Friedhöfen mit Felsengrüften bei seiner Pyramide – im Osten für königliche Verwandte, im Westen für seine hohen Beamten.

Um nicht zurückzustehen, legte Chephren, Cheops' Sohn, seinen Pyramidenkomplex im Südwesten bei dem des Vaters an. Er richtete ihn an einer Diagonale aus, die im Nordosten nach Heliopolis, der Heimat des Benben, und im Südwesten nach Abydos wies. Seine 143.5 Meter hohe Pyramide ist kleiner als die des Cheops, doch wurde sie auf zehn Meter höherem Grundgestein gebaut. Er glich das kleinere Grab mit einem großen Totentempel aus, der über einen Aufweg mit einem Taltempel verbunden war, den man aus mit rotem Granit verkleideten Steinblöcken errichtete. In den Wandnischen seiner düsteren, nur von schmalen Wandschlitzen knapp unter der Decke beleuchteten T-förmigen Halle standen 24 Statuen des Chephren. Möglicherweise wurde hier der Körper des Königs einbalsamiert.

Chephren scheint es geliebt zu haben, sich selbst in Stein zu sehen. Statuen von ihm gibt es im Überfluss, die größte ist die Sphinx, die den König als Horus darstellt, die Kolossalstatue eines menschenköpfigen Löwen, den man aus dem Muttergestein am Fuße des Aufwegs schnitt. Der Löwe war im alten Ägypten ein Sonnensymbol, der königliche Kopf ein Emblem der im Pharao verkörperten Macht und Autorität sowie Symbol für Maat und kosmische Ordnung. Der Kopf trägt das *Nemes*-Tuch, das auf eine nur für Könige übliche Weise gefaltet ist und dessen ausgestellte Seiten eine Löwenmähne bilden. Sphinxe blieben mehr als 2500 Jahre Teil der ägyptischen Ikonographie.

Chephrens Nachfolger Mykerinos herrschte 20 oder mehr Jahre, sein Pyramidenkomplex blieb anscheinend unvollendet. Das Grab liegt am entfernten Ende des Giseh-Plateaus, wo weniger Platz zur Verfügung stand. Folglich hat die Pyramide nur etwa ein Zehntel der Masse der Cheopspyramide. Da die Grabstätte schrumpfte, wuchs der Totentempel. Eine überlebensgroße Statue des Mykerinos stand im hinteren Bereich des Tempels und blickte direkt den Pyramidenaufweg hinunter auf den Nil und das Land der Lebenden. Durch eine versteckte Tür hinter der Statue konnte der tote König Opfer empfangen und seine Lebenskraft aussenden.

Folgende Seiten: Die Königin Meresanch III., Enkelin des Cheops und Gemahlin des Chephren, wurde in einer skulpturengeschmückten und bemalten Felsengruft auf dem östlichen Friedhof Gisehs bestattet. Das von ihrer Mutter vorbereitete Grab belegt die Macht und Unabhängigkeit, die manche bemittelte Frauen im alten Ägypten genossen.

Warum schufen sich die Pharaonen solch gewaltige Grabstätten? Vielleicht waren ihre Motive rein religiöser Natur und die Pyramiden kosmische Motoren, die das Fortbestehen der Ordnung in einer chaotischen Welt gewährleisteten: das Aufgehen und Untergehen der Sonne, die jährlichen Nilüberschwemmungen. In der Pyramide trafen Leben und Licht, Tod und Dunkelheit aufeinander. Der Pharao herrschte als lebender Gott. Starb er, verließen göttliche Manifestation, *ba*, und Lebenskraft, *ka*, den Körper. Bevor man seine Mumie unter der Pyramide zur Ruhe bettete, wurde sie vor dem Eingang aufgerichtet und mit Weihrauch und Wasser gereinigt. Dann hob der Oberpriester zweimal ein einem Breitbeil ähnliches Werkzeug vor das Gesicht der Mumie und seiner *ka*-Statue. Er berührte sie auch mit einem gegabelten Stab, der die Körpersinne des verstorbenen Herrschers auf magische Weise wiederherstellte. In diesem Moment kehrten *ba* und *ka* des Pharaos in den Körper zurück. Sein *ka* war in der Gruft verwurzelt, zwischen irdischem und göttlichem Reich. War das *ba* in das göttliche Reich eingegangen und unsterblich geworden, konnte er dem Heer der ewigen *achs* oder verklärten Geister beitreten. Die *achs* der Könige wohnten im himmlischen Reich der Götter, wo sie große Zauberkraft besaßen, um den Verstorbenen zu helfen und jene auf Erden zum Besseren oder Schlechteren zu beeinflussen.

Die Motive der Pharaonen mögen auch politischer Natur gewesen sein. Zu Snofrus Zeit war Ägypten ein loses Flickwerk von Gauen, die ihren örtlichen Anführern und zahllosen unbedeutenden Gottheiten anhingen. Welten lagen zwischen der höfischen Kultur der Pharaonen und den bescheidenen Ortschaften auf dem Land. Einige Ägyptologen glauben, dass der Pyramidenbau eine neue Sichtweise nötig machte, die dem mächtigen König erlaubte, noch in den kleinsten Dörfern nach Nahrungsmitteln, Arbeitskraft und allen Arten von Rohstoffen zu greifen. Königliche Beamte und Schreiber zogen die Zügel der zentralistischen Regierung an und organisierten den Staat, wie sie zuvor kaiserliche Heere und Handelsexpeditionen organisiert hatten. Der Pyramidenbau definierte nicht nur den Übergang vom Leben zum Tod, sondern auch die Macht des Pharaos als Fürsorger. Der Staat muss im großen Rahmen Fürsorge geleistet haben. Viele Ägyptologen glauben, dass in den drei Monaten des landwirtschaftlichen Jahres, wenn der Nil das Land überschwemmte, 20 000 bis 30 000 Menschen am Bau der Pyramiden schufteten. Fähige Baumeister und Handwerker arbeiteten vermutlich das ganze Jahr hindurch, ihre Zahl ist unbekannt.

Wir wissen aus Steininschriften, dass der Großteil der Arbeiterschaft aus Gruppen von etwa 2000 in Dörfern requirierten Arbeitern bestand, die man in Kolonnen zu je 1000 Mann aufteilte. Jede Kolonne bestand aus fünf *zaa* mit je 200 Arbeitern (oft auch nach dem griechischen Wort für »Stamm« als *phyles* bezeichnet), jede *zaa* umfasste zehn Gruppen mit je 20 Mann. Die Kolonnen hießen beispielsweise »Die Säufer des Mykerinos«, wohingegen die Phylen feste Namen trugen wie »Groß«, »Asiatisch«, »Grün«, »Klein« oder »Letzte«.

Geld war im alten Ägypten unbekannt, folglich waren Verbrauchsgüter Ausdruck jeglicher wirtschaftlicher Aktivität. Brote, Bierkrüge, Getreiderationen und getrockneter Fisch – diese und viele andere Güter waren Ägyptens Währung, in der die Pyramidenarbeiter entlohnt wurden. Jeder, vom Baumeister bis hin zur niedrigsten Hilfskraft, erhielt Nahrung als Lohn. Der Staat überwachte Anbau und Verarbeitung von Nahrungsmitteln, Viehzucht und Fischerei vom ersten Schritt bis zum Moment der Verteilung der Rationen. Aufzeichnungen verraten uns, dass für einen Arbeiter der übliche Mindestlohn pro Tag aus zehn Laib Brot und einer bestimmten Menge Bier bestand, die zwischen einem Drittel bis zu einem Krug oder sogar zwei volle Krüge betragen konnte. Die Zuteilungen stiegen um ein Mehrfaches der Grundration bis zu dem Punkt, an dem ein Anspruch weit über den Appetit eines Einzelnen oder seiner Familie hinausging. Viel von diesem Nahrungsüberschuss muss in Form eines Kreditsystems verteilt worden und eintauschbar gewesen sein für Textilien, Schmuck oder andere kleine Güter des gehobenen Bedarfs.

Die Bauaufsicht verlangte viele Stunden Schreibzeit, Bewerten und Messen genauer Mengen von Rohmaterial; ja, es musste sichergestellt werden, dass jeder Arbeiter das Tagwerk für die Rationen, die er erhielt, auch leistete. So waren zum Beispiel zehn Kubikellen (etwa 50 Zentimeter ergeben eine Elle) die Tagesleistung eines Mannes, der Rohmaterial schleppte. Die Griffel der Schreiber waren ebenso treibende Kräfte bei den Bauarbeiten wie die Erfindungsgabe der königlichen Ingenieure oder die Aufseher, die die Kolonnen zur Arbeit anhielten.

Abseits vom Bau der Pyramidenkomplexe bemühten sich kleine Armeen von Priestern und Arbeitern, die Bedürfnisse des toten Pharaos im Jenseits zu erfüllen. In der Nähe von Giseh wurden neue Dörfer und Siedlungen für den Bedarf der Pyramiden und ihrer Königskulte angelegt. Die bei den Bauarbeiten für eine moderne Kanalisation entdeckten Überreste einer umfangreichen Stadtsiedlung liegen süd-südöstlich der Pyramiden. Eine massive, elf Meter hohe Steinumfassung mit einem Sieben-Meter-Tor trennte den Tempelkomplex, der den Pyramidenbezirk umgab, vom weltlichen Geschehen außerhalb. Nur ein kleiner Abschnitt der Stadt ist bisher freigelegt: ein Teil eines ausgedehnten königlichen Komplexes, der Produktionsstätten, Arbeiter und ihre Aufseher beherbergt zu haben scheint. Die Ausgräber haben zwei große, durch fünf Meter breite, gepflasterte Straßen getrennte Galerien entdeckt. Beide enthielten Bäckereien und Kupferwerkstätten, aber auch kleine Arbeiterbehausungen, die ein auf massiven Kolonnaden ruhendes Dach teilweise vor der Sonne schützte. Zwei Gebäude, eines an jedem Ende, kontrollierten den Zugang zu dem, was einst eine große, streng überwachte Fabrikationsstätte gewesen sein muss. Im Rahmen einer früheren Expedition legte der Ägyptologe Mark Lehner eine Bäckerei mit einem Ausstoß von Tausenden von Broten in Einheitsgröße und eine Anlage zum Verarbeiten und Trocknen von Fisch frei – Verpflegung für die Pyramidenarbeiter.

Folgende Seiten: Eine teilweise verschüttete Steinmauer trennte einst die Arbeiterstadt von der königlichen Nekropole. Arbeiter durchschritten das Tor morgens, um an der Pyramide zu arbeiten, und abends, um ihre Rationen abzuholen. Hinter der Wand kauert die um 2500 v. Chr. für König Chephren errichtete Sphinx. Die Pharaonen des Neuen Reiches verehrten sie als Symbol der Göttlichkeit.

Westlich, in der Nähe der Galerien, stieß ein ägyptisches Team auf zwei Friedhöfe. Der untere Friedhof diente der Bestattung von Arbeitern, der obere wurde für Handwerker genutzt.

Der ägyptische Archäologe und Grabungsleiter Zahi Hawass legte das Grab eines Mannes namens Neferthieth frei, der zwei Ehefrauen und 18 Kinder hatte. Seine zweite Frau, Nyanch-Hathor, war Hebamme. Neferthieths Beruf ist unbekannt, aber er könnte Bäckerei- oder Brauereiaufseher gewesen sein, denn viele der Szenen in seinem Grab sind der Herstellung von Brot und Bier gewidmet. Hawass hat mehr als 600 Grabkammern von Pyramidenarbeitern ausgegraben, manche waren kaum mehr als einen oder zwei Quadratmeter groß. Keiner der Arbeiter wurde einbalsamiert, zu jener Zeit war dies ein Privileg der Eliten, aber ihre Gebeine sind vom harten Leben unablässiger Mühsal gezeichnet. Arthritis und durch Knochenarbeit verursachte degenerative Rückenleiden waren weit verbreitet. Viele der Arbeiter starben jung.

HERRSCHER UND UNTERTANEN

Über die drei Könige von Giseh ist uns fast nichts bekannt. Der klatschfreudige Herodot zeichnet ein wenig schmeichelhaftes Bild von Cheops, der, wie er sagt, das Land »in einen grauenhaften Zustand« versetzte und all seine Landsleute zum Bau seiner Pyramide heranzog. Ihm war erzählt worden, dass diese immer drei Monate in Kolonnen zu 100 000 Mann arbeiteten. »Es gibt in einer ägyptischen Schrift über die Pyramide einen Hinweis auf die für die Arbeiter benötigte Menge an Rettichen, Zwiebeln und Knoblauch, und wenn mein Gedächtnis mich nicht trügt, sagte der Übersetzer, der die Notiz las, dass sich die Gesamtkosten auf 1600 Silbertalente beliefen.« Herodot behauptet auch, der despotische Cheops habe seine Tochter gezwungen, ihre Gunst zu verkaufen, um für seine Pyramide zu zahlen. Sein Sohn Chephren sei ebenso schlimm gewesen: »Die Ägypter verabscheuen Chephren und Cheops so sehr, dass sie ihre Namen wirklich nicht gerne erwähnen.« Mykerinos war ein gütiger Herrscher, der so manchen tyrannischen Exzessen ein Ende setzte.

Die Pharaonen der 4. Dynastie gingen als Despoten in die Geschichte ein, doch sie bleiben erstaunlich anonym. Cheops errichte die größte Pyramide, doch von ihm selbst blieb nur eine kleine Elfenbeinstatue erhalten. Mehr ist über Chephren und Mykerinos bekannt, die man als ruhige, kraftvolle Herrscher, als Männer von physischer Stärke und selbstbewusster Autorität beschrieb. Alle drei müssen bemerkenswert fähige und charismatische Führer gewesen sein. Ihre Pyramiden mögen als Akte des Glaubens von einem loyalen Volk errichtet worden sein; um diese Loyalität aber in logistische Wirklichkeit zu verwandeln, war ein Heer effizienter Verwaltungsbeamter, Handwerker und Schreiber nötig.

Der Schatten der Pyramide des Cheops fällt auf die Gräber seiner Königinnen und Edelleute. Nur höchste Beamte und königliche Verwandte genossen das Privileg einer Bestattung in Sichtweite der Pyramide des Pharaos. Die Steinmetzarbeiten, Malereien und Skulpturen dieser Felsengräber bergen eine Fülle an Informationen über das Alltagsleben der reichen Elite in der Blütezeit des Alten Reiches.

Was für Männer waren das, die Königreich und Pyramidenbau in Giseh überwachten?

Wir kennen sie von ihren Statuen und den Wandmalereien ihrer Gräber. Die Kunstkonventionen im Alten Reich bilden sie mit heiterem Naturalismus ab, der ihre Fähigkeit und Tüchtigkeit nicht bemäntelt. Viele entstammten eng verbundenen Familien, heirateten ihresgleichen und erbten von ihren Vätern hohe Ämter.

Hemiunu, ein Enkel König Snofrus, war für Cheops Aufseher über alle Bauprojekte. Seine einst rot bemalte Sitzstatue mit eingelegten Augen und goldenen Wimpern ist groß und fettleibig; trotzdem nimmt die wenig schmeichelhafte Darstellung dem Mann nichts von seinem Charisma. Er muss eine energische Persönlichkeit von unbändiger Energie gewesen sein, um die Cheopspyramide in nur 23 Jahren unter der Herrschaft seines Königs zu errichten. Die auf seiner Statue verewigten Titel sprechen für sich: »Mitglied der Oberschicht, hoher Beamter, Wesir, Königlicher Siegelbewahrer ... Leiter der Musik im Süden und Norden, Oberster Bauaufseher«.

Hemiunu und seinesgleichen bildeten die Spitze der Sozialpyramide Ägyptens. Titel gewannen in einer Gesellschaft, in der Stand und königliche Gunst alles waren, große Bedeutung. Nicht, dass der höfische Alltag einfach war. Der Pharao und seine Paladine führten ein verfeinertes Leben mit üppigen Banketten und prächtigen Gewändern, dessen Tagesablauf das den König umgebende Hofprotokoll bestimmte. Eine choreographierte Existenz, gewiss, aber eine, die mit Spannungen und leidenschaftlichen Rivalitäten befrachtet war. Der König stand einem Staat aus einem Flickwerk von Gauen vor, in denen mächtige Gouverneure herrschten, die dem Pharao zwar ergeben waren, aber Zeichen der Schwäche in Memphis genau registrierten. Etwa 2180 v. Chr. sah sich die Landesregierung hilflos einer Dürre gegenüberstehen, und die südlichen Gouverneure übernahmen in ihren Einflussgebieten das Kommando. Ein Pharao hatte mehrere Frauen und nicht selten zahlreiche Kinder – das erzeugte eine familiäre Dynamik, in der verschiedene Zweige sich um Machtpositionen befehdeten oder gar gegen den König intrigierten.

In einer Zeit, in der die Lebenserwartung niedrig war und der König und seine Söhne plötzlich sterben konnten, spukte das heikle Thema Erbfolge stets in allen Köpfen. Formal ging der Thron vom Vater an den ältesten Sohn der ranghöchsten Gemahlin des Herrschers. War ein solches Kind mit Mängeln behaftet oder starb es früh, so erhob man den Sohn einer Nebenfrau zum Kronprinzen. Der Pharao erklärte ihn öffentlich zum Nachfolger – solange der älteste Sohn noch lebte eine Routineangelegenheit, doch Gegenstand von Intrigen und Machtkämpfen, wenn ein neuer Erbe benannt werden musste oder kein Sohn überlebt hatte. Fehlten Söhne, so wurde nicht selten eine führende politische oder militärische Persönlichkeit ernannt, vor allem dann, wenn königliches Blut in ihren Adern floss. Da die Herrscher göttlich waren, mit dem ganzen Potenzial übernatürlicher Kräfte, die das nach sich zog, war eine königliche Blutsverwandtschaft

zweifellos wünschenswert. Einige Pharaonen ernannten ihre Söhne zu Mitregenten, solange sie selbst noch aktiv waren: eine weise Vorsichtsmaßnahme in Zeiten, in denen man alle königlichen Söhne – nur für den Fall, dass der Thron unerwartet an sie fiele – auf die Herrschaft vorbereitete. Starke Pharaonen wie Cheops und Chephren hielten diese potenziell störenden Kräfte in Schach, schwache Herrscher jedoch mussten die rivalisierenden Interessen ihrer mächtigen Untergebenen beschwichtigen. Sie mochten Gottkönige sein, aber in einer Welt, in der sie als unfehlbar galten, regierte ein entschlussschwacher Herrscher nicht lange.

Der König gewährte einigen hohen Beamten die Gunst, die Dienste königlicher Handwerker für ihre Totenstatuen und Gräber in Anspruch zu nehmen. Der Priester Memi trägt eine Lockenperücke und einen reinweißen Schurz. Eine der beiden Inschriften auf seiner Sitzstatue verkündet: »*Wab* Priester des Königs, Memi, der auf den herrlichen Pfaden wandelt, auf denen die Ehrwürdigen wandeln.« Bildhauer stellten Beamte oft als Paar sitzend dar: ein ergebener Ehemann und seine Gattin, die einander umarmen; ihre Beziehung wurde durch Gesten und subtile Posen ausgedrückt. Selbst mittlere Beamte gaben Sitzstatuen in Auftrag. So auch Inti-Shedu, »Aufseher über das Boot [der Göttin] Neith«, der durch ein Missgeschick bei der Einbalsamierung Unsterblichkeit errang. Seine Bestrebungen, sich selbst zu verherrlichen, überlebten die Jahrtausende, nur um schließlich von Archäologen entdeckt zu werden.

DER PYRAMIDENBAU

Heerscharen anonymer Arbeiter erbauten die Pyramiden. Wie seine fernen Vorfahren lädt dieser Matrose eines Nilfrachters (oben) für Baustellen in Kairo bestimmte Steine aus. Die alten Ägypter schleppten für Djosers Pyramide kleine Steine wie diesen, und Gruppen von Arbeitern zerrten Blöcke, die bis zu 15 Tonnen wogen, auf Schlitten und Rollen nach Giseh. Eine nahe Stadt (rechts) beherbergte die Handwerker, Priester, Schreiber, Arbeiter und ihre Familien. Angrenzende Friedhöfe, die der Ägyptologe Zahi Hawass freilegte, enthalten in winzigen, nahe den Bestattungen ihrer Herren angelegten Grüften die Grabkammern Tausender von Arbeitern und Handwerkern. Die Männer, die die Pyramiden erbauten, waren gleichsam Leiharbeiter des Pharaos und nicht, wie bisher angenommen, Sklaven des Staates. Heute sind die Pyramiden nicht nur Wahrzeichen göttlicher Pharaonen, die das alte Ägypten regierten, sondern auch Symbol menschlicher Erfindungsgabe und handwerklicher Kunstfertigkeit.

IHR TÄGLICHES BROT

Brot erbaute die Pyramiden. Tausende von Arbeitern lebten von sorgfältig eingeteilten Rationen – von Brot aus Emmer und getrocknetem Fisch und Bier. Fabrikgroße Bäckereien produzierten in den Arbeiterstädten pro Woche Tausende von einheitlichen Broten aus handgeworfeltem Getreide (links). In einer Pyramidenstadt legte der Experte Mark Lehner eine Bäckerei frei, die aus der Zeit von Pharao Mykerinos datiert. Lehner und Edward Wood, ein Fachmann für antikes Brot, errichteten mit der Unterstützung von National Geographic eine Nachbildung der Bäckerei und orderten bei einem Kairoer Töpfer Kopien der ägyptischen Brottöpfe. Sie nahmen natürliche Hefekeime und Bakterien als Treibmittel zu Hilfe und gaben den Teig in die unteren Topfschalen, die sie zum Gehenlassen in heiße Kohlen setzten (oben). Vorgeheizte, über die Unterschalen gestülpte Topfdeckel sorgten für den Ofeneffekt. Eine Stunde und 40 Minuten später tat Wood sich an Scheiben von perfektem Brot gütlich. Im alten Ägypten ernährte ein Brot eine große Familie.

BROT UND FISCH

Kratzen, kratzen – das alte Ägypten hallte wider vom Geräusch reibender Mahlsteine. Jede arbeitende Frau verbrachte täglich Stunden auf ihren Knien, um das Getreide für die Herstellung von Bier und Brot vorzubereiten (oben). Röntgenbilder von Rücken-, Arm- und Zehenknochen zeigen die unausweichlichen Abnutzungen durch das ständige Knien und Schieben, das sogar bei relativ jungen Frauen zu Osteoarthritis führte. Fisch, eine Eiweißquelle, die, wie der Kairoer Fischmarkt verrät (rechts), noch heute beliebt ist, ergänzte die auf Weizen basierende Ernährung. In einem großen Gebäude aus Schlammziegeln in der Pyramidenstadt von Giseh fanden sich Kiemen, Flossen und andere Kleinstteile von Welsen und Nilbarschen. Der Schmutz auf den Regalen des Gebäudes enthielt winzige zerbrochene Gräten. Der Fisch wurde ausgenommen, getrocknet und vielleicht geräuchert oder gesalzen, um Verpflegung für hungrige Arbeiter zu liefern.

Die Wandmalereien und Reliefs in den imposanten Gräbern der Elite in der Nähe der Pyramiden verraten uns viel über ihr Leben auf den ihnen vom König verliehenen Landgütern. Mit gewaltigen Netzen fangen Männer in Gruppen Wildgänse; Bauern mästen für den Topf bestimmte Kraniche. In einem Relief greift ein nackter Junge auf einem Markt nach einem Korb mit Obst und Gemüse, als ein Pavian sein rechtes Bein umklammert. Der »Pfleger der Paviane, Hemu« hält das Tier mit Leine und Stock zurück, als der Junge ausruft: »He! Hilfe! Schlag zu, um diesen Pavian zu vertreiben!«

In einem anderen Grabmal durchwatet eine Rinderherde einen Kanal. Der Hirte trägt ein Kalb auf seinem Rücken, um die Mutterkuh zu ermutigen, ihm zu folgen. Rechts holen Fischer ein Netz ein, das von Barben und anderen Fischen wimmelt. Die idealisierenden Grabszenen sind belebt, oft gefühlvoll und überraschend realistisch: Gänse zetern, eine Kuh trinkt Wasser, Männer mühen sich mit schweren Lasten ab. Sie verkörpern die Illusion eines idealen Lebens, in dem die Privilegierten jeglichen Luxus genießen. Ein Wesir gab sogar ein Fries mit Haremsmädchen in Auftrag; barbusig, mit schweren Zöpfen, werfen sie Arme und Beine und tanzen zu Ehren der Hathor. Jeder lebte in der Hoffnung auf ewige Jugend und Glückseligkeit im Jenseits.

»Kenne deine Helfer, dann wird es dir wohlergehen«, rät der Wesir Ptah-hotep seinem Sohn, als er ihn ermahnt, Freunden gegenüber gütig und treu zu sein. Doch in einem Reich, in dem die Gesellschaft sich um einen Gottkönig drehte, war kaum Platz für Güte.

Obwohl es keine Mittelschicht gab in der Gesellschaft des Alten Reiches, lebte eine beträchtliche Zahl von Handwerkern, Schreibern, Priestern und kleinen Beamten weniger von der Arbeit ihrer Hände als von ihrem Können. Sie waren es, die Landgüter, Paläste und Grüfte ausstatteten, feine Gewänder woben und Amtsinsignien anfertigten, Regimenter in die Schlacht führten, Tempelrituale vollzogen und das Korn maßen. Die durchorganisierte Oase Ägypten funktionierte reibungslos dank ihrer »Weißschurz«-Klasse, die alles und jeden beobachtete, Arbeitskräfte beschaffte und Verpflegung ausgab.

Unterhalb der Schicht der Weißschurze stand die große Masse der einfachen Leute, besteuert und schikaniert vom kleinen Beamten, auch damals schon, und der Gnade und Ungnade der Korruption ausgeliefert, die die Gesellschaft durchdrang. Ihr Leben bestand aus pausenloser, meist monotoner Plackerei, die sich in einem Grabrelief aus dem Alten Reich ausdrückt, das eine Herde von Eseln beim Korndreschen zeigt. Hinter ihr steht ein verdrossener Mann mit verwittertem Gesicht, der die Herde auf ihren endlosen Runden führt. Ein anderes Fries zeigt säumige Steuerzahler, die man vor ein Gericht geschleppt hat. Das Leben eines Bauern drehte sich um den endlosen Jahreszeitenzyklus aus Überschwemmung, Säen und Ernten. Verglichen mit dem Los anderer einfacher Leute, hatte es ein ägyptischer Bauer– in Zeiten reichlicher Überschwemmun-

Folgende Seiten: Eine realistische *Ka*-Statue des Mereruka, der Teti (ca. 2323 – 2291 v. Chr.), einem Pharao der 6. Dynastie, als Wesir diente, betritt durch eine Scheintür den Opferraum seiner Gruft in Sakkara. Zu Lebzeiten war er mit Prinzessin Seschseschet, einer Tochter des Herrschers, verheiratet. Ein Wandrelief zur Rechten zeigt, wie Weizen geschnitten wird; es symbolisiert reiche Nahrung für den Körper im Nachleben.

gen – dank der Kanäle und der großflächigen Bewässerung leicht, zudem war der Boden fruchtbar und Pflügen kaum nötig. Dennoch musste er sehr hart arbeiten. Selbst in guten Zeiten schufteten Dorfbewohner vom Morgengrauen bis in die Abenddämmerung. Zwischen Säen und Ernten mühten sie sich auf den Feldern ab und gruben Bewässerungskanäle, um die natürlichen Flutbecken zu vergrößern. Die gesamte Bewässerung erfolgte von Hand; das Wasser wurde in je zwei Holzeimern getragen, die an einem auf nackten Schultern liegenden Joch hingen. Ochsen zogen einfache Holzpflüge über den dunklen Ackerboden; ihnen folgte eine Schar von Säern, die den Weizen aus flachen Körben streuten. Hier bestimmte die Überschwemmung das Leben – es gab nicht nur Jahre der Fülle, sondern, wenn der Nil kaum über die Ufer trat, auch gefürchtete unausweichliche Hunger- und Dürrejahre.

Die Bauern lebten in überfüllten, staubigen Dörfern, ihr Abfall häufte sich in engen Gassen zwischen kleinen Häusern aus Schlammziegeln. Hier tauschten Frauen Gemüse gegen Fisch und kleine Annehmlichkeiten ein. Während des Hochwassers arbeiteten die Männer für den Staat. Es scheint, als sei der Dienst Pflicht gewesen. Die, die fortliefen, wurden bestraft. Aus einem Dokument aus dem Mittleren Reich lässt sich schließen, dass man die Familie eines Mannes inhaftierte, bis er sich stellte. Die Lebenserwartung war niedrig, die Kleidung minimal: kaum mehr als ein Lendenschurz für Männer und ein mantelähnliches Kleid für Frauen.

Die Pharaonen herrschten über einen Staat, in dem den meisten Menschen ein kurzes Leben dauernder Qualen beschieden war und nur bedingungsloser Gehorsam eine Überlebenschance bot. Ägyptens Altes Reich war keine idyllische Gemeinschaft, sieht man von den wenigen Privilegierten ab, die uns mit jener Art von ruhiger Gewissheit entgegensehen, die allein ererbtem Wohlstand und dem absoluten Vertrauen auf den eigenen Platz in der Gesellschaft entspringt. Sie lebten von der monotonen Plackerei anderer.

AUFERSTEHUNG UND EWIGKEIT

Die Pyramiden von Giseh waren ein Höhepunkt. Kein späterer Pharao unternahm den Versuch, eine Grabstätte solch großartigen Maßstabs zu bauen. Vielleicht trieben ihre Kosten das Königtum fast in den Ruin. Die geringere Größe von Mykerinos' Pyramide legt nahe, dass er wohl der Erste gewesen sein mag, der den Mangel zu spüren bekam. Spätere Pharaonen des Alten Reiches verringerten die Größe ihrer Pyramiden sogar noch weiter und ließen stattdessen kunstvolle Totentempel errichten. Viele Pharaonen der 5. Dynastie begnügten sich mit kleineren Pyramidenbezirken südlich von Giseh, bei Abusir in einer Norderweiterung der Nekropole von Sakkara.

König Neferefre (um 2448 – 2445 v. Chr.) regierte wenig mehr als zwei Jahre und erlebte sein 25. Jahr nicht. Zur Zeit seines Todes war nur das Fundament seiner schlichten Pyramide an seinem Platz. Sein Nachfolger, Niuserre, ließ den Bau hastig in einen kiesbedeckten, niedrigen Hügel umwandeln und ihm einen Totentempel aus Schlammziegeln hinzufügen. Man würde annehmen, dass der kurzlebige Pharao bald vergessen wurde, aber dem war nicht so. Der tschechische Ägyptologe Miroslav Verner hat viele Jahre in Abusir gearbeitet, um mit einer Ausrüstung für Probebohrungen Neferefres Totentempel zu studieren. Ein Lagerraum aus Schlammziegeln im Tempelinneren entpuppte sich als Versteck für über 2000 Papyrusfragmente. Die Papyri von Abusir ergeben eine faszinierende Chronik minutiöser Details des königlichen Totenkults, der noch mehr als ein Jahrhundert nach Neferefres Tod praktiziert wurde.

Den Tempel leiteten die »Diener des Gottes«, ein fester Stamm von Priestern und Schreibern, der um Bewohner der nahen Stadt erweitert wurde, die man als Priester auf Zeit berief. Jeder diente einen von zehn Monaten, und so gab man Pflicht und Privileg des Dienstes am verstorbenen Pharao turnusmäßig weiter. Die Stammbelegschaft vollzog die täglichen Riten, pflegte und versorgte den Tempel, war dort für die Renovierungen zuständig und verwaltete das Magazin.

Jeden Tag umrundeten die Priester des Kultes in feierlicher Prozession dreimal die Pyramide. Andere versammelten sich vor einer Statue des Pharaos, entfernten die Hülle, benetzten ihn mit Salböl und trugen Lidschatten und Kosmetika auf. Singend und Weihrauchfässer schwingend kleideten sie anschließend die Staue in frische leuchtende Gewänder. Währenddessen beaufsichtigte ein anderer Priester Speise- und Trankopfer am Tempelaltar. Die Opfergaben blieben lange genug auf dem Altar, um das *ka* des Pharaos zu nähren, und wurden dann entfernt.

Das »Heiligtum des Messers« war ein Raum im Tempel, der ausschließlich Stieropfern vorbehalten war. Die Priester fesselten den Opfertieren die Vorderbeine und banden sie anschließend an große, in den Boden eingelassene Kalksteinblöcke. Ein Metzger schlitzte ihre Kehlen auf und sammelte das Blut in einem speziellen Alabasterbecken. Aus den Tempelpapyri wird ersichtlich, dass bis zu 130 Stiere im Verlauf eines einzigen zehntägigen Festes geopfert werden konnten, eine erstaunliche Zahl für einen so kurzlebigen Herrscher wie Neferefre.

Ein anderer Pharao der 5. Dynastie, Unas, starb nach einer Regierungszeit von 30 Jahren etwa 2345 v. Chr. Er wurde unter einer mit Schutt verfüllten Pyramide mit glatter Kalksteinverschalung ein wenig südlich von Djosers Grabkomplex in Sakkara beigesetzt. Bei seiner Bestattung stimmten die königlichen Priester Beschwörungen an, die der Seele des Königs auf ihrer Reise helfen sollten. Unas brach mit alten Traditionen, als er befahl, seine Grabkammerwände mit den gleichen Beschwörungsformeln zu schmücken. Hier erwachte, wenn die Mumie des Unas in der *duat*, der Unterwelt lag, sein *ba* und befreite sich aus dem Körper. Dann flog es in eine Vorkammer

Folgende Seiten: Friese am Aufweg, der Totentempel und Taltempel des Unas verbindet, zeigen abgemagerte Männer und Frauen, manche mit Miedern, andere nackt. Es könnte sich um hungernde Beduinennomaden handeln, die im Niltal Zuflucht suchten. Einige Wissenschaftler vermuten, dass die Friese Wüstenbewohner darstellen, die man auf den ägyptischen Wüstenexpeditionen gesehen hatte.

(die das *achet* oder das Reich zwischen dem Duat und dem Morgenhimmel symbolisierte) und weiter durch eine Himmelstür dem Sonnenaufgang und der Ewigkeit entgegen.

Unas ließ weiße Alabasterplatten in seiner Grabstätte anbringen, graviert und bemalt wie die Matten in einem Durchgangszelt ritueller Läuterung mit einer Öffnung zum Himmel. Die Decke war mit goldenen, an einem tief blauen Himmel leuchtenden Sternen geschmückt. Die Platten tragen das, was die Ägyptologen die Pyramidentexte nennen: Weiheformeln und rituelle Beschwörungen, geschöpft aus einer wohl gewaltigen Sammlung sakraler Weisheiten. Die Formeln schützen den Pharao vor Schlangen und Insekten. Manche zählen die für die Ewigkeit benötigten Speisen, Getränke und Gewänder auf. Da gibt es Hymnen an die Götter und Beschwörungen (komplett mit Anleitung zu Ausführung und Vortrag) für die Bestattung und den Totentempel. Die Pyramidentexte planten Unas' Fahrt ins Jenseits, vorbei an allen bekannten Hindernissen, in ein Paradies, in dem die Götter seine Heimkehr feiern würden. Unas selbst könnte die Texte so angeordnet haben, damit er, sollte sein Tempeldienst zum Erliegen kommen, aus seinem Sarkophag auferstehen, den Formeln folgend zum Sonnenaufgang gelangen und sich so in einen unsterblichen Geist verwandeln konnte. Der König gesellt sich zu den Sternen, ihn begrüßt die Himmelsgöttin Nut:

Bereite deinen Sitz im Himmel, / Unter den Himmelssternen, / Denn du bist der Fixstern,
der Gefährte des Hu! / Du wirst auf Osiris herabblicken, / Da er den Geistern befiehlt...

Nach Unas wurden Pyramidentexte fester Bestandteil der Pyramiden für die Könige und Königinnen der 6. Dynastie. Etwa 2184 v. Chr. ebneten die Pyramidentexte Pepi I., Pharao der 6. Dynastie, den Aufstieg in den Himmel: »Heil dir Leiter des Gottes! ... Steh auf, Leiter des Horus, die für Osiris geschaffen wurde, dass er aufsteigen möge am Himmel ... Nun lasst mir die Leiter des Gottes reichen.« Pyramiden, Totentempel und die sie begleitenden Texte in grün gemalten Hieroglyphen, der Farbe der Wiedergeburt, waren Teil einer komplexen Wiederauferstehungsmaschinerie, die so lange überdauerte wie die ägyptische Kultur selbst.

HORUS FÜRCHTEN LERNEN

Wenige Schriften berichten von historischen Ereignissen im Alten Reich. Wir kennen nicht mehr als die Namen der Pharaonen und einige ihrer Aufsehen erregenden Bauten. Wir wissen, dass sie viel Zeit darauf verwandten, die politische Ordnung aufrecht zu erhalten, in dem sie übermäßig ehrgeizige Provinzherrscher und Beamte im Auge behielten und Ägyptens Grenzen schützten. Die Zeit verging, und der Staat wurde größer

Der französische Ägyptologe Audran Labrousse studiert die restaurierten Pyramidentexte am Eingang zur Grabkammer von König Pepi I. Eine der Passagen verkündet: »Steh auf, Leiter des Horus, die für Osiris geschaffen wurde, dass er aufsteigen möge am Himmel ... Nun lasst mir die Leiter des Gottes reichen.«

und komplexer, das alte Netzwerk aus Adel und eng verbundenen Sippen wich einer Verwaltung durch vertrauenswürdige Nichtadlige. Die Pharaonen der 4. Dynastie hatten die königlichen Verwandten von hohen Posten in der Administration entfernt und sie stattdessen Männern niederer Geburt anvertraut; manche von ihnen wurden als »Söhne des Königs« bekannt. Ein Wesir oder Erster Minister, manchmal eine einzelne Person, gelegentlich auch zwei Minister verwalteten das Land und standen der Regierung vor: Bürokratien, die Korn- und Schatzkammern, öffentliche Arbeiten, das Gerichtswesen und den Zivildienst handhabten. Hohe Regierungsbeamte wurden, abhängig von Bedarf und Befähigung, abwechselnd im Land umher gesandt.

Unter der 5. Dynastie setzte man in den Gauregierungen verstärkt oberägyptische Familien ein, deren Angehörige als erbliche Gouverneure dienten. Weil diese Beamten, die sich selbst gelegentlich als »große Führer« bezeichneten, königliches Gehabe annahmen, hatte das langfristig eine wirksame Dezentralisierung der Regierung zur Folge. Sie bildeten einen erblichen Provinzadel und ein starkes Gegengewicht zur Macht des Pharaos.

Die zweitwichtigste Sorge des Pharaos war die Außenpolitik. Durch praktisch unpassierbare Wüsten, Meer und Nilkatarakte war Ägypten vor der Außenwelt gut geschützt. Fremde konnten nur an relativ wenigen Punkten in das Land eindringen, und normalerweise taten sie es zu des Pharaos Bedingungen. Die Außenwelt war Reich des Chaos. Jenseits der Wüste Sinai lag *setjet*, »die nördlichen Länder« der Asiaten. Minenarbeiter, Händler und königliche Boten nahmen diesen Weg über Strecken, die man sich einprägte, indem man sich an die Rastplätze erinnerte – die Vorläufer der Straßen für Kamelkarawanen späterer Zeit. Ägyptens wirtschaftliches Hauptinteresse galt dem Norden, wo gute Häfen wie Byblos, heute im Libanon, direkten Zugang zu Zedernholz und anderen Edelhölzern boten, ein durch das ganze Alte Reich hindurch hoch geschätztes Monopol. Hier konnten die Händler des Pharaos auch mit Mittelsmännern aus der im heutigen Syrien gelegenen Stadt Ebla Kontakt aufnehmen, die mit Waren aus Mesopotamien handelten. Ebla lieferte Silber und Lapislazuli und bot eine sichere Handelsumgebung.

Die Ägypter hegten tiefen Abscheu vor den »gemeinen Asiaten«, die sie für »den Gräuel des Re« hielten, doch konnten sie ihr Siedeln im Nildelta nicht verhindern. Noch vor der Reichseinigung zogen Kanaaniter auf der Suche nach Arbeit in einem fruchtbaren Land, das freigebiger war als das eigene, in Scharen nach Ägypten. Viele solcher Einwanderer wurden wichtige und wohlhabende Mitglieder der ägyptischen Gesellschaft und heirateten sogar in die Aristokratie ein. Nicht wenige der besten Winzer Ägyptens waren Syrer, die sich im Delta niedergelassen hatten.

Pharao um Pharao zog in den Krieg, um die asiatische Grenze zu sichern. Der hoch geschätzte Beamte Weni führte für Pepi I. ein Heer gegen die »asiatischen Sand-Bewohner« des Ostens. »Seine Majestät stellte ein Heer von Zehntausenden aus ganz Oberägypten ..., aus

KÖNIGTUM IM ZERFALL

Unter der 34-jährigen Regierung von Pharao Pepi I. (um 2289 – 2255 v. Chr.) setzte der Niedergang des Alten Reiches ein. Die Macht des Königs schwand; ehrgeizige Gaugouverneure bestimmten nun das Geschehen. Die Augen der lebensgroßen Kupferstatue Pepis I. (oben) aus weißem Kalkstein und Obsidian leuchten hell durch die Jahrtausende. Trotz der sich verschlechternden politischen Situation stattete er seine Stadt und seinen Pyramidenkomplex, Mennefer-Pepi, »Die Vollkommenheit des Pepi ist erreicht«, verschwenderisch aus. Pepis Pyramide, heute ein niedriger Hügel, erreichte einst bei 79 Metern Seitenlänge eine Höhe von 52 Metern. Die französische archäologische Sakkara-Mission hat mit Hilfe magnetischer Sondierungsinstrumente fünf Königinnenpyramiden entdeckt; eine von ihnen gehörte Nebwenet, eine andere Inenek/Inti, eine dritte Merytytes, einer Tochter und königlichen Gemahlin.

Unterägypten … auf … Ich war es, der ihnen befahl … Diese Armee kehrte sicher zurück, / Sie hatte das Land der Sand-Bewohner verwüstet …«

Jenseits des Ersten Katarakts lag Nubien, ein Wüstenland, das man ausbeutete und später kolonisierte. Der Nubien-Fachmann William Adams bemerkte einmal treffend, dass »Ägypten [Nubien] jahrtausendelang wie eine Art privates Wildreservat für die Jagd auf Menschen und Tiere behandelte«. Nubien lag zu beiden Seiten des mittleren Nil, ein schmaler, fruchtbarer Streifen, der sich flussaufwärts in den heutigen Sudan hinein und bis an die Grenzen Äthiopiens erstreckte. Die ergiebigsten Talgebiete säumten den Fluss Dongola zwischen dem Dritten und Vierten Katarakt, wo später mächtige afrikanische Reiche entstehen sollten.

Schon 3000 v. Chr. begann der Schatten Ägyptens auf Nubien zu fallen. Die Pharaonen des Alten Reiches ließen große Heere gen Süden ziehen, um das an Rohstoffen reiche Land zu unterwerfen. Ihre Generale kehrten mit reichlich Gefangenen und vielköpfigen Viehherden zurück. Diesen Vorgang nannte man »die Angst vor Horus [dem Pharao] in die fremden Länder im Süden tragen, um [sie] zu befrieden«. Viele Feldzüge waren kaum mehr als Sklavenjagden, die den Norden Nubiens entvölkerten. Ein Graffito aus der 4. Dynastie spricht von nicht weniger als 17 000 nubischen Kriegsgefangenen. In Ägypten angekommen, setzte man sie auf den Feldern, bei Bauvorhaben oder als Krieger ein. Durch sorgfältig vorbereitete Rohstoffexpeditionen gelangten neben Menschen auch andere wertvolle Rohstoffe nach Ägypten: Gold, Ebenholz, Elfenbein, Weihrauch, Myrrhe, Tierhäute und Halbedelsteine.

Harchuf, ein Gouverneur von Oberägypten der 6. Dynastie, leitete ganze vier Handelsexpeditionen nach Nubien. Seine Reisen in den Süden führten ihn nicht den Nil hinauf, sondern über die so genannte Oasenstraße. Diese Landroute verband Zentralägypten über eine Kette von vier Wüstenoasen mit Tuschka in Nubien, wo sie wieder auf das Niltal stieß. Harchuf und seine Gefolgschaft reisten auf Hunderten von Eseln, die es ihm ermöglichten, einen erfolgreichen Beutezug in sieben Monaten zu vollenden und bei anderen Gelegenheiten tief nach Nubien hinein bis zum Königreich Yam vorzudringen, dessen Mittelpunkt die südlich des Zweiten Katarakts gelegene Stadt Kerma war. Er tauschte Geschenke mit dem Herrscher von Yam aus und kehrte mit »300 Eseln, beladen mit Weihrauch, Ebenholz, … Elefantenrüsseln, Wurfspeeren und allerlei guten Waren zurück«. Zu seinem Gefolge gehörte ein tanzender Zwerg. Harchuf hatte einen Boten zum Hof vorausgeschickt, der von seinem Unternehmen berichten sollte. Sehr aufgeregt antwortet der junge Pharao Pepi II. eigenhändig: »Komme sofort zur Residenz im Norden! Beeile dich und bringe, um das Herz zu erfreuen, für die Tänze zu Ehren des Gottes deinen Pygmäen mit, den du lebendig, gesund und munter aus dem Land der Horizont-Bewohner geholt hast …«

Folgende Seiten: Französische Ausgrabungen an einer Stätte des Alten Reiches in der Oase Dachla westlich des Nils förderten umfangreiche Siedlungen zutage. Die Gaugouverneure hatten mit königlichem Einverständnis begonnen, bedeutende Grabmale zu errichten. Dachlas stattliche Bauten waren symptomatisch für den Machtverfall der Pharaonen.

Die Pharaonen des Alten Reiches behandelten Nubien und sein Volk mit Verachtung – beides war zum Ausbeuten da –, aber sie unternahmen nie den Versuch, Gebiete jenseits des Ersten Katarakts zu erobern oder zu kolonisieren.

DIE KORNKAMMER IST LEER

Einige Jahrhunderte nachdem das Alte Reich zu Ende gegangen war, schrieb ein weiser Mann namens Ipuwer: »Das Land wird von einigen Wenigen, die die Tradition missachten, seines Königtums beraubt.« Selbst zu seiner Zeit war die Erinnerung an den Zusammenbruch des einstmals starken Königtums noch frisch und mit Lehren für die Zukunft belastet. Nach Jahrhunderten ergiebiger Überschwemmungen und reichlicher Nahrungsvorräte war die Krise, die um 2180 v. Chr. über Ägypten hereinbrach, ein harter Schock. Verachtung gegenüber Fremden war eine Sache, aber Ägypten zahlte nun den Preis für seine Extravaganz. Die gewaltigen Ausgaben für die Totenbezirke, nicht nur für Herrscher, sondern auch für ihre Verwandten und hohen Beamten, belasteten die Ressourcen der zentralistischen Staatswirtschaft. Die Zuwendungen für die Tempel schrumpften, die Bauausgaben wurden gekürzt und die öffentlichen Arbeiten eingeschränkt. Doch nach wie vor herrschten die Pharaonen als lebendige, unfehlbare Gottheiten.

Pharao Pepi II. – der mit dem Zwerg – bestieg den Thron etwa 2278 v. Chr. im Alter von sechs Jahren. Er regierte entweder 64 oder 94 Jahre (es gibt einige Verwirrung um die Verlässlichkeit seines Schreibers), die vermutlich längste Amtszeit in der ägyptischen Geschichte. Sein Königreich war mächtig und vielleicht ein wenig selbstgefällig. Der Hof zu Memphis genoss die Früchte der Monopole, die seit langem in königlicher Hand waren – Handel mit Zedernholz aus Byblos sowie mit Elfenbein und anderen Produkten aus dem Süden mit Nubien. Aber Pepis Herrschaft stand unter einem schlechten Stern. Etwa im dreißigsten Jahr seiner Regierung plünderte ein mesopotamischer König, vielleicht Babylons berühmter Sargon, Byblos und zerstörte mit einem Schlag eine Hauptquelle des ägyptischen Wohlstandes.

Der Rückschlag traf Ägypten zu einer ungünstigen Zeit. Pepi II. gab große Summen für Auslandsexpeditionen aus, und die politischen Ambitionen seiner Gouverneure bildeten für ihn Anlass zur Sorge. Das Klima im östlichen Mittelmeerraum wurde spürbar trockener. Es kam zu Nahrungsmittelverknappungen und Zeichen politischer Unruhe.

Unter Pepis Vorgängern waren die Provinzherrscher zu einem zunehmend mächtigeren Beamtenadel geworden, der seine Autonomie zu schützen suchte und mit prächtigen Grabstätten begonnen hatte, den König zu imitieren.

Pepi versuchte, sie mit üppigen Geschenken und Ehren zu beschwichtigen. Solange der Pharao starke Führerschaft demonstrierte, trug seine spirituelle und politische Autorität den Sieg davon. Die Nomarchen, die Provinzherrscher, zahlten pünktlich Tribut und hängten ihre Fahnen nach dem politischen Wind. In der Frühzeit seiner Regierung behielt Pepi die Zügel fest in der Hand. Doch mit dem Alter zog er sich immer mehr aus dem Tagesgeschäft zurück.

Als Pepi im Sterben lag, sorgten katastrophale Dürren für Hunger und Krankheit. Der Hof stand der Hungersnot machtlos gegenüber. Ohne spürbare Vorwarnung brach die Zentralregierung zusammen. Die fragile Einheit Unter- und Oberägyptens zerfiel. Die königliche Nachfolge löste sich im Chaos auf. Manetho berichtet von 70 Königen, die in 70 Tagen regierten: eine eher symbolische denn wirkliche Chronik der Wirren. Ein Karussell schwacher Pharaonen herrschte von Memphis aus, doch ihr Einflussbereich erstreckte sich nur auf einige Kilometer im Umkreis der Hauptstadt. Während Eindringlinge aus Asien über das Delta herfielen, verwandelte sich das Alte Reich in ein zersplittertes Gebiet uralter Gaue. Ein vormals blühendes Land verkam zu einem Schlachtfeld von Kriegsherren und Nomarchen.

Der Fürst Anchtifi wurde um 2150 v. Chr., gerade als sein Herrschaftsbereich unter niedrigen Überschwemmungen zu leiden hatte, Nomarch von Hierakonpolis und Edfu in Oberägypten. Anchtifi war ein Mann von Ehrgeiz und nannte sich »der große Häuptling«. Seine Grab-

Die einfache Schlammziegelpyramide von Pepi II. ließ sich mit der Erhabenheit der Pyramiden seiner mächtigen Vorfahren nicht vergleichen. Die einst 52 Meter hohe Grabstätte Pepis II. mit einer Seitenlänge von 79 Metern, einem Kern aus fünf Stufen und einer Verkleidung aus Kalksteinplatten ist heute ein großer Geröllhaufen, Sinnbild für den Untergang des Alten Reiches.

inschriften erzählen von rigorosen Maßnahmen zur Bekämpfung des Hungers: Urbarmachung von Sandbänken in der Flussmitte und Schließen der Gaugrenzen, um zielloses Umherstreifen zu verhindern. Gerüchte über Kannibalismus umgeben diese Periode der Verzweiflung. Anchtifi scheint einigen Erfolg gehabt zu haben. Er prahlt: »Einen, der mir gleich ist, gab es nie und wird es nie geben.«

Ein anderer Provinzführer, Chety von Assiut, wuchs am königlichen Hof auf und lernte mit den Kindern des Pharaos in den unbeschwerten Tagen seiner Jugend schwimmen. Sobald er stromaufwärts von Theben Nomarch wurde, nahmen seine Sorgen zu. Schwache Überschwemmungen zogen Hunger nach sich. Viele Quadratkilometer Ackerland blieben gänzlich ohne Hochwasser. Seine Beamten horteten emsig Korn. Chetys Gruft erzählt die Geschichte: »Ich ernährte meine Stadt … Ich errichtete einen Damm …, als Oberägypten eine Wüste war … Ich war reich an Korn, als das Land eine Sandbank war.«

Die Nomarchen kannten sich in ihren Verwaltungsbezirken aus und waren mit ihnen eng verwurzelt. Harte Erfahrungen hatten sie gelehrt, dass allein entschiedene Maßnahmen den Hunger zu lindern vermochten. Sie schlossen die Provinzgrenzen, rationierten Getreide, übten strenge Kontrolle über ihre Machtbereiche aus, versuchten Paniken zu vermeiden und behielten ihre Nachbarn stromauf- und stromabwärts im Auge. Jeder Nomarch erwies dem fernen Pharao formal seine Achtung, die wirklichen Herrscher Ägyptens aber waren sie, denn sie konnten die Hungernden ernähren und die Landwirtschaft ankurbeln.

Die Erinnerung an die große Dürre blieb über Generationen erhalten, auch als Ägypten längst wieder ein mächtiger Staat war. Ein ganzes literarisches Genre baute auf den Übeln des Chaos auf. Anschaulich beschreiben die Schriften des weisen Ipuwer ein Ägypten im Würgegriff wiederholter Hungersnöte.

Oberägypten wurde trockenes Ödland, da Sand die Schwemmebene bedeckte und die Wüste um sich griff. Früchte und Weidegras waren Mangelware. Verzweifelte Dorfbewohner fielen über die staatlichen Kornkammern her und plünderten sie. »Die Kornkammer ist leer, / Ihr Aufseher hingestreckt am Boden … Das Getreide Ägyptens ist ›Ich-gehe-es-holen‹.« In einer denkwürdigen Passage tadelt Ipuwer die Folge kraftloser Pharaonen in Memphis: »Autorität, Wissen und Wahrheit sind mit euch – Wirren sind es, die ihr über das Land habt kommen lassen, und der Lärm des Zwistes.« Das ägyptische Königtum war auf den Glauben angewiesen, dass der Pharao der Sohn des Re, des Sonnengottes, war und geschützt von Horus, der himmlischen Falkengottheit. Pharaonen erzeugten die Überschwemmungen. Wenn diese also ausblieben, wurde erkennbar, dass der König ohnmächtig war. Mit der Dürre zerbrach der Mythos der königlichen Unfehlbarkeit, und das Alte Reich verdorrte wie eine einst reife Traube am Weinstock.

DAS MITTLERE REICH

Inyotef, ein Beamter der 11. Dynastie, umarmt seinen Sohn Amenemhet, den seine Mutter mit beiden Händen festhält. Rechts steht Amenemhets Frau Hapy bei einem steinernen Opfertisch mit aufgehäuften Speisen. Die Inschrift lautet: »Geehrt von Osiris, wer dem verehrten Amenemhet Brot und Bier, Fleisch und Geflügel als Gaben der Beschwörung anbietet.«

Späte vordynastische Periode	Frühdynastische Periode	Altes Reich	Erste Zwischenperiode	Mittleres Reich
circa 3100 v. Chr.	ca. 2950–2575 v. Chr.	ca. 2575–2150 v. Chr.	ca. 2125–1975 v. Chr.	ca. 1975–1640 v. Chr.

DAS MITTLERE REICH

Das aus Schlammziegeln erbaute, einst mit Kalkstein verkleidete Kernstück der Pyramide des Pharaos Amenemhet III. aus der Zeit des Mittleren Reiches erhebt sich noch immer über die Wüste bei Hawara. Im Mittleren Reich erlebte Ägypten einen neuen beachtlichen Aufschwung zu Macht und Wohlstand. Der thebanische Pharao Mentuhotep einte die Zwei Länder erneut zu einem zentralistischen Staat. Er und seine Nachfolger betrachteten sich ebenso als Hirten ihres Volkes wie als Gottkönige, und jeder der Herrscher unterhielt zugleich enge Handelsbeziehungen mit Nubien und den östlichen Mittelmeerländern. Im Mittleren Reich vollzog sich auch eine Demokratisierung der Ewigkeit: Wer in der Lage war, die Rituale zu bezahlen, konnte sich das ewige Leben sichern. Nach Amenemhets III. Tod gegen 1770 v. Chr., als Tausende von Asiaten sich im Nildelta ansiedelten, setzte der Niedergang des Mittleren Reiches ein. Irgendwann nach 1630 v. Chr. bemächtigte sich Scheschi, ein kriegerischer Stammesfürst aus Asien, der königlichen Hauptstadt Memphis. Ägypten zerbrach erneut in zwei Länder.

9. und 10. Dynastie
Meryibre
Chety
Merikare
Ity

11. Dynastie
Mentuhotep I.
Inyotef I.
Inyotef II.
Inyotef III.

11. Dynastie
Mentuhotep II.
(Nebhepetre)
Mentuhotep III.
Mentuhotep IV.

12. Dynastie
Amenemhet I.
Sesostris I.
Amenemhet II.
Sesostrist II.
Sesostris III.
Amenemhet III.
Amenemhet IV.
Königin Sobek Nefru

13. Dynastie
Wegaf
Amenemhet V.
Harnedjheriotef
Amenyqemau
Sebechotep I.
Hor
Amenemhet VII.
Sebechotep II.
Chendjer
Sebekhotep III.
Neferhotep I.
Sebechotep IV.
Sebechotep V.
Aye
Mentuemzaf
Dedumose II.
Neferhotep III.

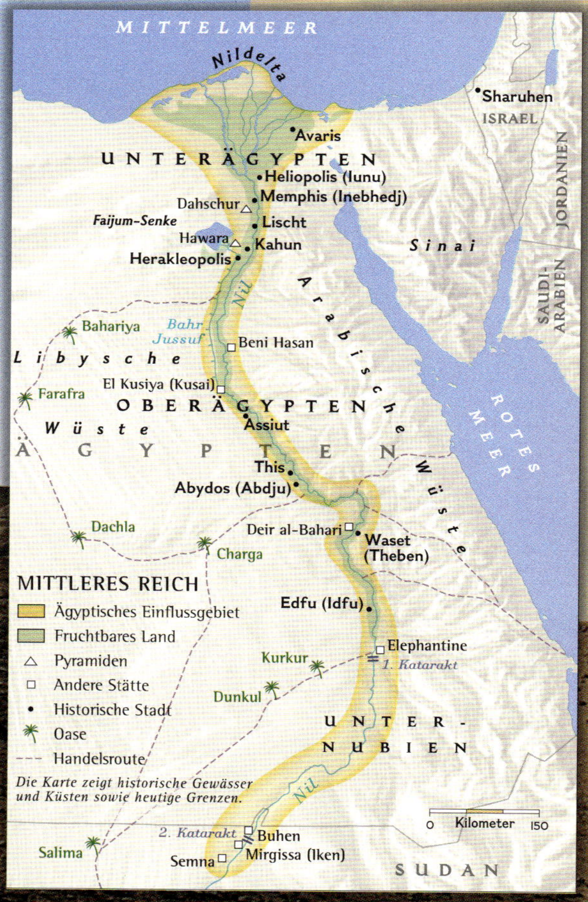

Zweite Zwischenperiode	Neues Reich	Dritte Zwischenperiode	Spätzeit	Hellenistisch-Römisches Zeitalt
ca. 1630–1520 v. Chr.	ca. 1539–1070 v. Chr.	ca. 1075–715 v. Chr.	ca. 715-332 v. Chr.	332 v. Chr.–395 n. Chr.

14. Dynastie

Nehesi

15. und 16. Dynastie (HYKSOS)

Scheschi
Chian
Apophis
Chamudi

17. Dynastie

Intef V.
Sebekemsaf I.
Nebireyeraw
Sebekamzaf II.
Tao I.
Tao II.
Kamose

»Ich opferte 13 Herrschern, ohne dass mir je Unglück widerfahren wäre. Dank der Würde meiner Sprache, der Tauglichkeit meines Rates und dem Beugen meines Arms wurde ich nie beraubt, niemand spuckte mir ins Gesicht. Ich tat, was den Großen gefiel … ich beugte Haupt und Federn.«

Der Kellermeister Merer aus der oberägyptischen Stadt Edfu erlebte die Turbulenzen und Machtkämpfe, die auf das Ableben Pepis II. folgten. Er war der vollendete Beamte, diskret und in politischen Stürmen biegsam. Merer diente nicht etwa 13 Nomarchen, er brachte toten wie lebenden Herrschern lediglich die erforderlichen Opfergaben – und rühmte sich dieses Dienstes auf seiner Totenstele.

Eine lebensgetreue Porträtmaske huldigt dem Individualismus in der Kunst des Mittleren Reiches. Ein im Grab des Ministers Meketre (um 2100 v. Chr.) gefundenes Holzmodell zeigt Diener, die mit Meketres Vieh an einem schattigen Säulenvorbau vorbeiziehen, von dem aus seine Familie die Prozession beobachtet.

Nebhepetre Mentuhotep II., Pharao der 11. Dynastie, trägt die rote Krone Unterägyptens und das eng anliegende weiße Hebsed-Gewand für das Regierungsjubiläum. In den 50 Jahren seiner Herrschaft gelang dem Pharao die erneute Einigung Ägyptens. Die gekreuzten Arme und das schwarze Gesicht verweisen symbolisch auf die Beziehung zu Osiris, dem Herrn der Unterwelt, Gott des Todes und der Wiedergeburt.

Einer von Merers Zeitgenossen, der Schatzmeister Iti der Stadt Imyotru, sagt von sich, er sei »eine große Stütze des thebanischen Gaues, ein Mann von Stand im Südland«. Solche »Männer von Stand« bildeten das Rückgrat eines durch das Gerangel ehrgeiziger Nomarchen gespaltenen Oberägypten. Ihre Ordnungsliebe und ihr Verantwortungsgefühl für die ihnen unterstellten Städte und Dörfer halfen einem nun geteilten Land durch die seit tausend Jahren schwerste Krise. Nomarchen konnten einander bekämpfen, die Beamten aber, die hinter ihnen standen, erhielten etwas aufrecht, das einer Verwaltungsmacht ähnelte. Loyalitäten und dörfliche Bindungen hatten in Ägypten stets eine Rolle gespielt, und die absolute Macht von Merer, Iti und ihresgleichen galt bei den Häuptlingen in den Dörfern ebenso viel wie in den Palästen ihrer Herren.

Die Kämpfe in Oberägypten nahmen zu, als die Dürre nachließ und die Überschwemmungen zurückkehrten. Jeder siegreiche Nomarch schielte nach einem noch größeren Preis – dem Königtum selbst. Um 2125 v. Chr. hatten die Herrscher von Heliopolis Zentralägypten unter ihre Kontrolle gebracht. Bald lagen sie im Streit mit der ehrgeizigen Herrscherfamilie Waset, der Stadt mit griechischem Namen Theben, die über ein eigenes Königreich stromaufwärts regierte. Grenzkonflikte brachen aus, als Theben sich anschickte, das Gebiet des Rivalen im Norden zu erobern. Nach 2080 v. Chr. unternahmen drei reiche thebanische Herrscher, alle Intef mit Namen, wiederholt den Versuch, Herakleopolis zu besiegen. Der Schatzmeister Tjetji, der Intef II. und III. diente, verwaltete einen Staatsschatz, der »überquoll mit allem, was das Herz erfreut, und aus dem Besten aller als Tribut aus dem Land herbeigebrachten guten Dinge bestand«. Die Intefs erklärten sich nun zu Söhnen des Re und Königen von Ober- und Unterägypten. Sie alle schoben die thebanische Grenze weiter stromabwärts über Abydos und This hinaus. Als Intef III. um 1975 v. Chr. starb, reichte der thebanische Machtbereich vom Ersten Katarakt fast bis nach Assiut am mittleren Nil.

Nebhepetre Mentuhotep II. knüpfte an das Werk seiner Vorgänger an. Bei seiner Geburt lautete sein Name »Montu ist zufrieden« – Montu war der Gott des Krieges. Als fähiger Politiker und Krieger nahm er bald neue Horusnamen an: »Er, der den Zwei Ländern Herz gibt« und »Herr der weißen Krone [Oberägypten]«. Heftige Kämpfe kennzeichneten die ersten 14 Jahre von Mentuhoteps Herrschaft, sowohl an der Nordgrenze als auch gegen direkte Rivalen. Weitblickend zog er die Kontrolle über lukrative Handelswege an sich und führte Krieg gegen Nubien, wo er kampferprobte nubische Söldner anwarb, die in seinem Heer Seite an Seite mit Ägyptern kämpften. Ein Holzmodell aus dem Grab eines Beamten namens Mesehti in Assiut zeigt zwei 40-Mann-Kommandos ägyptischer Speerwerfer und nubischer Bogenschützen in Marschformation. Der entscheidende Moment war gekommen, als in This und der heiligen Stadt Abydos Aufstände ausbrachen. Mentuhoteps Zorn brach über sie herein, und er erstickte die Aufstände nach einer Reihe blutiger Schlachten. Sieg folgte auf Sieg, bis er Memphis und Unterägypten beherrschte und einen weiteren Horusnamen wählte: »Einiger der Zwei Länder«. 1971 v. Chr. war Mentuhotep Herr über ganz Ägypten und sicherte seine Grenzen.

Mentuhoteps Feldzüge forderten einen hohen Preis an Menschenleben. 1911 grub der amerikanische Ägyptologe Herbert Winlock am Westufer des Nil bei Theben den Totentempel des Königs aus und legte dabei die Grabkammer von 60 im Kampf gefallenen Soldaten frei. Man hatte die in Leinen gehüllten Leichen wie Holzstämme in die Kammer geschichtet. Die Soldaten mit im Nacken kurz geschnittenen Haaren hatten in der Blüte ihres Lebens gestanden. Jeder von ihnen war eines gewaltsamen Todes gestorben: durch Pfeile oder Schläge auf den Kopf. Sorgfältig studierte Winlock die Wunden und rekonstruierte ein Gefecht um eine Befestigung, von der Steine und Pfeile mit Ebenholzspitzen auf die Angreifer niedergehagelt waren. Zeitgenössische Darstellungen von Belagerungen zeigen in Brustwehren aufgereihte Krieger, während feindliche Soldaten mit Sturmleitern nahen oder versuchen, die Verteidigung mit dürftigen Schilden zu unterlaufen, die sie vor dem tödlichen Geschossregen schützen sollen. Dieser spezielle Angriff schlug fehl. Die Soldaten wurden zum Rückzug gezwungen und erlitten dabei tödliche Rückenverletzungen. Nun verließen die Verteidiger ihr Bollwerk und töteten die Verwundeten mit Knüppeln: Viele der toten Infanteristen waren durch Schläge gegen die linke Kopfseite gestorben, durch jene Art von tödlichen Gnadenschlägen, mit denen ägyptische Kämpfer auf Reliefs dieser Zeit verstümmelte Feinde umbrachten. Über ihnen schwebten Raben und Geier auf der Suche nach einer Mahlzeit. Die Aas fressenden Vögel hackten auf die Erschlagenen ein, bis dank eines erfolgreichen Gegenschlags der Angreifer die Festung fiel. Die zerfetzten Leichen ließ der Pharao in einer gesonderten Gruft bei seinem Totentempel ehrenvoll bestatten.

Ägypten erholte sich schnell von dem Bürgerkrieg, und trotz der schwelenden politischen Spannungen kehrte im Land wieder Wohlstand ein. Mentuhotep belohnte seine höchsten Beamten mit Gütern, auf denen sie ein stilvolles Leben führten. 1920 untersuchte Winlock die geplünderte Gruft des königlichen Ministers Meketre und stellte eine erstaunliche Darstellung des Lebens auf einem großen Gut sicher. Winlock war damit beschäftigt, einen Plan der mit Schutt angefüllten Grabkammer anzufertigen, als Bruchstücke und Staub durch einen Spalt am Fuß einer Wand rieselten. Winlock leuchtete mit einer Taschenlampe in den Spalt und ihr Licht fiel »auf eine kleine, 4000 Jahre alte Welt, ein geschäftiges Kommen und Gehen … in Stille, als sei die Entfernung in der Zeit … zu groß, als dass auch nur ein Echo mein Ohr hätte erreichen können«.

Meketre hatte, der Sitte seiner Zeit entsprechend, Holzmodelle der täglichen Verrichtungen in Auftrag gegeben, um deren Fortsetzung im nächsten Leben sicherzustellen. 25 detaillierte Modelle bilden eine Alltagschronik des Lebens auf dem Gut eines Ministers. Sein Haus mit Flachdach und Vorbau mit bunt bemalten Säulen öffnet sich zu einem Gartenteich im Schatten von Bäumen. Eine Dienerin trägt ein mit Perlen geschmücktes kurzes, weißes Leinengewand. Auf ihrem Kopf balanciert sie zwei Opfergefäße in einem Kasten, mit ihrer Linken umklammert sie eine lebende Ente. In einer anderen Szene sitzt Meketre mit seiner Familie in einer schattigen Säulenlaube, während Bedienstete Fleckvieh vorbeitreiben. Das Tableau bemalter Figuren trug noch die Fingerabdrücke derjenigen, die sie in der Grabkammer aufgestellt hatten. Weitere Funde: Modelle einer Tischlerwerkstatt, komplett mit Handwerkern bei der Arbeit und eine Truhe mit Ersatzwerkzeug, von Bäckereien und Metzgereien sowie der Schiffsflotte des Herrn.

Pharao Mentuhotep ließ seine Grabkammer und seinen Totentempel am Westufer gegenüber von Theben in einem Amphitheater aus Klippen in Deir al-Bahari errichten. Dort legten seine Baumeister ein gewaltiges Terrassengrabmal an. Ein Gehweg führte zum zentralen Gebäude, einem Bau mit Kolonnaden und bedeckt mit einem Gesimskranz oder, wie manche glauben, einer Pyramide. Ein abgetrennter, mit einer Mauer umfasster Hof umgab den Eingang zur unterirdischen Grabkammer des Königs. Ein 150 Meter langer Tunnel bohrte sich durch massiven Fels und mündete in eine grandiose, 45 Meter unter dem Hof gelegene Grabkammer. Der Alabastersarkophag des Königs, umgeben von schwarzem Dioritbruch, füllte die Kammer aus. Eine steinerne Hypostylenhalle mit 80 achteckigen Säulen, die erste, die je in Ägypten gebaut wurde, verband den Hof mit einer Felsnische, in der man eine Statue von Mentuhotep so platziert hatte, dass sie den Eindruck erweckte, der Pharao entsteige dem Felsen. Weit oben überragt der Gipfel El-Qurn die königliche Grabkammer wie eine symbolische Pyramide.

DAS KÖNIGTUM IST WIEDER, WAS ES WAR

Unter der kurzen Herrschaft von Mentuhotep III. (um 1948 – 1939 v. Chr.) unternahm der Wesir und Gouverneur des Südens, Amenemhet, auf der Suche nach einem glatten, harten Felsblock für den Sarkophagdeckel seines Herrn eine Expedition zu den Steinbrüchen des Wadi Hammamat in der Arabischen Wüste. Er reiste mit einem 10 000-Mann-Heer, um auf dem Weg feindliche Nomaden zu vertreiben. Eine Inschrift auf der Südseite des Wadi erzählt, wie eine trächtige Gazelle den Weg zu einem geeigneten Felsblock wies, wo sie ihr Junges gebar. Prompt opferte man sie auf dem Fels, und ein wundersamer Regenschauer benetzte die trockene Schlucht. Amenemhets Männer verwendeten Bronzemeißel zum Heraustrennen des Blocks und hebelten ihn für die weite Reise an den Nil auf einen Schlitten. Der Stein mag den König nie geehrt haben. 1938 v. Chr., das Heer auf seiner Seite wissend und kaum nach Ägypten zurückgekehrt, stürzte der Wesir Amenemhet Mentuhotep und rief sich selbst zum Pharao aus.

GRABMALEREIEN UND -RELIEFS

Die 22 Jahre alte Königin Aschait, eine Frau von Nebhepetre Mentuhotep, Pharao der 11. Dynastie, wurde unweit vom König in einem Totenbezirk in Deir al-Bahari am Westufer des Nil bestattet. Aschait ruhte in einem prunkvoll behauenen Kalksteinsarkophag, der sie bei der Entgegennahme eines Entenopfers (rechts) zeigt, während ein Mädchen ihr von hinten Kühlung zufächelt. Malereien wie die obige schmücken ihre Grabkammer. Aschaits Mumie blieb unversehrt erhalten, ebenso eine hölzerne Grabstatuette von ihr in langem roten Rock mit Schulterträgern und goldenen Armreifen. Ihr Körper trägt keine Spuren der Krankheiten, an denen einfache Leute litten. Aschait lebte umgeben von höfischem Luxus. Ihre schlanken Arme zeigen keinerlei durch sich wiederholende Arbeiten verursachte Muskelbildung. Die Hand mit den langgliedrigen Fingern ist elegant, ihre Nägel sind schön manikürt. Eine tiefe soziale Kluft trennte Aschait und ihre Gefährten vom einfachen Volk, doch für tödliche Infektionen waren sie in einem Zeitalter ohne Antibiotika gleichermaßen anfällig.

Amenemhet war einfacher Herkunft, seine Mutter stammte aus der Region um Elephantine. Er übernahm ein vor Unruhen brodelndes Königreich. Mentuhotep hatte die Befugnisse der Nomarchen stark beschnitten, doch nach wie vor gebärdeten sich Provinzgouverneure wie Könige, nicht zuletzt unterhielten sie eigene Truppen und Flotten. Amenemhet zögerte nicht: In einer großartigen Zurschaustellung seiner Macht fuhr er mit Kriegsschiffen und treu ergebenen Regimentern den Nil entlang; aber trotz solcher Demonstrationen von Stärke fiel ihm die Herrschaft über die Zwei Länder nie leicht. Aus politischen Motiven gründete er flussabwärts, rund 30 Kilometer südlich von Memphis und fern etablierter Machtzentren, eine neue befestigte Hauptstadt mit Namen Itjtawy: »Eroberer der Zwei Länder«.

Während er sein Königreich wachsam im Auge behielt, sorgte sich Amenemhet I. um die Nachfolge. Er hatte bereits den Namen Wehemmeswet, »Wiederholer der Geburten«, angenommen, um zu signalisieren, dass mit ihm eine neue Linie von Königen ihren Anfang nahm. Er schuf einen bedeutsamen Präzedenzfall: Im zwanzigsten Jahr seiner Regierung erhob er seinen Sohn Senusret zum Mitregenten. Der König hatte bereits Feldzüge in das tiefe Unternubien unternommen und dort Garnisonen errichtet. Senusret übernahm nun die Truppen, ließ die neuen Grenzen in Nubien befestigen und entsandte Patrouillen entlang der Grenzen im Westen und Osten. Er war auf einem Kriegszug gegen die »Sandbewohner« der Libyschen Wüste, als sein Vater von Höflingen ermordet wurde. Der junge Prinz eilte zurück in die Hauptstadt, verhinderte den drohenden Regierungsumsturz und bestieg den Thron, den er 45 Jahre innehaben sollte. Senusret setzte die weise Politik des Vaters fort. Ein bemerkenswertes Dokument, das angeblich die Ratschläge des ermordeten Amenemhet für den Sohn beinhaltet, könnte sein Handeln beeinflusst haben. Das Auffallende an den kraft- und fantasievollen Worten der »Regeln des Amenemhet«, von denen es heißt, Senusret verdanke sie einer Offenbarung, ist die langer Erfahrung entspringende Bitterkeit. Der tote Pharao rät dem Sohn, keinem zu trauen:

Als Gott auferstanden, höre, was ich dir sage, / Mögest du über das Land herrschen, die Ufer regieren, / den Wohlstand erhöhen! / Hüte dich vor jenen, die Niemande sind, / deren Intrigen man nicht gewahr ist, / Traue keinem Bruder, kenne keinen Freund, / Wähle keine Vertrauten, es ist nutzlos.

»Da meine Füße sich entfernen, bis du in meinem Herzen«, schließt er. »Frohlocken ist in der Barke des Re, das Königtum ist wieder, was es einst war!« Die Botschaft ist deutlich: Pharaonen waren nicht mehr unfehlbar, sie durften nicht länger hoffen, dass göttliches Ansehen ihnen ihre Macht erhalten würde. Der junge König hielt die Zügel der Regierung straff. Im dritten Regierungsjahr weihte er in Heliopolis, dem Zentrum des Sonnenkults, einen wieder aufgebauten Tempel dem Re-Atum und ließ eine Stele von seiner Tat berichten, deren Text ein Schreiber des

F o l g e n d e   S e i t e n : In der Grabkammer des Mesehti, eines Beamten der 11. Dynastie in Assiut, zeigen fein gearbeitete Holzmodelle in Formation marschierende Gruppen von Kriegern, jede 40 Mann stark. Hier trägt eine Einheit nubischer Bogenschützen kurze Leinenschurze und einheitliche Haartracht. Über Jahrhunderte dienten Nubier als hoch geschätzte Söldner in den Heeren der Pharaonen.

Neuen Reiches Jahrhunderte später kopierte. Anscheinend hatte der Pharao der Einweihung persönlich beigewohnt: »Der König kam mit der Doppelkrone, in der Audienzhalle fand eine Sitzung statt, eine Besprechung mit seinem Gefolge, den Palastgefährten. Befehle wurden geäußert, um von ihnen gehört zu werden, Rat gegeben, damit sie lernen mögen.« Am folgenden Tag erschien Senusret »in der gefiederten Krone mit all den Leuten, die ihm folgten. Der Oberste Schriften-Priester und Schreiber der göttlichen Bücher straffte die Schnur. Das Seil wurde losgemacht, in jenen Boden gelegt, der dieser Tempel werden solle. Ober- und Unterägypten waren vereint.«

Senusret war ständig unterwegs, um Präsenz zu demonstrieren. Seine strenge Hand war überall: Er beaufsichtigte wichtige Feste, besuchte seine Gouverneure, unternahm Schürfexpeditionen in die Wüste. Frühere Eroberungen in Nubien flussaufwärts bis zum Zweiten Katarakt sicherte er durch ein Netzwerk befestigter Siedlungen und Handelsposten.

Das Ansehen der Pharaonen als Götter hatte zwar gelitten, doch pries man sie stets als tatkräftige Verwalter. Nun verkündeten sie, der Sonnengott Re habe sie beauftragt, Maat auf Erden zu schaffen und zu schützen. Die Lehren der großen Dürre waren unvergessen. Die Pharaonen des Mittleren Reiches sahen sich ebenso sehr als Hirten ihres Volkes wie als omnipotente Könige; sie waren um das allgemeine Wohl besorgter als ihre Vorgänger. Und sie glaubten an zentralisierte Macht – jeden Aspekt ägyptischen Lebens unterwarfen sie strenger Bürokratie.

Darf man der oft erzählten Geschichte von *Sinuhe dem Ägypter* glauben, so war Senusret ein weiser und großzügiger Monarch, wie Generationen ägyptischer Kinder in der Schule lernten. Sinuhe ist ein junger Diener im Königspalast. Aus Angst vor den Intrigen gegen den König flieht er und überquert bei Nacht die befestigte, als »Mauern des Herrschers« bekannte Grenze. Er bereist den Sinai. Nachdem er bei einer Gruppe Nomaden Zuflucht gefunden hat, bricht er auf nach Byblos. In Syrien findet er Aufnahme beim palästinischen Fürsten von Retenu, der ihn mit seiner ältesten Tochter verheiratet. Sinuhe wird ein mächtiger Landbesitzer und Kämpfer, gründet eine Familie und wird, »wohlhabend an Gütern, reich an Herden«, alt. Aber er sehnt sich nach dem Land seiner Geburt. Senusret hört von seinem Wunsch und sendet ihm Willkommensgrüße: »Kehre nach Ägypten zurück! Sieh das Heim, in dem du gewohnt hast! Küsse den Boden vor den großen Portalen, mische dich unter die Höflinge!« Er gewährt Sinuhe das Privileg einer prächtigen Grabstätte. »Du sollst nicht in der Fremde sterben! Nicht Asiaten sollen dich bestatten! Man hülle dich nicht in Bocksleder, dass es dir als Sarg diene! Zu lang das Wandern über die Erde! Denk an deinen Leichnam, kehre zurück!« Im Triumph kehrt Sinuhe, vom Pharao willkommen geheißen, heim und lebt glücklich bis ans Ende seiner Tage. Pure Fiktion, natürlich. Aber eine Geschichte, die authentisch klingt.

Ein anderer sehr bekannter Text des Mittleren Reiches, *Die Prophezeiung des Neferti*, erzählt historisierend-romantisch, wie der Prophet Neferti, »ein großer Schriften-Priester der Bastet, … ein Bürger mit mutigem Arm, ein Schreiber mit ausgezeichneten Fingern«, an den Hof des Snofru, eines Königs der 4. Dynastie, gerufen wird, um ihn mit »gewählten Worten« zu unterhalten. Neferti beklagte den entsetzlichen Zustand des Reiches, in dem »das Land fast vernichtet ist, keine Reste geblieben sind … Trocken ist der Fluss Ägyptens, zu Fuß durchquert man das Wasser.« Aber es gab Hoffnung:

> *Denn ein König wird kommen aus dem Süden, / Ameny [Amenemhet], der Rechtmäßige, mit dem Namen… / Er wird die Weiße Krone nehmen, / Er wird die Rote Krone tragen. / Er wird die Zwei Mächtigen vereinen.*

Ägypten würde geeint, seine Grenzen wären durch die »Mauern des Herrschers« gegen diebische Asiaten gesichert. Dann würde »die Ordnung ihren Platz wieder einnehmen, das Chaos aber vertrieben«.

Nefertis von Schulkindern über Jahrhunderte rezitierte Lobeshymne war königliche Propaganda; sie rechtfertigte die Taten ferner, doch menschlicher Monarchen, die ihr Volk vor den Mächten des Chaos schützten, welche beständig jenseits der Grenzen lauerten

Nicht weniger als zwei Jahre vor seinem Tod ernannte Senusret seinen Sohn Amenemhet II., der etwa 1876 v. Chr. Pharao wurde, zum Mitregenten. Amenemhet II. war ein Bewahrer, während der 34 Jahre seiner Regierung beschäftigte er sich hauptsächlich mit landwirtschaftlicher Produktion und Nahrungsbevorratung. Er erkannte das Potenzial der Faijum-Senke westlich des Nil mit ihren reichen Fisch-, Vogel- und Tierbeständen und fruchtbaren Böden. Ein heute als Bahr Jussuf bekannter Kanal, den er und seine Nachfolger vertiefen und verbreitern ließen, verband Nil und Faijum, wodurch Tausende von Quadratmetern Ödland erstmals intensiv bewässert werden konnte.

SENUSRET IST ZUFRIEDEN

Senusret und seine Nachkommen vergaßen die Lehren der großen Dürre nie. Sie legten großen Wert auf die ordentliche Verwaltung, beriefen fähige Beamte, von denen viele aus einfachen Verhältnissen stammten, und hielten die Zügel der Macht straff. Sie investierten beträchtlich in Landwirtschaft, Lagereinrichtungen und andere öffentliche Anlagen, aber auch in eigene Grabstätten. Ihr Glaubenssatz hieß effiziente Verwaltung und Kontrolle; das führte nicht nur zu einer bürokratischen Zentralregierung, sondern auch zu einer, deren Arme tief in die ländliche Gebiete und entlegene Gemeinschaften drangen.

Vorhergehende Seiten: 40 ägyptische Soldaten mit federgeschmückten Helmen, mit Rindslederschilden und langen Speeren bewaffnet, marschieren in Formation aus. Wie ihre Kampfgefährten tragen die nubischen Bogenschützen weiße Schurze, die Ägypter jedoch schmücken Regimentsschärpen. Solche Einheiten bildeten das Rückgrat der Heere der Pharaonen. Nubier und Ägypter kämpften Seite an Seite.

Gegen Ende des 19. Jahrhunderts legte der große Ägyptologe Flinders Petrie die Pyramide von Senusret II. frei, der um 1837 v. Chr. gestorben war. Senusret, hauptsächlich für seine landwirtschaftlichen Anlagen in Faijum bekannt, gründete in der Nähe des Zugangs zur Faijum-Senke eine Stadt mit Namen Hetep-Senusret (»Senusret ist zufrieden«), heute als Kahun bekannt. Hier lebten sowohl Arbeiter, die seine Pyramide und seinen Totentempel errichteten, als auch Priester und Laien, die den Totenkult des Königs beaufsichtigten. Kahun gedieh lange über den Tod des Königs hinaus bis in die Zeit der 13. Dynastie (um 1755 – 1630 v. Chr.).

Kahun war eine quadratische, umfriedete Stadt mit festem Straßenraster, die mehr als 3000 Menschen Platz bot. Die größeren Häuser bestanden aus nackten Ziegelwänden, die nur hinten und vorne zur Straße hin von Türöffnungen durchbrochen wurden. Hier fanden sich nicht nur Wohnquartiere, sondern auch Magazine, wie etwa Kornkammern, Küche, Viehstall und andere Hauswirtschaftsräume. Das Fassungsvermögen der Kornkammern war groß: Zusammen genommen reichte ihre Kapazität aus, um bei voller Rationierung Getreide für 5000 Menschen einzulagern. Die Mehrzahl der Wohnstätten war deutlich kleiner, in Reihen und nicht selten Rücken an Rücken angelegt. Das spricht für eine hoch organisierte Gesellschaft mit strikter Abgrenzung sozialer Ränge und eine sorgfältig verwaltete Stadt, deren Bewohner im Wesentlichen auf die Verpflegungsrationen angewiesen waren, die von jenen ausgegeben wurden, die in den größeren Wohngebäuden lebten. Kahun hatte auch einen Tempel.

Was für Menschen lebten in Kahun? Die Papyrus-Archive der Stadt erlauben uns, einen Bürgermeister zu identifizieren, aber auch ein »Büro des Wesirs«, das ein Beamter aufsuchte, um dort Rechtsgeschäfte abzuwickeln und Eide abzunehmen. Es gab eine Verwaltungsbüro, das einen Bereich beaufsichtigte, der »Gegend des nördlichen Distrikts« hieß, ein Büro für den »Protokollführer« (einen ranghohen Beamten, der zu Gericht saß) und ein Gefängnis. Eine Erhebung erfasst den Haushalt des Priesters Chakaura-Snofru. Mit Gattin, Sohn und Tochter bewohnte er ein großes Anwesen. Dieser Priester verfügte auch über die Dienste weiblicher »Sklaven«, von denen ihm als Priester 13 zustanden, andere waren ihm von einem Beamten überlassen worden, und 13 weitere hatte er von der Schwester seines Vaters geerbt. Chakaura-Snofru stand einem relativ bescheidenen Haushalt vor. Ein Beamter seiner Zeit in Theben hatte 95 Sklaven, mehr als die Hälfte Asiaten und hauptsächlich Frauen. Die Männer wurden als Hausdiener, Feldarbeiter, Köche, Lehrer, ja sogar Sandalenmacher aufgeführt. Viele der Frauen waren Schneiderinnen, eine war Friseurin, wieder eine andere Gärtnerin.

Die Papyri von Kahun nennen auch spezialisiertere Berufe: Soldaten, Schreiber, Pförtner, sogar ausländische Sänger sowie Tänzer beiderlei Geschlechts. Eifrige Schreiber erfassten jeden Haushalt; wie den der beiden Soldaten, Hori und Sohn, der sich über die Jahre ständig ver-

Die Weiße Krone Oberägyptens schmückt das Haupt Pharao Senusrets I. (um 1918 – 1875 v. Chr.). Diese erlesene Holzstatue des Königs mit langem Krummstab stammt aus der Grabkammer eines ergebenen Untertanen, des Hohepriesters Imhotep von Iunu, der auf der Ostseite der Pyramide seines Pharaos bestattet wurde.

änderte: Menschen wurden geboren und starben, manche erbte man von Verwandten, andere waren Verwandte, die kamen, um bei ihnen zu leben. Im erfassten Zeitraum gehörten Horis Haushalt ganze neun Personen an. Aus Sicht der Beamten, die Kahun, zugegebenermaßen eine Verwaltungsstadt, entwarfen, gab es in der Gesellschaft nur zwei Schichten: die obersten Beamten mit großen Haushaltungen – und den Rest. Die Wirklichkeit war komplexer. Dutzende von Wohneinheiten waren von größeren abhängig, und die Personenzahlen der Haushalte von Kahun nahmen beständig zu und wieder ab, da die Bewohner die Stadt wieder verließen, um in ihre Heimatdörfer auf dem Land zurückzukehren.

Ein Kahun ähnlicher Ort, entworfen, um königliche Totenkulte zu praktizieren, liegt bei Abydos, außerhalb der alten Stadt. Die Bürokratie überwachte auch kleinere Arbeitersiedlungen sorgfältig, wie die isolierte kleine Stadt der Steinbrecher in Qasr el-Sagha am nordwestlichen Rand der Faijum-Senke. Das aus Ziegeln errichtete Dorf liegt nahe der alten Uferlinie des Faijumsees am Ende einer gepflasterten Straße, die zu den Basaltsteinbrüchen in den Hügeln der Umgebung führte. Die Beamten richteten die Mauern so sorgfältig nach den vier Himmelsrichtungen aus, als handle es sich um einen Tempel oder eine bedeutende Stadt im Niltal.

»ICH HABE MEINE GRENZE WEITER NACH SÜDEN VERLEGT«

So rühmte sich Pharao Senusret III. etwa 1820 v. Chr., nachdem er im 16. Jahr seiner Regierung die Grenze zu Nubien am Zweiten Katarakt befestigt hatte. Die von ihm angelegten Befestigungen dienten als Stützpunkte für militärische Streifzüge, um Handelsrouten zwischen dem nubischen Königreich Kerma (der Hauptstadt oder Basis der Kuschiten) weiter stromaufwärts und Unternubien zu überwachen.

> *Ich habe meine Grenze weiter nach Süden verlegt als meine Väter, / Ich habe gemehrt, was mir vererbt wurde. / Ich bin ein König, der spricht und handelt, / Was mein Herz plant, erledigt mein Arm. / »Einer, der angreift, um zu erobern, der rasch siegt, / In dessen Herz ein Plan nicht schläft.«*

Der ägyptische Priester Manetho, der eine Liste der Dynastien zusammenstellte, berichtet, Senusret sei ein starker Krieger gewesen und ein Mann von großer Statur: 4 Ellen, drei Spannen, zwei Finger groß – über 1,98 Meter. Er verkörperte die tüchtigen Pharaonen des Mittleren Reiches, die mehr als alles andere fähige Verwalter waren und weniger den fernen Despoten und mächtigen Monarchen früherer Zeiten glichen. Seine Sitzstatue aus Granit trägt die müden, der Welt überdrüssigen Züge eines Herrschers, der seine Pflichten gegenüber Königreich und Göttern ernst genommen hat. Das Porträt zeigt Senusret III. nicht als Gott, sondern als lebendigen König mit Verantwortung für Sicherheit und irdische Bedürfnisse seines Volkes. Seine Vorgänger hatten stets mit der Problematik in Gestalt der mächtigen erblichen Gouverneure Oberägyptens gerungen, die die Zentralregierung während der Dürre verhöhnt hatten und auch weiterhin politische Ambitionen hegten. Jahre der Schmeichelei, des Verteilens von Ehren und Privilegien und eine stille Kampagne, viele solcher Männer in den Dienst des Königs zu locken, hatten die Autorität der Zentralregierung gestärkt. Nun fühlte sich Senusret III. sicher genug, um das Nomarchenamt abzuschaffen. Er teilte das Land in zwei Verwaltungsbezirke oder *warets*: Einer kontrollierte den Norden vom Delta bis nach Assiut, den »Kopf des Südens«, der andere den Süden ab Assiut und Unternubien. Jedem *waret* stand ein dem König direkt verantwortlicher Wesir mit eigenem Mitarbeiterstab vor.

Wenigen Pharaonen wäre diese kühne Neuorganisation gelungen, die zur Folge hatte, dass zum ersten Mal seit Generationen die Gefahr politischer Fragmentierung drastisch gesenkt wurde. Als die innere Sicherheit des Landes gewährleistet war und die Regierung in den Händen seiner Gefolgsleute lag, richtete Senusret seine Aufmerksamkeit auf die Außenpolitik und die Kontrolle des lukrativen Handels mit Nubien im Besonderen. Im Alten Reich hatte Ägypten die kaum bewohnten Regionen Unternubiens oberhalb des Ersten Katarakts dominiert und die stärker besiedelten Gebiete weiter stromaufwärts überfallen. Nun drängten die Pharaonen des Mittleren Reiches nach Süden in dem Bestreben, sich des zunehmend einträglicheren Elfenbein- und Goldhandels zu bemächtigen.

Die Nubier waren ernst zu nehmende Gegner. Viele ihrer Befehlshaber und Soldaten hatten lange tapfer in der ägyptischen Armee gedient und gelernt, den Feind einzuschätzen. Eine Konfrontation war unausweichlich, besonders weil die aggressiven nubischen Häuptlinge von Kerma, in der Nähe des Dritten Katarakts, ihren Einfluss auf das von den Ägyptern beanspruchte Unternubien ausgedehnt hatten. Etwa 1930 v. Chr. hatte Amenemhet I. geprahlt: »Ich unterwarf Löwen, ich fing Krokodile, ich drängte das Volk von Wawat [Unternubien] zurück.« Tatsächlich mag sein Kriegszug zahlreiche Dorfbewohner getötet haben – einen bleibenden militärischen Vorteil hatte er jedoch nicht erzielt. Sein Sohn Senusret I. errichtete einige Garnisonen zwischen dem Ersten und dem Zweiten Katarakt, um die ägyptische Präsenz in der Region zu verstärken.

Senusret III. (um 1836 – 1818 v. Chr.) belegte Unternubien mit einer Reihe von Garnisonen, die sich vom Ersten Katarakt bis nach Semna 400 Kilometer stromaufwärts erstreckten. »Ich habe meine Grenze weiter nach Süden verlegt«, rühmte er sich auf einem Grenzstelenpaar, das er in Semna, der südlichsten seiner Befestigungen, am Ende der strategisch bedeutsamen Region am Zweiten Katarakt errichten ließ. Er beschrieb die Nubier als Feiglinge, »kein Volk, das

Folgende Seiten: Die um ein Vielfaches überlebensgroßen Kalksteinstatuen von König Senusret blicken von ihren Plätzen auf blockartigen Thronen ins Leere. Man fand sie 1894 in Lischt außerhalb des Totenbezirks von Senusret; wozu sie dienten, ist unbekannt. Schmückten sie das Tempelinnere, oder gab man sie möglicherweise vorzeitig auf?

er [Senusret] respektiert, sie sind Wichte, rabenherzig«. Die Inschriften erzählen von den Männern, die er tötete, von den Frauen und Kindern, die er versklavte, dem Vieh, das er abschlachtete, dem Getreide, das er verbrannte.

Die Figuren auf der Stele blickten finster stromabwärts auf eine Kette eindrucksvoller Festungen, die bis nach Elephantine zu den Toren von Ägypten selbst reichte. Am beeindruckendsten war dabei Buhen, an einem strategisch kritischen Punkt am Fuß des Zweiten Katarakts gelegen, ein weitläufiger Schlammziegelkomplex, der in Ausgereiftheit und Uneinnehmbarkeit viel mit einer mittelalterlichen Burg in Europa gemein hatte. Ursprünglich war die Festung eine auf einem sanft abfallenden Plateau direkt am Nil errichtete Bergbaustation gewesen. Eine vielköpfige nubische Bevölkerung bestellte das fruchtbare Land am Ufer gegenüber.

Die Militäringenieure im Mittleren Reich waren sich des Schadens, den Belagerungsmaschinen anrichten konnten, sehr wohl bewusst. Vermutlich waren sie während der Bürgerkriege im Vorfeld der Reichseinigung aufgekommen. Folglich befestigten sie den entlegenen Außenposten entsprechend und versahen ihn unter dem Nordtor mit einem felsverkleideten Tunnel, um in Zeiten der Belagerung eine zuverlässige Wasserversorgung zu gewährleisten. Die Festung mit vorgeschobenen Türmen, die auf den Fluss blickte, wurde mit einem massiven, bis zu 8,5 Meter hohen und 4 Meter dicken Schutzwall aus Schlammziegeln umgeben.

Das einzige Tor, auf der Wüstenseite, schützte man durch zwei parallel verlaufende Mauern mit eigenen Türmen und einer Zugbrücke, damit Angreifer von den Flanken automatisch unter Beschuss genommen werden konnten. Ein Festungsgraben und ein Befestigungswall mit eigener Brustwehr schützte den Fuß der Umfriedungsmauer, die mit kleinen Türmen und Schießscharten für Bogenschützen ausgestattet war. Buhen war in jeder Hinsicht uneinnehmbar. Im Inneren, in der Nordwestecke direkt an der Hauptwand, lagen das Hauptquartier der Garnison sowie ein Tempel, Barackengebäude säumten ein Raster von Straßen.

HANDEL ZU LANDE, ZUR SEE UND AUF DEM FLUSS

Direkt am Zweiten Katarakt ließ Senusret III. eine Gruppe von Befestigungen errichten, um die schmale Semna-Schlucht zu schützen, in der der Nil eine Felsenbarriere passiert. Findig passten seine Baumeister die Bastionen den Felsvorsprüngen am Fluss an, indem sie diese kleiner anlegten und sie gegen mögliche Belagerungsmaschinen schützten. Der gesamte Komplex um den Zweiten Katarakt war eine Verteidigungsanlage auf höchstem technischen Niveau, komplett mit vorgelagerten Spähtürmen. Senusrets Befehlshaber gaben sich nicht damit zufrieden, hinter befestigten Mauern zu verharren. Mit ständigen

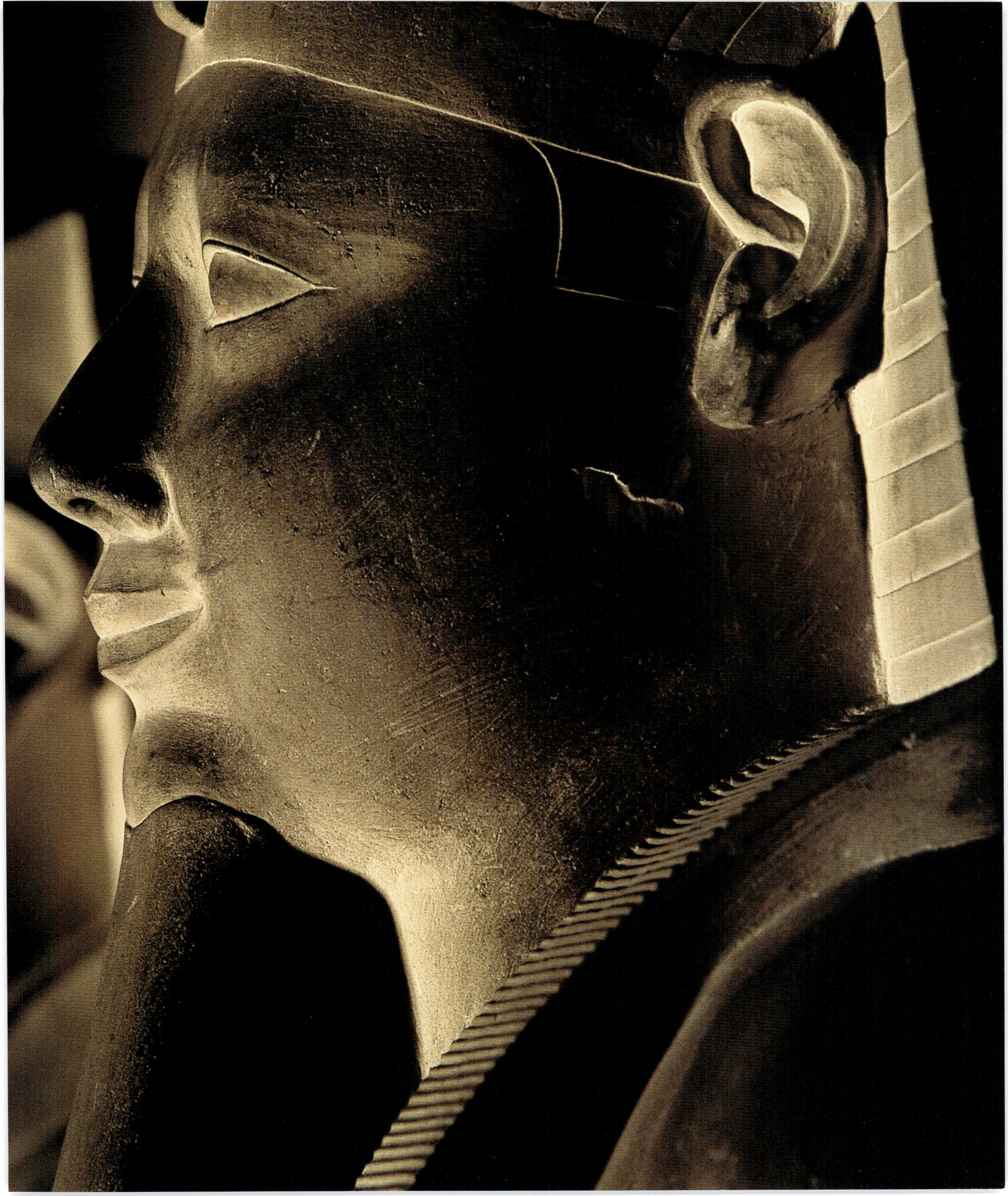

Ein Meisterwerk der Handwerkskunst: Das in Theben gefundene Nilpferd aus blauer Fayence steht hier sicher auf trockenem Boden. Die Pharaonen des Mittleren Reiches, die in einer Zeit nie dagewesenen, im Außenhandel erworbenen Wohlstandes prunkvoll Hof hielten, förderten Baumeister und Künstlere. Juweliere schufen Ornamente aus Gold und Halbedelsteinen, die Fayenceherstellung erlebte eine neue Blüte.

Patrouillen sorgten sie für eine aktive Überwachung der umliegenden Wüste. Unter der Regierung von Amenemhet III., Sohn von Senusret III., verfasste Berichte verraten, wie die Ägypter sich auf diesen Streifzügen der nubischen Medjai oder Wüstennomaden bedienten, die sie vermutlich mit Getreide entlohnten. In den knapp gehaltenen Meldungen ist von gesichteten Karawanen die Rede. »Wir haben die Spuren von 32 Männern und drei Eseln entdeckt«, heißt es in einer solchen Nachricht. Zweck der Operation war es, Handel und diplomatische Aktivitäten mit dem immer stärker an Macht und Wohlstand gewinnenden nubischen Königreich Kerma (auch Kusch) stromaufwärts aufrecht zu erhalten und zu kontrollieren.

Man schleuste den gesamten Nilhandel durch die Festung Mirgissa (Iken) am stromaufwärts gelegenen Ende des Zweiten Katarakts und etwa 19 Kilometer südlich der Grenze bei Semna. Hier unterhielten die Behörden eine große Kornkammer und eine feuchte Schlammrutsche, mittels derer Händler ihre Boote an den Stromschnellen vorbeiziehen konnten.

Senusrets Nubienoperation war eine sorgfältig geplante Militärstrategie mit dem Ziel, Handelswege zu sichern und die Südgrenze zu befestigen. Die Festungen selbst fungierten sowohl als Garnisonen als auch als Glieder einer militärischen Nachschubkette, die weit nach Nubien hineinreichte.

Die Belagerung Nubiens war für Ägypten, das zur Stützung seiner Wirtschaft auf Gold und Mineralien angewiesen war, von entscheidender Bedeutung. Gold war ein göttlicher Stoff, das Fleisch der Götter. Der Sonnengott Re wurde gelegentlich »Berg aus Gold« genannt, während seine Tochter Hathor als »die Goldene« bekannt war. Die Ägypter vergoldeten die Spitzen von Obelisken und Pyramiden, um ihre Verbindung zur Sonne zu betonen, gleichzeitig symbolisierten die goldenen Totenmasken der verstorbenen Pharaonen ihre Verwandlung in Götter. Die Regierung legte gewaltige Goldvorräte an, von dem schließlich viel in den Grabkammern von Königen und hohen Beamten verschwand. Das Militär überwachte die Mehrzahl der Goldminen, in denen nicht selten Kriegsgefangene oder Fremdarbeiter schufteten. Eine Gruppe von Beamten beaufsichtigte die Arbeit: ein Expeditionsleiter und seine Stellvertreter, nicht zu vergessen die üblichen Schreiber, Köche, Tiertreiber und Minenfachleute. Silber, ein heiliges Metall, war in Ägypten praktisch nicht zu bekommen.

Über Jahrhunderte hatte Ägypten unregelmäßige Kontakte zu Asien unterhalten, nur der Zedernhandel im Speziellen war lange Zeit ein hoch geschätztes königliches Monopol. Die Pharaonen der 12. und 13. Dynastie (etwa 1938 – 1630 v. Chr.) vertieften die Beziehung, als die Nachfrage nach Bedarfs- und Luxusgütern stieg. Ägyptische Objekte dieser Periode fanden sich in den antiken Städten der Levante, darunter Byblos und Megiddo. Byblos' Verbindung mit Ägypten war besonders eng, seine Herrscher nahmen das ägyptische Königstitularium an und verwendeten

Hieroglyphen. Sie führten sogar Formen der ägyptischen Amtsinsignien ein. Aggressiv beuteten die Pharaonen die Kupfer- und Türkisressourcen der Sinaiwüste aus. Eselskarawanen mit Gütern aus Asien durchquerten regelmäßig die Wüste über Land.

Die meisten Asienimporte nahmen, auf Küstenrouten verschifft, den Weg über das Meer. Hier erwarben Händler aus vielerlei Ländern Schiffsladungen mit Zedernholz, Kupfer aus Zypern, Zinn aus Anatolien, Luxusartikel und Grundbedarf aus dem entfernten Osten: aus dem Euphrattal und Mesopotamien. Handelsschiffe aus der Levante zogen entlang den heute türkischen Küsten und nach Rhodos, Kreta sowie den fernen Inseln der Ägäis westwärts.

Ägyptische Artefakte aus der 12. und 13. Dynastie, die man in kretischen Palästen fand, belegen regelmäßige Kontakte zur seefahrenden Minoer-Kultur. Kreta, das die Ägypter Keftiu nannten, lieferte im Tausch gegen Leinen, Papyrus, Perlen, Schmuckgehänge und feine Skarabäen Olivenöl, Holz und Wolle. Steinschiffe und Fayencevasen in typisch ägyptischen Formen und beachtlicher Zahl fanden den Weg nach Kreta, einige von ihnen trugen Inschriften mit königlichen Namen, so als seien sie offizielle Geschenke gewesen. Im 14. Jahrhundert v. Chr. segelten schwer beladene Frachtschiffe – wie das berühmte Uluburun-Schiff, das in einem Sturm vor der türkischen Küste sank – vermutlich direkt von Kreta an den Nil. Es gibt keinen Grund, weshalb ihnen das nicht schon in früheren Jahrhunderten gelungen sein sollte.

BESCHÜTZER DER GÖTTER

Alle Pharaonen des Mittleren Reiches überhäuften die Götter mit Reichtümern, König Senusret (um 1918 – 1875) war keine Ausnahme. Seine wieder aufgebaute Weiße Kapelle (rechts) in Karnak wurde zerstört, als spätere königliche Bauleute der 18. Dynastie ihre Steinblöcke zum Verfüllen eines Pylonen des Amun-Tempels wieder verwendeten. Dieses architektonische Meisterwerk ist überreich verziert mit Inschriften und kunstvollen Darstellungen. Die behauenen Wände zeigen Senusret in dem Armen von Amun, Atum, Horus und Ptah, wobei jeder Gott in einer Himmelsrichtung steht. In einem der Reliefs führt Horus Senusret fort und vor Amun-Min, den Gott der Fruchtbarkeit (oben). Senusret war ein tatkräftiger Pharao, der in einer Zeit tief greifenden Wandels im östlichen Mittelmeerraum regierte. Er ließ in Nubien Garnisonen errichten, Minen in Asien ausbeuten und zahlreiche Tempel erbauen. Zudem straffte er die Verwaltung des Staates in einer Ära, die spätere Ägypter als Höhepunkt ihrer Kultur empfanden.

Die Ägypter des Mittleren Reiches gaben auf der Jagd nach einer Ewigkeit, die jedem offen stand, der den Preis bezahlen konnte, riesige Summen aus. Nur die wenigen Reichen konnten sich die teure vollständige Einbalsamierung leisten. Fähige Kunsthandwerker verwandten große Mühe auf Totenmasken, die, wie diese, eine realistische Ähnlichkeit mit dem Verstorbenen aufwiesen.

DAS NACHLEBEN UND SEINE DEMOKRATISIERUNG

Der Priester Ichernofret organisierte für seinen Herrn Senusret III. die Mysterien des Osiris: »Ich bedeckte die Brust des Herrn von Abydos mit Lapislazuli und Türkisen, feinem Gold und allen teuren Steinen, die Schmuck für den Körper eines Gottes sind. In meiner Funktion als Meister der Geheimnisse kleidete ich den Gott mit seinen Insignien …« Eine große Prozession mit drei Barken trug die Statue des Gottes von seinem Tempel zu seiner Gruft, »den Spuren des Gottes folgend. Ich ließ das Schiff des Gottes segeln. Toth lenkte die Segel.« Man kann sich die betriebsame Szene vorstellen: Mit letzten Vorbereitungen beschäftigte Beamte eilen hin und her, während Ichernofret in seinem funkelnden Priestergewand unter einem Sonnendach sie ruhig beobachtet; das riesige, weiße Segel der vergoldeten Barke stockt, während es ruckartig gehisst wird. Die geweihte Barke gleitet in den Hauptkanal des Flusses, und die an den Ufern versammelten Menschen jubeln. Solche prächtig verzierten Schiffe zogen im Verlauf einer der wichtigsten religiösen Prozessionen des Jahres langsam an den Flussufern vorüber – eine öffentliche Neuinszenierung des Königtums, des Todes und der Auferstehung des Gottes. Tod und Wiedergeburt von Osiris symbolisierten seine Fähigkeit, die Erde zur erneuern und das Leben des Staates wiederherzustellen.

Auferstehung und Ewigkeit waren einst das Vorrecht des Königtums gewesen. Gegen Ende des Alten Reiches jedoch hatte die Demokratisierung der Auferstehung eingesetzt. Obwohl die Nomarchen, die Ägypten wieder vereint hatten, Stil und Ritual königlicher Begräbnisse übernommen hatten, wurden sie nicht in Pyramiden beigesetzt, sondern in bescheideneren Felsengräbern. Nebhepetre Mentuhotep griff auf einen großartigeren Bestattungsstil zurück. Sein Totenbezirk mit Plattformen und Säulenhöfen lag bei Theben; seine hohen Beamten und Adligen hatte man in der nahen Umgebung beerdigt.

Die Verlegung der Hauptstadt von Theben nach Itjtawy unter der 12. Dynastie ging mit einer Wiederaufnahme der Bestattungen stromabwärts einher. Amenemhet und Senusret I. bettete man in Lischt unter Pyramiden zur letzten Ruhe. Ihre Bauweise orientierte sich stark an den Pyramiden der Pharaonen des ausgehenden Alten Reiches, wie der von Pepi II. Die beiden Könige lagen in schön gearbeiteten Sarkophagen in solide gebauten Grabkammern, allerdings waren ihre Pyramiden schlecht konstruiert, auf natürlichen Felsanhöhen angelegt und dann hochgezogen, indem man Innenwände mit Schutt oder Schlammziegeln verfüllte. Die Steine der Außenverkleidung stabilisierten die Pyramiden, diese aber waren für Grabräuber leichte Beute – entfernte man ihre Steine, brachen sie schnell zusammen. Die Pharaonen des späteren Mittleren Reiches wurden unter Pyramiden in Kahun und Dahschur begraben, umgeben von den Mastabas ihrer wichtigsten Beamten.

Osiris war einer der ältesten ägyptischen Götter und wurde bereits unter der 1. Dynastie als einer der ersten neun Götter, der so genannten Enneade, als einer der fünf Nachkommen von Nut, der Göttin des Himmels, und Geb, dem Gott der Erde, verehrt. Osiris, Gebs ältester Sohn, vermählte sich mit seiner Schwester Isis und wurde Herrscher über die Erde. Als eine mit den Toten in Verbindung stehende Gottheit wird Osiris erstmals in den Pyramidentexten des Alten Reiches genannt. Die Leinenwickel der königlichen Mumie und die weiße Krone Oberägyptens tragend, wird er mit Abydos, dem Bestattungsort der frühesten Herrscher, in Verbindung gebracht. Die Osiris verliehene Unsterblichkeit wurde den Pharaonen des Alten Reiches zuteil.

Mit der Eroberung von Abydos durch die Thebaner wurde der Osiriskult Allgemeingut. Einzelne, die nach Unsterblichkeit strebten, nahmen den Jenseitstitel »Der Osiris« an. Als die Gelehrten der 13. Dynastie die Gruft des frühen Pharao Djeb als Grab des Osiris identifizierten, avancierte die Grabkammer zu einem Wallfahrtsort und Opferplatz, den heute noch gewaltige Haufen zerbrochener Opfergefäße kennzeichnen. Nun kam jeder, der über Mittel verfügte und an »der Treppe des Großen Gottes« bei Abydos opferte oder sich dort bestatten ließ, in den Genuss der Ewigkeit.

Viele Wohlhabende ließen ihre Mumien vor der Beerdigung per Schiff nach Abydos bringen, damit sie an den Wasserfesten zu Ehren des Gottes teilnehmen konnten.

Auf dieser Darstellung im Grab von Chnumhotep entrichten Beduinen Tribut. Chnumhoteps Sippe war eine bedeutende Provinzfamilie in Beni Hassan, die Gouverneure wie Hofbeamte stellte. Chnumhotep (»Chnum ist zufrieden«). hatte so intensiven Kontakt zu Asiaten, dass sie Teil seiner Vision vom Nachleben wurden.

Der demokratischere Osiriskult machte Begräbnisriten zum einträglichen Geschäft. Ein riesiges Repertoire von mehr als 1100 Beschwörungen und Zauberformeln kam in Gebrauch, die man oft für die Innenseiten von Sarkophagen übernahm. Man schrieb ihnen magische Wirkung zu. Eine Beschwörung verkündet: »Die jede Person betrifft, die diese Formel kennt, sie wird wie Re am östlichen Himmel sein, wie Osiris in der Unterwelt.« Diese so genannten Sargtexte dienten auch als Leitfaden für die Unterwelt. In späterer Zeit schrieb man die heiligen Beschwörungen auf Papyri ab; sie wurden zum berühmten *Buch des Fortgehens bei Tag* oder *Totenbuch* des Neuen Reiches. Jedem, der es sich leisten konnte, war es möglich, einen solchen Papyrus mit jeder gewünschten Kombination von Zauberformeln zu bestellen und zu erwerben.

EINDRINGLINGE EINES FREMDARTIGEN VOLKES

Amenemhet III., der 1818 v. Chr. auf den Thron kam und Ägypten 48 Jahre regierte, setzte die Tradition langer Regierungszeiten im Mittleren Reich fort. Dieser Pharao war Bauherr von Tempeln und Palästen in ungeheurem Maßstab. Er sammelte Heerscharen von Beamten um sich, die Bauprojekte, Besteuerung, Landwirtschaft, Steinbruch-Expeditionen und Feldzüge beaufsichtigten. Die Reformen von Amenemhets Vorgängern hatten einen starken, zentralistischen Staat geschaffen, den Männer mit unterschiedlichen Zuständigkeiten regierten. Die Stele eines hohen Beamten mit Namen Sehetepibre bei Abydos berichtet lyrisch über seine vielen Aufgaben als »Grande des Königs von Unterägypten«. Unter anderem beschreibt er sich selbst als ...

> *... Aufseher über Horn, Nahrung, Federn, Schuppen und Vergnügungsteiche ... Bewahrer von Gold und Silber ... Meister der Geheimnisse in den Tempeln, Aufseher über alle Arbeiten im Haus des Königs, sorgfältiger als das Senkblei ... ein Beamter, der entwirrt, was sich verknotet hat.*

Selbst im Tod bekundeten Amenemhets Beamte ihren sklavische Ergebenheit. Sehetepibres Stele beschwört den Betrachter: »Bewahrt Seine Majestät in euren Herzen«, denn

> *Er ist Re, der mit seinen Strahlen sieht, / Der die Zwei Länder stärker erhellt als die Sonnenscheibe, / Der mehr grünen lässt als der große Hapy [Gott des Nils], / Er erfüllt die Zwei Länder mit Lebenskraft.*

Zum ersten Mal seit Snofrus Tagen im Alten Reich ließ ein Pharao sich zwei Pyramiden errichten. Eine erhob sich in Dahschur über geschätzte 75 Meter, die zweite, mit etwa 58 Metern in Hawara. Schließlich wurde Amenemhet III. in Hawara im Herzen einer Schlammziegelpyramide bestattet, einem Labyrinth aus in Sackgassen endenden Gängen, Falltüren und Rutschen, das

TOD IN DEN PROVINZEN

Zwischen 1902 und 1904 grub der britische Ägyptologe John Garstang in Zentralägypten die Provinzfriedhöfe in Beni Hassan aus. Er legte Schwindel erregende 888 Gräber von Nomarchen, vielen niederen Beamten und einfachem Volk aus der 11. und 12. Dynastie frei. Friedhöfe wie der in Beni Hassan (oben) spiegeln die soziale Ordnung der Zeit wider. Die Nomarchen belegten in den oberen Ebenen des Nekropolengebiets Felsengräber mit Vestibülen; sie umgab Volk von geringerem Sozialstatus. Garstangs Grabungen brachten eine Fülle an Holzmodellen von Kornkammern, Booten, sogar Metzger- und Tischlerläden zutage sowie all das, was dem Verstorbenen für das Leben im Jenseits erhalten bleiben sollte: Musikinstrumente, Möbel, Bogen und Pfeile, Spiegel und Ornamente aller Art. Malereien schmückten die reichsten Gruften wie die von Chnumhotep II. Hier jagt der Pharao im Papyrusdickicht Enten (links). Sein Grab berichtet von regelmäßigen Geschäftsbeziehungen Ägyptens zu Wüstennomaden und Asiaten, die kamen, um Handel zu treiben und ihr Vieh zu weiden.

potenzielle Grabräuber verwirren sollte. Die Erbauer schnitten die sieben Meter lange, 2,5 breite und 1,8 Meter hohe Grabkammer aus einem einzigen, massiven Quarzitblock. Diesen senkten sie vor der Errichtung der Pyramide in den Boden. Den König und seine Tochter Neferu-Ptah bettete man im Inneren der Kammer zur letzten Ruhe, bevor man den Raum mit einer 45 Tonnen schweren Deckenplatte verschloss. Allen Vorsichtsmaßnahmen zum Trotz gelang es findigen Plünderern, in die Kammer einzudringen. Amenemhet ließ auf der Südseite der Pyramide einen monumentalen, rund 300 Meter langen und 245 Meter breiten Totentempel bauen, den Herodot und der griechische Geograph Strabo staunend als Labyrinth aus Kammern und Gängen beschrieben. Unglücklicherweise war zu der Zeit, als der Ägyptologe Flinders Petrie ihn im späten 19. Jahrhundert freilegte, von dem ungewöhnlichen Bau nur noch wenig erhalten geblieben.

Amenemhet III. war der letzte der großen Pharaonen des Mittleren Reiches. Nach seinem Tod um 1770 v. Chr. brachen für Ägypten offenbar weniger glückliche Zeiten an. Sein Nachfolger Amenemhet IV. lebte nur kurz und scheint mit der Königin Sobeknefru als Mitregentin geherrscht zu haben. Das folgende Jahrhundert wurde Zeuge einer Prozession von Pharaonen der 13. Dynastie, die von Itjtawy aus regierten. Wir wissen, abgesehen von der Vermutung, dass die Nilüberschwemmungen wohl zumindest launisch waren und es zu Dürreperioden kam, wenig über die Ereignisse jener Tage. Die stärkeren Könige behielten die Kontrolle über Ober- und Unterägypten und trieben weiterhin Handel mit Byblos; in künstlerischer und technischer Hinsicht jedoch setzte ein langsamer Niedergang ein. Um 1700 v. Chr. hatte sich die Situation, vielleicht als Folge der wachsenden Unabhängigkeit der asiatischen Siedlungen im Delta, weiter verschlechtert. Itjtawy muss ein Kessel gewesen sein, in dem es politisch brodelte. Die Macht wechselte von diesen in jene Hände einer königlichen Bürokratie, die nun den Thron zu verschlingen drohte, der sie geschaffen hatte.

Im Delta hatten sich Tausende von Asiaten angesiedelt, darunter viele Nomaden, die vor den anhaltenden Dürren ihrer Heimatländer geflohen waren. Einige waren wandernde Beduinen, die Zuflucht suchten und mit Ägypten Handel mit Wolle und anderen Produkten trieben oder einfach Emmerweizen kauften und ihre Herden weideten, eine Tradition, die auf die früheste Zeit zurückging. Andere blieben. Einige wurden im Austausch gegen Unterkunft und Verpflegung Arbeiter. Wieder andere verkaufte man in die Sklaverei. Amenemhet I. war sich der Bedeutung des Deltas als Tor zu Asien wohl bewusst gewesen und hatte ein königliches Staatsgut mit Tempel und Siedlung in Avaris an dem damals tiefen Pelusiac-Arm des Nil in Unterägypten errichtet. Die Ruinen von Avaris liegen in der Nähe des heutigen Ortes Tell el-Daba im östlichen Delta. Dort legt Manfred Bietak von der Universität Wien seit mehr als zwei Jahrzehnten die antike Stadt in akribisch genauen Ausgrabungen frei und verfolgt ihre Geschichte durch viele stürmische Jahrhunderte zurück.

Folgende Seiten: Auf einer Grabstele im Kairoer Museum nehmen Inyotef, ein Beamter der 11. Dynastie, und seine Gattin Sithathor Totenopfer entgegen. Ihr geliebter Sohn (unten rechts) weiht ihnen Lebensmittel, die Gutsknechte (oben rechts) herbeitragen.

Avaris zog bald eine wachsende und zunehmend weltoffene kanaanitische Bevölkerung an. Viele spätere Einwohner waren Soldaten, andere Händler aus der Region Byblos, aber auch Leute, die mit den Türkisminen im Sinai zu tun hatten. Im Hafen tummelten sich Schiffe aus Zypern, der Levante, selbst aus dem fernen Kreta; ihre vom Wetter mitgenommenen Segel brachten sie und ihre Ladungen mit Tonamphoren und allen Arten von Luxusartikeln und Rohstoffen an die Docks. Träger mit an den Köpfen befestigten Schlingen löschten die Ladung der schweren Schiffe, verluden sie auf Esel, die sie durch die Hafentore zu den Lagerhäusern des Palastes brachten oder den Mannschaften der in der Nähe vertäuten Flussboote übergaben. Händler in langen Gewändern feilschten im Schatten, betasteten Ballen mit feinem Leinen oder Lapislazuliproben.

Gewaltige Mengen importierter Tongefäße wurden durch den Hafen geschleust. Mindestens zwei Millionen von ihnen liegen noch dort, zerbrochen. Viele waren Amphoren mit Olivenöl und Wein – Waren, mit denen Ägypten seit langem handelte. In einem Stadtpalast aus der 13. Dynastie fand man feine kretische Töpferwaren, Artefakte aus Nordsyrien und einen künstlich bewässerten Weinberg. Tempel in asiatischer Bauweise standen in der Stadt. Später wurden die Palastgärten zum Friedhof der Palastbeamten. Esel oder Schafe liegen paarweise in den Eingängen ihrer Gräber – ein Brauch, der typisch ist für eine Kultur, die vom Karawanenhandel lebt, und für die Bronzezeit-Gemeinden des damaligen Syrien und Palästina. Die Friedhöfe verraten, dass der Großteil der männlichen Stadtbevölkerung aus der Levante stammte, wohingegen die meisten Frauen Einheimische waren – ein für Söldner und Matrosen typisches Mischehenmuster. Mindestens ein Drittel der Bevölkerung litt unter Blutarmut, hervorgerufen durch Parasiten oder gelegentliche Unterernährung, die sie für die von Schiffen eingeschleppte Epidemien anfällig gemacht haben muss. Lässt man die üblicherweise hohe Säuglingssterblichkeit außer Acht, betrug die mittlere Lebenserwartung der Männer in Avaris 34,4 Jahre, die der Frauen 29,7 Jahre.

Zur Zeit der 13. Dynastie waren Asiaten zu einer normalen Erscheinung im ganzen Nildelta geworden. Sie waren fähige Brauer und Winzer, Weber und Näherinnen, Tänzer und Pförtner. Wüstenbewohner waren in ägyptischen Städten kein seltener Anblick. Eine Grabmalerei in Beni Hassan in Zentralägypten zeigt eine Gruppe von Hikau Chasut (»Herren der fremden Länder«) in farbenprächtigen Umhängen, die der Nomarch Chnumhotep, unter Senusret II. Gouverneur eines der Gaue in der Arabischen Wüste, zur Audienz empfängt.

Die weltoffenen Deltastädte wie Avaris erhielten unter der 12. und 13. Dynastie steten Zuwachs durch fremde Söldner und Händler. Diese stellten um 1800 v. Chr. wohl bereits die Hälfte der Stadtbevölkerung. Die Verwaltungsmaschinerie im Süden ging unmerklich in fremde Hände über. Schließlich gründeten die Herrscher der Hikau Chasut (allgemein unter der griechischen Verballhornung »Hyksos« bekannt) – während die Pharaonen das restliche Ägypten noch immer

KUNSTFERTIGKEIT AM WEBSTUHL

Die Weberei reicht in die früheste Ackerbauzeit zurück. Unermüdlich woben die Ägypter Leinen, denn Flachs war einer ihrer Hauptrohstoffe. Jedes Dorf, jede Familie hatte eigene Weber, die Kleidung, Schlafmatten und andere Gebrauchsgegenstände herstellten. Die Adelsgüter setzten in ihren Stoffwerkstätten meisterliche Handwerker ein, die Gewebe feinster Qualität produzierten.
Wie bei allem anderen in Ägypten war die Technik einfach: Der Ausstoß stieg, je mehr Menschen Hand anlegten. Die primitivsten Webstühle waren horizontale Bodenwebstühle (links). Hier stellen Weber aus Qurna bei Theben Schlafmatten an Längsfäden her. Ein Holzmodell zeigt die Weber des Ministers Meketre bei der Arbeit mit einem horizontalen Webstuhl (oben). Eine feine Leinenbahn liegt auf den Webstuhl gespannt, während Arbeiter in einer Reihe sitzend spinnen.
Altägyptische Textilien sind im Wesentlichen als Hüllen und Binden für die Toten erhalten geblieben. Es existieren nur wenige Kleidungsstücke, im Allgemeinen aber waren sie schlicht.

vom stromaufwärts gelegenen Itjtawy aus regierten – in Avaris in aller Stille eine Dynastie mit dem Ziel, das Land zu übernehmen. Nach 1630 v. Chr. riss der Hyksos-Feldherr Scheschi die alte Hauptstadt Memphis an sich und verwandelte Avaris in eine starke Zwingburg.

Jahrhunderte später schrieb der ägyptische Priester Manetho, deprimiert über die massive Invasion der Fremden, die das Nildelta überrannt und einen eigenen Staat gegründet hatten: »Ein Schlag Gottes streckte uns nieder, und unerwartet marschierten Eindringlinge eines fremdartigen Volkes, auf den Sieg vertrauend, in unser Land ein. Mit aller Macht erbeuteten sie es ohne einen einzigen Hieb.« »Die Invasion der Hyksos« ging pflichtgemäß in die Annalen der Ägyptologie ein, allerdings handelt es sich dabei vermutlich um eine Legende. Eine zunehmend kosmopolitische Welt hatte sich im Norden etabliert, die Ägypten nachhaltig verändern sollte. Die wachsende Wirtschafts- und Militärmacht der Hyksos und des nubischen Kerma hatte ein erneutes Zerbrechen Ägyptens in zwei Königreiche zur Folge: eines, das die Asiaten beherrschten, und den alten »Kopf des Südens«. Vielleicht floh der Hof südwärts nach Theben und richtete sich im Herzen des südlichen Wesirats ein.

DAS HYKSOS-ZWISCHENSPIEL

Die Hyksos-Könige regierten kaum länger als ein Jahrhundert von Avaris aus über Unterägypten. Sie müssen viele ägyptische Beamte für sich gewonnen haben, um das zu erreichen; pflichtbewusst verehrten sie Re, den Sonnengott von Heliopolis, ebenso wie Seth und nahmen sogar ägyptische Thronnamen an. Die Hyksos-Monarchen kontrollierten das Delta und das Niltal stromaufwärts bis in das Gebiet von Assiut, dabei blieb ihr Verhältnis zu den thebanischen Herrschern in Oberägypten gespannt. Sie übten beachtlichen Einfluss auf einen großen Teil des Sinai und der Levante aus und öffneten Unterägypten den neuen Ideen einer im Wandel begriffenen östlichen Mittelmeerwelt.

Wir wissen, dass die Hyksos direkte Kontakte zu den Minoern unterhielten, weil man im Minos-Palast von Knossos nahe dem heutigen Iraklion in Nordkreta den runden Deckel eines Alabastergefäßes mit dem Namen des zweiten Hyksos-Königs Chyan gefunden hat.

Die Oberägypter sahen im Hyksos-Zwischenspiel eine absolute Katastrophe, eine Zeit, in der Usurpatoren die Zwei Länder ins Chaos stürzten. Doch die Hyksos und ihre aggressive Handelspolitik öffneten das Niltal für die Neuerungen einer sich rapide verändernden Welt der Bronzezeit. Unter ihnen kam Bronze in Gebrauch, ein Metall, das für Werkzeug und Waffen weitaus effektiver eingesetzt werden konnte als das weiche Kupfer früherer Zeit. Sie importierten Oliven- und Granatapfelbäume, aufrechte Webstühle und innovative Webtechniken, aber auch neue

Arten von Musikinstrumenten wie die Lyra und das Tamburin. Die Viehzüchter der Hyksos führten in Ägypten auch die ersten asiatischen Buckelstiere ein, um ihre Zucht zu verbessern.

Darüber hinaus veränderten die Hyksos die militärische Strategie der Region. Ihre Heere setzten auf Mobilität und die tödliche Macht von Bogenschützen, die mit neu entwickelten mehrteiligen Bogen bewaffnet waren. Dolche und Schwerter wurden wirksamer gestaltet. Nach einigen Jahrhunderten führten Generäle von Pferden gezogene Streitwagen ein, die, wiewohl im sumpfigen Delta wenig brauchbar, im Wüstenkrieg eine entscheidende strategische Waffe waren. Schnell erkannten die thebanischen Heerführer die Vorteile von Bogenschützen und Streitwagen im offenen Gelände und nutzten sie für ihre Feldzüge gegen die Hyksos in Unterägypten und Palästina.

Die Hyksos-Herrscher regierten nie über Oberägypten, aber ihre thebanischen Rivalen waren zu kraftlos, um ihre Macht flussabwärts infrage zu stellen. Die Thebaner beherrschten ein schmales Territorium, das sich von den Städten Kusai und Abydos bis nach Elephantine erstreckte, nicht jedoch nach Nubien, das fest in der Hand des Königreichs Kusch lag. Die Thebaner entwickelten ihre militärische Stärke, indem sie massenweise Nubier als Söldner anwarben. Die Medjay bildeten eine leichte Infanterie, die den Mann-gegen-Mann-Nahkampf vorzog. Nach dem Sieg über die Hyksos wurden sie zum Rückgrat der Polizeimacht des Pharaos. Viele von ihnen stiegen in hohe Positionen auf.

Etwa 1570 v. Chr. schrieb Apepi I., König der Hyksos, an seinen thebanischen Zeitgenossen Seqenenre und beschwerte sich, er könne in seinem Palast in Avaris wegen des Brüllens der Nilpferde in Theben nicht schlafen – wohl eine Beschwerde über die militärischen Ambitionen seines südlichen Nachbarn. Das Brüllen der Nilpferde brach in offenen Krieg aus, als die Hyksos ein lukratives Handelsabkommen mit Kerma trafen und im Zuge dessen Handelswege durch die Wüste nutzten, die thebanische Einflussgebiete säumten.

DAS KÖNIGREICH KUSCH

Kerma, stromaufwärts vom Dritten Katarakt im heutigen Sudan gelegen, war schon im 4. Jahrtausend v. Chr. eine bedeutende Siedlung. Das Dorf wurde zur Ortschaft und später zur wuchernden Stadt, zum Zentrum des Königreiches Kusch. Die aufblühende Stadt verband strategische Handelswege zwischen Süden und Norden und solche, die tief in die umgebenden Wüsten reichten. Kerma war ein Umschlagplatz für Gold und Elfenbein und verkaufte Sklaven flussabwärts. Als Ägyptens Zerfall begann, griffen Kuschs ehrgeizige Herrscher nach Unternubien. Die Garnisonen des Pharaos wechselten flugs die Seiten und dienten fortan neuen Herren. Kusch entwickelte sich zu einem ausgesprochen nubischen Staat, der in

Eine junge Dienerin trägt Opfergefäße in die Gruft des Ministers Meketre, in eine Welt des Wohlstandes. Ein weißes, mit einem Perlennetz geschmücktes Leinentuch bedeckt die Holzstatue des Mädchens. Dessen rechte Hand, hier nicht sichtbar, umklammert eine lebende Ente.

der Übernahme ägyptischer Kulturelemente sehr wählerisch war. Seine Herrscher beschäftigten möglicherweise sogar im Land lebende Ägypter als Beamte auf Zeit und entlohnten sie in Gold. Viele Kuschiten kannten Ägypten aus erster Hand, weil sie dort im Heer oder bei der Polizei gedient hatten. Doch der Staat war eindeutig afrikanisch und bewahrte seine Unabhängigkeit über Jahrhunderte. Kusch florierte dank der Kontrolle über die uralten Handelswege, die sich selbst in politisch wirren Zeiten flussabwärts bis nach Ägypten erstreckten. Als die Hyksos im fernen Norden die Herrschaft übernahmen, war Kerma ein reiches und mächtiges Königreich mit einer starken, auf Landwirtschaft, Viehzucht und dem zunehmenden Goldhandel mit dem Norden basierenden Wirtschaft. Charles Bonnet von der Universität Genf widmet seine berufliche Arbeit der Freilegung der zugleich ältesten und größten Stadt Afrikas außerhalb von Ägypten. In ihrer Blüte, zur Zeit der Hyksos, bedeckte Kerma rund 263 000 Quadratmeter, eine erstaunlich bodenständige Metropole. Ihr Herrscher regierte über ganz Ober- und Unternubien. Er lebte in einem befestigten Stadtkern, beschützt von neun Meter hohen Schlammziegelmauern mit vier Toren und vorgeschobenen, rechteckigen Türmen. Ein monumentaler weißer Tempel (*deffufa*), dessen weiße Pylonen kilometerweit sichtbar waren, überragte die Mauern. Dieser Tempel bedeckte eine Fläche von 322 Quadratmetern, ein selbst für pharaonische Maßstäbe gewaltiges Bauwerk. Oberflächlich betrachtet ähnelte die *deffufa* einem ägyptischen Tempel, das Innere aber spiegelte einen gänzlich anderen Glauben wider und beherbergte zudem die Werkstätten für Prestigeartikel. Statt eines Vordereingangs führten ein Seiteneingang und eine Treppe in eine kleine Opferkammer, in der Ziegen und Schafe auf einem runden Marmoraltar dargebracht wurden. Eine andere Treppe endete auf dem Dach, auf dem einst im Freien Rituale, möglicherweise für den Sonnengott, vollzogen wurden. Eine fast fünf Meter hohe Mauer umgab den Tempelbezirk; sie umschloss nicht nur die *deffufa*, sondern auch kleine Schreine und die Behausungen der Priester. Innerhalb der größeren Befestigungen, im Königspalast und den Quartieren der Adligen, lebten vielleicht 2000 Menschen.

Die Herrscher von Kerma hielten ursprünglich vor einer großen, mindestens neun Meter hohen Rundhütte aus Schlammziegeln Audienz. Ein großer Teil des Handels konzentrierte sich auf diesen weitläufigen Komplex, der nach dem Haupteingang des Tempels ausgerichtet war. Öffentliche Auftritte des Herrschers folgten einer sorgfältigen Choreographie. Der Palast verfügte über große Magazine und ein Archiv, in dem Bonnet Tausende von unbeschrifteten Tonsiegeln entdeckte, die zum späteren Kennzeichnen von Waren oder Versiegeln von Botschaften verwendet werden sollten.

Kerma war eine ausufernde Stadt, eine umfriedete Gemeinde, umgeben von Trauben kleinerer Siedlungen. Den Stadtkern bewohnte eine bunte Bevölkerung: nicht nur der Herrscher

WASSERUMLEITER

Die Pharaonen des Mittleren Reiches vergaßen die großen Hungersnöte des ausgehenden Alten Reiches nie und investierten großzügig in Kornkammern und umfangreiche Bewässerungsanlagen (links). Amenemhet II. war der Erste in einer Reihe von Pharaonen, die das große landwirtschaftliche Potenzial der Faijum-Senke westlich des Nil erkannten. Tausende von Arbeitern verbreiterten und vertieften einen natürlichen Wasserlauf, heute Bahr Jussuf genannt, der den Nil mit der Senke verbindet. Siedlungen entstanden, wie etwa eine rechteckige Kleinstadt aus Ziegelbauten für die Steinbrecher, die in den Basaltbrüchen am nordwestlichen Rand der Faijum-Senke arbeiteten. Pharao Amenemhet II. ließ seine Pyramide in Dahschur errichten. Amenemhet III., der etwa 48 Jahre regierte und Faijum viel Energie widmete, legte eine Pyramide in Hawara an, das noch näher bei Faijum liegt. Der korridorähnliche Eingang (oben), westlich des Zentrums auf der Südseite, führte in ein Labyrinth aus Tunneln und Kammern, das Grabräuber täuschen sollte – vergeblich.

Der westlich des Nils gelegene Karun-See glitzert im Sonnenuntergang. Ablaufende Fluten aus den weitläufigen Bewässerungsanlagen von Amenemhet III. bildeten das unter Meereshöhe gelegene Gewässer. Die Landwirtschaftspolitik des Mittleren Reiches beschleunigte die Wandlung der Faijum-Senke zur bewirtschafteten Oase, die die Getreideproduktion des Landes drastisch steigerte.

und seine Familie, sondern auch Beamte, Soldaten, eine Priesterkaste, zudem eine große Einwohnerschaft einfacher Leute, von denen die meisten außerhalb der Stadtmauern lebten. Die Handwerker hier waren Meister im Umgang mit Gold und Elfenbein und schufen einige der prächtigsten Tongefäße, die je in Afrika gefertigt wurden: rot und schwarz gefärbt und dünn wie Eierschalen. Die Häuser der Stadt zeugen von einer komplexen, wohlhabenden Gesellschaft mit Wohnstätten, von denen viele über zwei Zimmer und einen Vorhof verfügten oder noch komplexere Grundrisse hatten. Zu Nahrungszwecken hatten man in großen Einfriedungen zwischen Stadt und Fluss eine gewaltige Zahl von Tieren untergebracht. Ausgräber fanden sogar die Abdrücke von Rinderhufen im Boden! Entlang der heute ausgetrockneten Nilarme im Hinterland der Hauptstadt blühten kleine Dörfern. Sie bauten Getreide für Kerma an und lagerten es in speziellen Bauten mit erhöhten Holzböden.

Kermas weitläufiger Friedhof, etwa zwei Kilometer östlich der Stadt, gewährt faszinierende Einblicke in die nubische Gesellschaft jener Tage. Hier lebten mehr als 30 000 Menschen. Einfache Leute wurden mit wenig Habe bestattet. Wohlhabendere Mitglieder der Gesellschaft lagen auf schön gearbeiteten Holzbetten mit einem Kasten für persönliche Gegenstände wie Bronzeklingen und Steingefäße für Augenschminke oder Salben. Vier ungewöhnlich große königliche Grabhügel mit Totenschreinen aus Schlammziegeln säumen den südlichen Rand des Friedhofs. Ein solcher Grabhügel mit durchschnittlich 88 Metern Durchmesser barg den Körper eines unbekannten Herrschers. Üppige Beigaben in Form einheimischer Intarsienmöbel, Waffen und Töpferwaren begleiteten jeden Herrscher. Die Trauernden reihten im Bereich vor der Grabkammer Statuen und Statuetten von ägyptischen Pharaonen und Beamten auf.

Am Tag der Beerdigung versammelten sich Menschenmassen vor dem großen Grabhügel, wo schmale Gänge in die Grabkammer führten. Eine lange Prozession von Trauernden näherte sich unter Klagerufen und Gesängen dem Grab, um Opfergaben niederzulegen. Vertrauenswürdige Priester und Beamte schlossen die Türen der Grabkammer. Die Diener des Herrschers, alle Frauen seines Harems, in beste Gewänder gehüllt, ihre Kinder und Dutzende von Sklaven stiegen in den Erdtunnel und drängten sich, dicht bei der Grabkammer, eng aneinander. Der Ausgräber George Reisner erzählt, was dann geschah: »Die Schreie und alle Bewegungen erstarben. Das Signal wurde gegeben. Die für das Fest versammelten Menschen, die bereits gewartet hatten, warfen die Erde aus ihren Körben auf die stillen, aber noch lebendigen Opfer ... und rannten fort, um mehr Erde zu holen. Die panische Verwirrung und die Hast der Menge ist leicht vorstellbar.« Viele der Opfer, die ihre Gesichter mit den Händen und ihre Köpfe mit den Armen bedeckten, ereilte der Tod sofort. »Durch ihre Körperhaltungen im Tod wissen wir, dass eine Panik unter ihnen ausbrach und dass es in manchen Fällen zu einem Krampf physischer Agonie kam.« Nachdem die

Menge den Gang aufgefüllt und die Trauernden lebendig begraben hatte, ließ sie sich als Festmahl einen großen Ochsen schmecken, den man zu Ehren des toten Herrschers geschlachtet hatte.

Als raffinierte Händler und Politiker verfolgten die Fürsten von Kusch das politische Geschehen flussabwärts in Ägypten genau. Mit Bedacht schlossen sie eigene Handelsallianzen mit den Hyksos, was nicht zu ihrer Beliebtheit bei den Herren von Theben beitrug. Ihr Handel mit dem Delta umging Oberägypten, indem er sich solcher Wüstenrouten wie der Alamat Tal bediente, die Oasen mit der großen Kena-Biegung des Nils flussabwärts verband.

Die Thebaner reagierten auf das Bündnis zwischen Hyksos und Kerma, indem sie die am stärksten frequentierten Routen überwachten und Spähtürme errichteten, von denen heute zwei am thebanischen Ende der Alamat-Tal-Route erhalten geblieben sind. Wüstenpatrouillen kontrollierten die Pfade, fingen nachts Eselskarawanen ab oder ermordeten Händler der Hyksos. John und Deborah Darnell, Archäologen von der Universität Chicago, haben viele dieser mit Scherben der ägyptischen Vergangenheit übersäten Pfade vermessen. Sie haben Karawanenrastplätze ausgemacht, an denen Reisende Kritzeleien an Felsen hinterließen, darunter viele Gebete zu den Göttern, aber auch Erinnerungen an eine besondere Reise oder die Namen und Titel der Polizisten, die auf diesen Straßen patrouillierten. Es gab sogar Inschriften von etwa 1800 v. Chr., die sich als frühes phonetisches Alphabet entpuppen könnten.

Hor, der 14. König der 13. Dynastie (um 1720 v. Chr.), regierte nur kurz. Die lebensgroße Statue mit funkelnden Augen zeigt den Pharao unbekleidet, die erhobenen Hände seines Ka auf den Schultern (im Bild nicht zu sehen).

THEBEN TRIUMPHIERT

Theben wurde kühner. Und die Herrscher der Stadt erklärten sich zu wahren Pharaonen. Etwa 1543 v. Chr. verwickelte der thebanische Fürst die Hyksos in mehrere blutige Gefechte. Tao II. führte zumindest einen dieser Feldzüge selbst an und fiel im Geschosshagel. Seine Mumie, die man in einem Versteck königlicher Mumien in Deir-al-Bahari fand, verrät, dass er von wenigstens zwei Personen angegriffen wurde. Der König lag zu diesem Zeitpunkt am Boden, die tödlichen Wunden sind horizontal. Sein Körper wurde hastig, ohne die übliche Sorgfalt, einbalsamiert und dann zur Bestattung nach Theben gebracht.

Der Sohn Taos' II., Kamose, sah sich mit der Regierung über Oberägypten und einen Teil von Zentralägypten konfrontiert, während die Hyksos den Norden beherrschten. Seine Generäle rieten zur Vorsicht, Kamose aber beschloss, den Feind ohne Vorwarnung zu überfallen. Sein Heer, das die gleichen hoch entwickelten Streitwagen und Waffen wie der Feind einsetzte, stürmte nordwärts. Die neuen Waffen erwiesen sich im offenen Gelände als so wirksam, dass die Darstellung des Pharao, der im Streitwagen dem Sieg gegen seine asiatischen und nubischen Feinde entgegeneilt, zu einem häufigen Thema auf Tempel- und Palastwänden wurde. Der König des Hyksos, Apepi, schrieb an den Herrscher von Kusch und flehte, er möge die Nachhut der Thebaner angreifen. »Komm, segle den Fluss herab, fürchte dich nicht … ich werde ihn nicht gehen lassen, bis du kommst.« Die beiden Herrscher wollten sich die Beute anschließend teilen. Unglücklicherweise wurde Apepis Kurier mit der Nachricht von einer thebanischen Wüstenpatrouille aufgegriffen.

Kamose regierte nur drei Jahre. Sein Bruder, Ahmose I., kam etwa 1539 v. Chr. noch als Kind auf den Thron. Die bedeutende Königin Aahotep war in den frühen Jahren seiner Herrschaft Mitregentin. Etwa in der Mitte seiner 25-jährigen Regierungszeit nahm der Pharao den Krieg gegen die Hyksos wieder auf. Er führte eine Reihe von Angriffen gegen Memphis, Avaris und andere von den Hyksos befestigte Städte. Die Hyksos waren ein erbitterter Gegner, aber der nicht nachlassende Druck aus dem Süden rieb sie auf. Eine lange Inschrift im Grab eines tapferen Kriegers namens Ahmose, Sohn des Ebana, verrät den Fortgang der Geschichte. Der Veteran diente unter Ahmose, Amenophis I. und Thutmosis I. bei vielen wilden Kriegszügen. Als das Heer des Pharaos Avaris belagerte und dort drei Schlachten schlug, nahm Ahmose (der Soldat) »dort einen Mann und drei Frauen gefangen, insgesamt vier an der Zahl, und Seine Majestät gab sie mir als Sklaven«. Nach erbitterten Kämpfen und der völligen Zerstörung von Avaris, drängte das Heer von Ahmose die Hyksos nach Palästina zurück. Ahmose regierte letztendlich über ein zwar völlig zerstörtes, aber geeintes Ägypten, das schon bald eine bedeutende kaiserliche Macht werden sollte.

DAS NEUE REICH

Vier monumentale Sitzstatuen von Ramses II. bewachen die Fassade seines Felsentempels Abu Simbel in Nubien. Ein Symbol des allmächtigen Ägypten: Ramses II. lässt die stehenden Mitglieder seiner Familie und den Gott Amun-Re über dem Eingang vergleichsweise klein wirken. Aus dem Inneren des Schreins spähen auf ewig Götterfiguren.

Späte vordynastische Periode	Frühdynastische Periode	Altes Reich	Erste Zwischenperiode	Mittleres Reich
circa 3100 v. Chr.	ca. 2950–2575 v. Chr.	ca. 2575–2150 v. Chr.	ca. 2125–1975 v. Chr.	ca. 1975–1640 v. Chr.

DAS KAISERLICHE ÄGYPTEN

Der Totentempel Sethos' I., außerhalb des Tals der Könige, verkörpert die Macht der Pharaonen des Neuen Reiches. Ahmose, Amenophis III., Sethos I., Ramses II. – die Namen der berühmtesten Monarchen des Neuen Reiches sind wie ein Hymnus der erhabenen Größe. König Ahmose und seine Nachfolger vertrieben die Hyksos und ließen Ägypten zur kaiserlichen Großmacht werden. Ägypten hatte eine bedeutende Stellung in den politischen Wirren des östlichen Mittelmeerraums inne, wo die Großmächte der Zeit um die Herrschaft über strategisch wichtige Häfen und Märkte rivalisierten. Im eigenen Land waren die Pharaonen militärische Herrscher, die Nubien kolonisierten und mit dessen Gold ihre Schatullen füllte. Sie gaben Vermögen für die Tempel des Gottes Amun-Re in Theben aus und blendeten Verbündete wie Feinde mit ihrem Reichtum. Die kurze Regierungszeit des »Ketzerkönigs« Echnaton war kaum mehr als eine Episode in den fünfhundert Jahren der überlegenen Größe Ägyptens. Nach 1200 v. Chr. begannen sich die bis dahin stabilen Verhältnisse an den Landesgrenzen zu verschlechtern. Palastintrigen und Bürgerunruhen schwächten den Staat. Um 1100 v. Chr. war Ägypten in zwei Länder zerbrochen: Der Pharao herrschte im Norden, und die Hohepriester von Theben kontrollierten den Süden.

Zweite Zwischenperiode	Neues Reich	Dritte Zwischenperiode	Spätzeit	Hellenistisch-Römisches Zeitalter
ca. 1630–1520 v. Chr.	ca. 1539–1070 v. Chr.	ca. 1075–715 v. Chr.	ca. 715-332 v. Chr.	332 v. Chr.–395 n. Chr.

18. Dynastie

Ahmose
Amenophis I.
Thutmosis I.
Thutmosis II.
Königin Hatschepsut
Thutmosis III.
Amenophis II.
Thutmosis IV.
Amenophis III.
Echnaton (Amenophis IV.)
Smenchkare
Königin Anchetcheprure
Tutanchamun
Eje
Haremhab

19. Dynastie

Ramses I.
Sethos I.
Ramses II.
Merenptah
Sethos II./Amenmesse
Siptah
Königin Tausert

20. Dynastie

Sethnacht
Ramses III.
Ramses IV.
Ramses V.
Ramses VI.
Ramses VII.
Ramses VIII.
Ramses IX.
Ramses X.
Ramses XI.

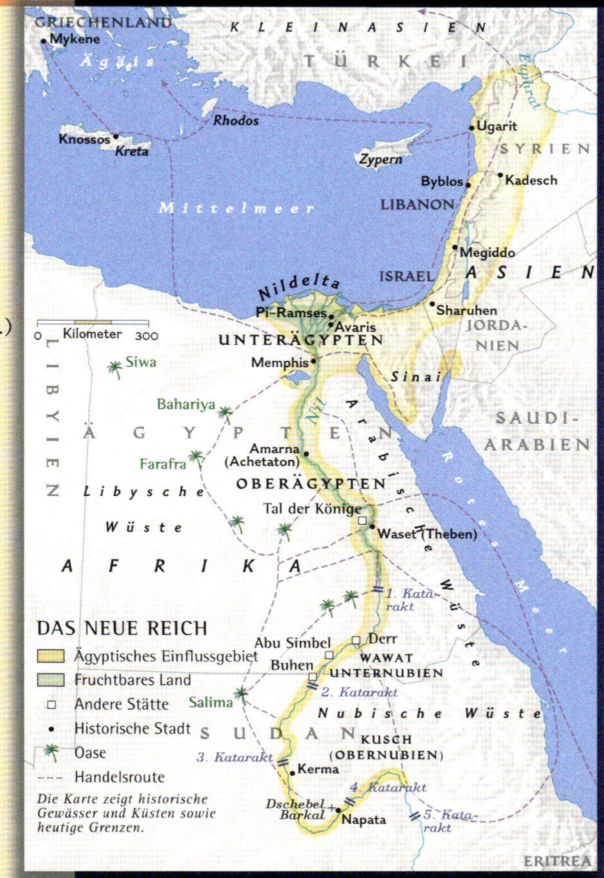

»Der Truppenführer Ahmose, Sohn von Ebana, dem Gerechten ... Ich lasse euch wissen, welche Gunst mir zuteil wurde. Siebenmal wurde ich vor den Augen des ganzen Landes mit Gold belohnt, aber auch mit Sklaven und Sklavinnen ...«

Ich habe immer davon geträumt, mich einmal mit Ahmose, dem Sohn von Ebana, in seinen alten Tagen zu einem langen Gespräch zusammenzusetzen. Der alte Recke muss ein wandelndes Geschichtsbuch gewesen sein. Er diente drei Pharaonen, war Zeuge der Niederlage der Hyksos, war bei der Verwüstung von Avaris, der Hauptstadt der Hyksos im Delta, und von Scharuhen in Asien dabei und hatte an einer Reihe blutiger Nubien-Feldzüge teilgenommen. Er starb hoch geehrt und respektiert, seiner Taten gedenken die Wände seiner Grabkammer: »Der Name des tapferen Mannes ist in dem, was er getan hat; niemals wird er aus dem Land verschwinden.«

Der Pharao Ahmose schätzte seine kampferprobten Heere, die ihn an die Macht gebracht hatten und ihn dort hielten. Vom Gemetzel in Scharuhen zurückgekehrt, wandte der thebanische König seine Aufmerksamkeit Nubien zu, Ahmose, den Sohn von Ebana, an seiner Seite.

Die Totenmaske des Juja ist Ausdruck des Selbstbewusstseins der Mächtigen und Reichen (gegenüberliegende Seite). Als Mann des Krieges, Oberstallmeister, Kanzler des Nordens und Vater der Königin Teje (Gemahlin von Amenophis III.) diente Juja unter zwei Pharaonen: Thutmosis IV. und Amenophis III. Ein Skarabäus und widderköpfiger Sonnengott (oben) erscheinen in der Darstellung des Re-Gesangs an den Wänden der Gruft von Pharao Sethos II.

»Nun, da Seine Majestät die Nomaden Asiens geschlagen hatte, segelte er nach Süden ..., um die nubischen Bogenschützen zu vernichten. Seine Majestät richtete unter ihnen ein großes Gemetzel an, und ich brachte Beute von dort zurück: zwei lebende Männer und drei Hände. Dann wurde ich noch einmal mit Gold belohnt, und man gab mir zwei Sklavinnen. Seine Majestät reiste nach Norden, sein Herz frohlockte ob des Sieges und der Tapferkeit. Er hatte die Völker des Südens und des Nordens bezwungen.«

König Ahmose war ein Überlebenskünstler, der sich auf dem Schlachtfeld so heimisch fühlte wie in einem Palast. Er beherrschte Kampftaktiken mit Streitwagen und Bogenschützen, die es ihm erlaubten, von Verteidigungs- zu Offensivstrategien überzugehen, die seine Feinde beständig in Verwirrung stürzten und die sich als besonders wirksam gegen die Hyksos erwiesen. Gegen einen Feind, der über beste Verbindungen in alle Ecken des östlichen Mittelmeerraums verfügte, musste der Pharao stets gewappnet sein. Um möglichen Bedrohungen vorzubeugen, weiteten der Pharao und seine Nachfolger die Grenzen Ägyptens über die Sinai-Halbinsel und weit nach Asien aus, aber auch südwärts bis tief nach Nubien. Die großen Könige früherer Zeiten hatten Gebiete unterworfen und sich gefügige Fürsten tributpflichtig gemacht. Die neuen Herrscher am Nil kombinierten Eroberung mit Kolonisation und ägyptisierten Nubien. Zum ersten Mal wurde Ägypten zur ehrgeizigen Expansionsmacht, die sich in die Angelegenheiten einer größeren Mittelmeerwelt einmischte.

DIE STIERSPRINGER VON AVARIS

König Ahmose ging im strategisch verwundbaren Delta keine Risiken ein. Er ließ Avaris als Festung wieder aufbauen. Die neue Stadt erhob sich auf den Ruinen der Hyksos-Hauptstadt. Eine gewaltige Plattform aus Schlammziegeln mit einem Tor zum Fluss gewährte einen erhabenen Blick über den Pelusiac-Arm des Nils, zu jener Zeit ein tiefer Kanal mit Verbindung zum Meer. Einst gab es in der Stadt Militärkasernen, zahlreiche Tempel, Magazine und einen Palast für den Pharao. Unglücklicherweise ließen die Bauherren der Antike, die die verlassenen Bauwerke schon vor vielen Jahrhunderten abtrugen, nur ein gigantisches archäologisches Puzzle zurück. Statt Gebäude auszugraben, haben der Österreicher Manfred Bietak und seine Kollegen Jahre darauf verwandt, die riesigen Haufen aus Schlammziegeln und Mauerputz zu sezieren – mit erstaunlichen Ergebnissen.

Bauschutt auszugraben ist eine ziemlich undankbare Aufgabe. Avaris war da keine Ausnahme, bis Bietak Hunderte von Kalkputzfragmenten freilegte, die im minoischen Stil ausgeführte Malereien zierten. Die kretischen Motive und der Stil der Wandmalereien waren unverwechselbar: ein bärtiger Priester, Akrobaten, Flusslandschaften und felsige Berge wie die auf Kreta, die in Ägypten unbekannt sind. Solche Szenen waren kein Einzelfall. Kretische Wandmalereien tauchen auch in anderen Levante-Städten der Bronzezeit auf, da kretische Könige ihre Künstler als Beweise ihrer Gunst zu wichtigen Handelspartnern im Ausland schickten. Doch nur der Palast von Avaris kann sich einiger Stierspringer-Szenen rühmen. Ein Fries zeigt vor dem für die kretische Palastmalerei typischen labyrinthartigen Hintergrund Stiere, Stierspringer und andere Figuren. Ein Stier springt, den Kopf dem Künstler zugewandt. Ein Jüngling greift, die Beine in der Luft, den Nacken des Tieres. Ein anderer Stier macht einen Sprung nach vorne, hier aber ist der Akrobat vom Tier gefallen. Warum sollte man Friese im kretischen Stil auf die Wände eines ägyptischen Palastes gemalt haben? Die Erklärung finden wir nicht in Ägypten, sondern auf Kreta. Vor einem Jahrhundert grub der Archäologe Arthur Evans den so genannten Palast des Minos in Knossos im nördlichen Kreta aus und offenbarte einer erstaunten Gelehrtenwelt die bis dahin unbekannte minoische Kultur. Der Palast war ein Labyrinth aus Höfen und Räumen, viele von ihnen zierten prächtige Wandmalereien von Menschen und Stieren.

Evans rekonstruierte einige der Friese, teils etwas zu frei, wie seine Kritiker sagen. Göttinnen und Priesterinnen, Prozessionen, Stiere, mythische Tierwesen, Löwen, ja sogar wogendes Gras und Blumen – die Kunst von Knossos ist höchst lebendig und ausgesprochen charakteristisch. Die berühmtesten Szenen zeigen über wütende Stiere springende Akrobaten, die sich in der Luft drehen und überschlagen und mit heranstürmenden Tieren tanzen. Trotz ausgedehnter Suche hatte man Stierspringer vor ihrer Entdeckung in Avaris nirgendwo sonst antreffen können. Sie waren einmalig im Westhof in Knossos, dem größten je errichteten minoischen Palast.

Manfred Bietak glaubt, die Friese von Avaris stellen den in der Ferne liegenden Westhof dar. Avaris und Knossos teilen auch andere Inhalte königlicher Kunst und Symbolik: Darstellungen von mythischen Greifen und Katzen, den Tieren an der Spitze der Naturhierarchie. In Knossos schützten Greife Göttinnen und Königinnen. Vielleicht taten sie das auch in Avaris. Bietak erwägt, ob hier eine diplomatische Ehe zwischen ägyptischer und minoischer Königsfamilie eine Rolle spielen könnte. Man weiß, dass Ahmose zwei seiner Schwestern heiratete, möglicherweise hatte er aber zusätzlich eine kretische Gemahlin. Noch können wir das nicht mit Sicherheit sagen. Vielleicht fürchtete Ahmose, nachdem er die Hyksos geschlagen hatte, einen Überraschungsangriff zu Land und zu See. Die Minoer waren die besten Seefahrer jener Tage, und so könnte der Pharao mit dem Fürsten von Knossos handelseinig geworden sein: Schutz für die Seewege im Austausch gegen den Zugang zu ägyptischen Häfen und ihrem Goldreichtum. Wir wissen, dass minoische Handelsdelegationen am ägyptischen Hof bald ein gewohnter Anblick waren. Sie erscheinen in den Wandmalereien thebanischer Adelsgräber.

Avaris war für den siegreichen Pharao Festung, Palastanlage und Ausgangspunkt seiner Feldzüge in Westasien. Hier konnten seine Truppen ausruhen, während ihre Offiziere Ägyptens Nordostgrenze im Auge behielten. Hier konnte Ahmose auch seine Invasionstruppen einschiffen für kurze Küstenfahrten zu den strategisch wichtigen Levante-Häfen. Über Jahrhunderte blieb Avaris der Ort, an dem Ägypten und die östliche Mittelmeerwelt einander begegneten. Polyglotte Ströme von Künstlern, Seeleuten und Händlern drängten sich an den Kais und in den Straßen der Stadt. Vielleicht hieß die Werft Penunefer (Glückliche Reise) und war der berühmte Hafen, von dem man einst annahm, er habe stromaufwärts bei Memphis gelegen. Knapp dreihundert Jahre später wurde Avaris Hafen der königlichen Residenz von Ramses II. im nahen Pi-Ramses und gedieh zur lebenswichtigen Verbindung mit der Außenwelt.

Ahmose war sich des ökonomischen wie strategischen Wertes seiner Festung wohl bewusst. Er verstand nur zu gut, dass gefestigte, erweiterte Grenzen, enge politische Bindungen zu potenziellen Rivalen und die völlige Kontrolle des Nubien-Handels die Schlüssel zu seiner Macht waren. Ob es den Beamten des Pharao gefiel oder nicht, Ägypten war Teil dessen geworden, was wir heute als globale Wirtschaft bezeichnen würden. Ein ausgedehntes Netz wirtschaftlicher und politischer Wechselbeziehungen verband den Nil mit der Levante, dem an Kupfer reichen Zypern, mit Kleinasien, Mesopotamien und den Inseln der Ägäis. Die antike Welt war ökonomisch wie

Der Blick vom Gipfel des El-Qurn: Thutmosis I. führte den Brauch der königlichen Bestattungen im Tal der Könige ein – ein Brauch, der über fünf Jahrhunderte Bestand haben sollte. Generationen von Ägyptologen haben in dem Tal, das noch immer nicht alle seine Geheimnisse preisgegeben hat, nach Felsengräbern gesucht. Bis heute sind Dutzende von aufwändigen Gräbern entdeckt worden.

politisch so eng verflochten wie nie zuvor – und Ägypten war ein wichtiger Teil von ihr. Seine Produkte und Rohstoffe, seine Ideen, Kenntnisse und religiösen Überzeugungen wurden per Schiff, durch Tiere und Menschen und durch seine Heere in die Ferne getragen. Bald hatte das Neue Reich einen Wohlstand und eine Macht erlangt, die seine frühe Zeit bei weitem übertrafen.

Die östliche Mittelmeerwelt war Tummelplatz ständiger Kleinkriege und diplomatischer Manöver zwischen kleinen wie großen Staaten und Imperien. Sie alle rangen um Anteile am lukrativen Handel, der durch Byblos, Ugarit und andere reiche Häfen der Levante geschleust wurde. Als Ahmose auf den Thron kam, herrschten die Hethiterkönige über die heutige Türkei, ihr begehrlicher Blick richtete sich auf jene nahen Landstriche, die wir heute Syrien nennen.

Die Minoer, das Seefahrervolk von Knossos, kontrollierten einen großen Teil des Olivenöl-, Holz- und Weinhandels von der Ägäis bis zur syrischen Küste und dem Nil. Das Königreich Mitanni am Euphrat wetteiferte mit Babyloniern und Hethitern. Das Gleichungssystem Asien war ein Sumpf mit Treibsand aus Allianzen und nicht eingehaltenen Versprechungen. Ein Pharao nach dem anderen schloss diplomatische Ehen mit asiatischen Königsfamilien, tauschte wertvolle Geschenke aus, bestach Herrscher strategisch relevanter Städte mit Gold und führte überall in der Levante Krieg. Ihr Überleben hing von ihren militärischen und diplomatischen Fähigkeiten ab.

DIE BEFRIEDUNG DER NUBISCHEN BOGENSCHÜTZEN

Kahmose, Pharao der 17. Dynastie, der nur kurz und vor Ahmose herrschte, hatte, vermutlich um einer drohenden Invasion im Süden vorzubeugen, in Unternubien Krieg geführt, als er die Hyksos angriff. Er traf auf wenig Widerstand. Das Königreich Kusch hielt sich aus den nachfolgenden Kriegen im Norden heraus. Erst in seinem 22. Regierungsjahr richtete Ahmose I. sein Augenmerk auf Nubien. Er marschierte nach Süden, wobei ihm Nubier in Massen zum Opfer fielen, und besetzte einige seit langem verlassene Garnisonen neu. Sein Nachfolger Amenophis I. führte einen weiteren Feldzug nach Süden, wobei »Seine Majestät den nubischen Bogenschützen inmitten seiner Armee erschlug«. Der allgegenwärtige Ahmose, Sohn von Ebana, hält fest, wie die Gefangenen »in Fesseln fortgeführt wurden, ohne dass auch nur einer fehlte, und die Fliehenden erschlagen wurden, als habe es sie nie gegeben«. Ahmose wurde mit Gold und Sklaven belohnt sowie mit dem Titel »Krieger des Herrschers« ausgezeichnet.

Die Situation war bis etwa 1491 v. Chr., dem zweiten Jahr unter Thutmosis I. kurzer Herrschaft, ruhig geblieben, da bedrohten Aufstände und Unruhen die Sicherheit der Handelswege. Thutmosis war ein älterer Mann, der die Tochter von Ahmose, dem Befreier, geheiratet hatte.

An den Wänden des Grabes von Amenophis II. gleitet die Sonnenbarke mit dem widderköpfigen Sonnengott durch die Unterwelt. Eine Göttin hält Amun-Res Feind, die Riesenschlange Apophis, in Zaum. Die Künstler schufen in den Gräbern der verstorbenen Pharaonen eine sichtbare Unterwelt, die als Landkarte für eine sichere und erfolgreiche Fahrt durch das Jenseits sorgen sollte.

Die Amtszeit des erfahrene Soldaten kennzeichnet eine Reihe von brillanten militärischen Operationen in Nubien. Er segelte mit einer großen Flotte südwärts. Wieder war Ahmose, Sohn von Ebana, mit von der Partie, diesmal zum Truppenführer ernannt, weil er ein Boot dank überragenden Könnens durch reißende Stromschnellen geführt hatte. Die Ägypter stießen kaum auf Widerstand, da die meisten Garnisonen anscheinend in aller Stille, wie bereits ein Jahrhundert zuvor, als die Nubier die Macht übernommen hatten, die Seiten gewechselt hatten. Somit kam es zur einzigen Schlacht in Buhen, wo die Nubier erbitterten Widerstand leisteten.

Der Ausgräber Walter Emery hat Tausende von Kerma-Keramikfragmenten in den Räumen der niedergebrannten und geplünderten Festung sichergestellt. »Seine Majestät wurde wütend wie ein Leopard. Seine Majestät schoss, und sein erster Pfeil traf die Brust dieses Feindes.« Man kann sich die Hitze und den erstickenden Staub vorstellen, die Schwärme von Pfeilen, die, auf kurze Distanz abgefeuert, tödlich sind. Männer umklammern Pfeilschäfte in ihren Brüsten und verbluten. Andere machen kehrt und laufen davon, nur um im Geschosshagel, der ihnen folgt, zu fallen. Dann werden das gellende Kriegsgeschrei der Streitwagenlenker und das Trommeln der Pferdehufe immer lauter, als der Pharao den Angriff auf das Gewühl der nubischen Truppen befiehlt. Als die Ägypter ihre Verluste zählen und Hunderte von Gefangenen zusammentreiben, kreisen über ihnen die Geier.

Von der neu errichteten Festung bei Tombos aus griff der Pharao Kerma wiederholt an und ging danach daran, bis in das Herz Nubiens, weit stromaufwärts des Vierten Katarakts, vorzudringen. Der königliche Feldzug dauerte ein Jahr und geriet zum Triumph des inzwischen gefürchteten ägyptischen Heeres. Thutmosis segelte mit Beute beladen nach Norden; den Körper des Rebellenanführers hatte er, Kopf nach unten, am Schiffsbug aufhängen lassen.

Die Ägypter befestigten Obernubien nun dauerhaft mit Garnisonen, um sicherzustellen, dass der Flusshandel mit dem Norden störungsfrei verlief. Und Thutmosis unternahm erfolgreiche Kriegszüge nach Asien, wo er am Euphratufer eine Grenzstele errichten ließ.

GRÖSSTER DES HIMMELS, ÄLTESTER DER ERDE

Zu Hause zogen die Pharaonen der 18. Dynastie die Zügel im Land straffer. Sie legten einen großen Teil Verantwortung in die Hände örtlicher Gouverneure, unterhielten aber zugleich im Interesse von Gesetz und Ordnung ein stehendes Heer. Für die Pharaonen war Krieg die unausweichliche Antwort auf gegnerische Provokation. Sie standen an der Spitze eines zunehmend militaristischen Staates, in dem Könige als lebende Götter, aber auch als tapfere, in der Schlacht siegreiche Krieger verehrt wurden.

Siege waren ausgezeichnete Propaganda – ebenso wie Tapferkeit in der Schlacht. Die Pharaonen des Neuen Reiches erinnerten jeden ständig an ihren Mut. Etwa 1420 v. Chr. rühmte sich Amenophis II., wie er in seinem »nördlichen Garten«, in dem »er vier Ziele aus asiatischem Kupfer, eine Hand dick, an Pfosten im Abstand von 20 Ellen vorfand, die man für ihn errichtete hatte«, eine erfolgreiche Schießübung absolvierte. Der Pharao traf, in voller Fahrt schießend, jedes Ziel.

Alle Pharaonen widmeten Truppen wie Göttern größte Aufmerksamkeit. Das Heer war nicht länger Sache der Provinzen, sondern wurde der Zentralregierung unterstellt. Der Militärdienst wurde zum geachteten Beruf. Die Pharaonen waren in hohem Maße auf einheimische Ägypter und gut bezahlte Söldner angewiesen, die sie mit großzügigen Beuteanteilen, Lehen und anderen Vergünstigungen belohnten. Standardisierter Drill, gerade für Streitwagenlenker, wurde die Regel.

Die Bindungen zwischen Pharao und Militär wurden so eng, dass sich der Herrscher an seinem Hof mit einem Netzwerk politischer Verbündeter umgab. Viele von ihnen waren die Söhne fremder Fürsten – manche waren zur Festigung der Beziehungen entsandt worden, andere waren Geiseln, die bei Hofe erzogen wurden. Sie wurden zuerst Kriegskameraden des Königs und rückten später in hohe Beamtenpositionen auf. Auf diesem Wege knüpfte der Pharao direkte Kontakte innerhalb der konservativen und oft schwerfälligen Bürokratie.

Der König achtete auch sorgsam darauf, dem Sonnengott Amun-Re höchste Ehrungen zu erweisen. Die Tempel und Besitzungen des Amun waren so reich, dass seine Priester zu mächtigen, gelegentlich sogar beherrschenden Faktoren in Staatsfragen wurden. Theben, oder Waset, war Mittelpunkt der politischen Verwaltung des Südens. Es war eine heilige Stadt, in der Jahr um Jahr die wichtigsten mit dem Gottkönigtum verbundenen religiösen Feste abgehalten wurden. Die Dichtung der Zeit feiert die lebenswichtige Bedeutung Thebens als »Vorbild für jede Stadt. Wasser wie auch Erde waren seit Anbeginn der Zeit in ihr ... Und so wurde in ihr die Menschheit geboren zu dem Zweck, jede Stadt in ihrem rechten Namen zu gründen. Denn alle werden nach dem Beispiel von Theben ›Stadt‹ genannt.« Vor allem aber war Theben die Stadt des Amun.

Als »Größter des Himmels, Ältester der Erde« war der in den Pyramidentexten des Alten Reiches erwähnte und seit langem mit Theben in Verbindung gebrachte Amun eine der ältesten Gottheiten Ägyptens. Als die Pharaonen in Ägypten härter durchgriffen, gewann auch ihr Schutzgott an Prestige. Ahmose, der Befreier, überhäufte die Tempel des Amun aus Dankbarkeit für seine Siege mit Geschenken. Seine Nachfolger schmückten die Heiligtümer des Gottes in Karnak und Luxor und gestalteten sie um. Sie legten Wert darauf, den verschwenderischen, das ganze heilige Jahr hindurch stattfindenden Festen beizuwohnen.

Amuns Name bedeutet »verborgen«. Er war »unergründlich«, ein unter der Herrschaft des großen Pharao Ramses II. verfasster, theologischer Text beschreibt ihn als »vor den Götter verborgen, und sein Aussehen ist unbekannt ... Kein Gott kennt seine wahre Gestalt ... Keiner kann über ihn genaues Zeugnis ablegen. Er ist zu verschwiegen, um seine Schrecklichkeit zu enthüllen, er ist zu groß, als dass man ihn erforschen, zu mächtig, als dass man ihn kennen könnte.« Er wurde der wichtigste der Götter, eine Gottheit, die über der gesamten erschaffenen Welt stand. Amuns unbekannte Eigenschaften unterschieden ihn von allen anderen Göttern, deren Bedeutung aus der Natur resultierte. Er war die überlegene Ursache, das Göttliche, dessen wahrnehmende Äußerungen die Natur durch das vermittelnde Tun des Ptah, der obersten Gottheit von Memphis, schufen. Alle anderen ägyptischen Schöpfergottheiten wurden zu Manifestationen des Amun: »Alle Götter sind drei: Amun, die Sonne und Ptah, ohne ihre Zweiten. Seine Identität als Amun ist verborgen, sein Gesicht ist die Sonne, sein Körper ist Ptah.«

Wiewohl er selbst unergründlich gewesen sein mag, in Erscheinung tritt Amun zumeist als mit zwei großen Federn geschmückter Mann. Manchmal kannte man ihn als »Fürst über den Thron der Zwei Länder« oder als »König der Götter«. Als Amun-Re verschmolz er mit dem Sonnengott Re. Amun-Re verkörperte die Transzendenz von Amun und seine wahrhaftige Erscheinung in Form der Sonne. Die Lehre seiner Transzendenz blühte das ganze Neue Reich hindurch, als die großen Tempel von Karnak und Luxor die Zentren der Staatsreligion wurden.

Folgende Seiten: Die Obelisken von Thutmosis I. und Königin Hatschepsut überragen den Großen Amun-Tempel in Karnak, der Teil des größten, jemals errichteten Tempelkomplexes war. Generationen von Pharaonen gaben für Ipet-isut, »den Erwähltesten aller Orte«, Vermögen aus und ließen das Heiligtum zu Ehren Amuns und ihrer eigenen Taten neu gestalten.

Amuns »Kathedrale« war der antike Tempel in Karnak, am nördlichen Stadtrand. Pharao Thutmosis I. brüstete sich, wie er ihn umgestaltete und den Tempel unter der Aufsicht seines Architekten Ineni wieder aufbauen ließ. Und er vergaß nicht sich zu rühmen: »Ich machte die Grenzen Ägyptens so weit wie das, was die Sonne umkreist ... Ich machte Ägypten jedem Land überlegen.« Amun wurde Reichsgott eines kaiserlichen ägyptischen Staates.

Der Große Tempel des Amun in Karnak, die größte je errichtete Weihestätte, wurde von Generationen von Pharaonen geschmückt und erweitert. Die Ägypter nannten ihn Ipet-isut, den »Erwähltesten aller Orte«, in dem Amun seinen Bezirk und seinen Großen Tempel hatte, der im Süden an die Einfriedung seiner Gemahlin Mut und im Norden an den Bezirk für Montu, den ursprünglichen Falkengott der Thebaner, grenzte.

Dem Tempel lagen eine Nord-Süd- (Nil) und eine Ost-West-Achse zugrunde, und er folgte mehr oder weniger dem Standardgrundriss mit Pyloneneingang, der zu einem offenen Hof, dann zu einer prächtigen Hypostylenhalle führt. Die Halle, eines der Meisterwerke des alten Ägypten, ist ein Wald monumentaler Säulen, der das göttliche Himmelsreich über der Erde repräsentiert. Die 134 Säulen der Hypostyle, jede 24 Meter hoch, stellen die dichte Sumpfvegetation dar, die den Urhügel der Schöpfung umgab, den wiederum der innerste Tempelschrein verkörpert. An einem Spätnachmittag im Winter wirken die an den Säulen sich brechenden Sonnenstrahlen wie Sonnensprenkel unter Bäumen.

Amelia Edwards, Reisende in viktorianischer Zeit, verglich die Säulen treffend mit einem dichten Hain kalifornischer Redwoodbäume. Die Halle führt in das Allerheiligste, in das Herz des Tempels, die innerste Kammer des göttlichen Heims. Amuns aus hartem Stein gebauter und durch metallverkleidete Holztüren geschützter Schrein galt als Teil des Himmels auf Erden. Nur dem Pharao und den ranghöchsten Mitgliedern der Amun-Priesterschaft war der Zutritt zu dem Raum, in dem das Abbild des Gottes stand, gestattet. Amenophis III. schrieb über Karnak: »Die Säulen reichen in den Himmel wie die vier Himmelssäulen.«

Einmal jährlich, im zweiten Überschwemmungsmonat, machte sich der große Gott Amun-Re von Karnak aus auf den Weg zu seinem Schrein in Luxor, zwei Kilometer flussaufwärts. Beim »Opet des Südens« besuchte der Gott den Amun, der im dortigen Tempel wohnte. In einer Prozession trugen die Priester die hinter Vorhängen taktvoll verborgenen Statuen von Amun, seiner Gemahlin Mut und deren Sohn Chons in geweihten Barken auf ihren Schultern. Eine gewaltige Menschenmasse begrüßte die Prozession, wenn sie den Tempel verließ.

Das Volk kniete oder jubelte, Musikanten spielten, Tänzer wiegten sich für die Götter. Immer wieder hielten die Götter, um auszuruhen, an eigens errichteten Kiosken an, wo Opfergaben bereit lagen. Manchmal trat ein Bittsteller vor die Götterbarke hin und flehte den Gott um ein

Urteil an. War der Gott gnädig gestimmt, konnte der Bittsteller sein Anliegen äußern. Bewegte sich die Barke vorwärts, war die Antwort Ja, rückwärts bedeutete Nein.

In Luxor schwoll der Lärm zum Crescendo. Der Gott hielt vor einem Schrein außerhalb des Tempels. Mitglieder der königlichen Familien und hohe Würdenträger hießen ihn mit Gaben und Opfern willkommen. Dann bewegte sich Amun zu den Schreinen im Tempel, in dem aufwändige Rituale begannen. Er besuchte eine besondere Verkörperung seiner selbst, um sich zu verjüngen. Symbolische Hochzeitszeremonien unterstrichen erneut die göttliche Abkunft des Pharaos. Auf dem Höhepunkt des Opet betrat der Pharao in Begleitung seiner Priester den Amun-Schrein. Dort, in der dunklen, weihrauchschwangeren Kammer, vereinigte er sich aufs neue mit seinem Ka. Anschließend erschien er dramatisch, auf wunderbare Weise in ein göttliches Wesen, das »vornehmste aller lebenden Kas«, transformiert, wieder vor der Öffentlichkeit. Die Götter kehrten, diesmal über den Fluss und vom Pharao in seiner königlichen Barke begleitet, im Triumph nach Karnak zurück.

Opet war ein sorgfältig inszeniertes Spektakel mit dem öffentlichen Auftritt der göttlichen Familie Ägyptens in Anwesenheit des Pharaos, der etwas von der Macht des Gottes in sich aufnahm. Das Fest bekräftigte die Bindung zwischen den Ägyptern und den Göttern, die ihre Welt bewohnten. Opet war so wichtig, dass das ursprünglich elftägige Fest bis zum Ende des Neuen Reiches auf 20 Tage ausgedehnt werden musste. Karnak und Luxor lieferten den Aufsehen erregenden Hintergrund für diese höchst bedeutsamen Rituale, die Macht und Autorität des Pharaos bestätigten. Interessanterweise feiern die Thebaner heute, am selben Tag, an dem das Opet stattfand, ein Fest zu Ehren zweier heiliger Scheichs. Einer von ihnen ist in einer Moschee bestattet, die man im Tempel von Luxor errichtete, der andere in der Nähe von Karnak. Bestandteil des Festes ist eine große Prozession von Karnak nach Luxor, bei der man – ganz wie einst im alten Ägypten bei der Überführung der Götterstatuen in Barken – sogar Boote trägt!

Das Opet-Fest machte die persönliche Anwesenheit des Königs erforderlich, selbst wenn er im Norden in Memphis residierte. Seine Reisen von und nach Theben wurden königliche Umzüge im Achet, der Jahreszeit der Überschwemmung. Jede Nacht hielt er in einer anderen Stadt, in der dem örtlichen Bürgermeister die Aufgabe zufiel, den König und sein Gefolge zu bewirten. Kein Pharao versäumte das Opet, denn es symbolisierte Beständigkeit, das Fortschreiten der Geschichte. Das Fest war ein Prunkumzug, ein königliches Legitimierungsexerzitium – eine Synthese aus Mythos, uraltem Ritual, Architektur und reinstem Schauspiel. Selbst ein Usurpator als Pharao konnte durch das Opet eingebunden werden. General Haremhab, der sich um 1391 v. Chr. des Thrones bemächtigte, feierte seine Krönung, indem er sie mit dem Opet kombinierte und so seinen Anspruch auf die Herrschaft durch seine Vorgänger in der Geschichte legitimierte.

KÖNIGIN HATSCHEPSUT WIRD KÖNIG

Thutmosis I. starb um 1485 v. Chr. Seine zwei ältesten Söhne waren vor ihm gestorben, und so ging der Thron an seinen jüngeren dritten Sohn, Thutmosis II., den Sohn einer Nebenfrau, über. Der Hof verheiratete ihn mit seiner Halbschwester Hatschepsut, der ältesten Tochter von Thutmosis I. Als Ehepaar herrschten sie gemeinsam, bis der Pharao nach erfolgreichen Kriegszügen gegen Nubien und Syrien mit Anfang dreißig starb. Der sterbende König mag sich des Ehrgeizes seiner Frau bewusst gewesen sein, denn er ernannte seinen einzigen Sohn als Thutmosis III. zu seinem Nachfolger. Diese Wahl dürfte wenig populär gewesen sein, denn der junge Pharao stammte von einem Haremsmädchen namens Isis. Unweigerlich fungierte Hatschepsut mit Unterstützung hoher Hofbeamter als Mitregentin des neuen Königs. Ob dies ihren Bestrebungen allein zuzuschreiben war oder politischer Notwendigkeit entsprang, ist nicht bekannt. Wenn dies ein politischer Zug war, müssen die Umstände höchst ungewöhnlich gewesen sein, denn nur selten wurde eine Frau zur Verkörperung des männlichen Horus.

Der Hofbaumeister Ineni hält fest, wie Hatschepsut »die Angelegenheiten der Zwei Länder ihren Plänen entsprechend regelte. Ägypten wurde gezwungen, mit gebeugtem Haupt hart für sie, den trefflichen Spross des Gottes, zu arbeiten.« Mit brillantem politischen Opportunismus manipulierte sie den Amun-Kult in Karnak und sorgte dafür, dass sie selbst während des Opet-Festes öffentlich zum nächsten Monarchen gewählt wurde. Für ihren berühmten Roten Tempel in den Bezirken von Karnak gab Hatschepsut Inschriften in Auftrag, die erzählten, wie Amun ihren Aufstieg zum Thron prophezeit habe, »durch ein sehr großes Orakel ..., das für mich das Königtum über die Zwei Länder, Ober- und Unterägypten, verkündete«. Hatschepsut achtete sorgsam darauf, Titel zu wählen, die ihre Herrschaft legitimierten. Sie nahm die weiblichen Horustitel Wosretkau und Chnemetamun Hatschepsut an: »Sie, die Amun umarmt, die Trefflichste unter den Frauen.« Anfangs wurde sie als Frau dargestellt, doch nach einiger Zeit zeigen ihre offiziellen Porträts und Skulpturen sie mit allen Insignien männlichen Königtums.

Als die Königin das Heft der Regierung fester in der Hand hatte, gab sie ihren Aufsehen erregenden, in ein natürliches Amphitheater aus Klippen eingefügten Totentempel in Deir-el-Bahari in Auftrag. Die Inschriften dort machen viel Aufhebens von ihrer Krönung zum Pharao vor dem gesamten Hof in Anwesenheit ihres Vaters Thutmosis I. Den Inschriften zufolge wählte der König den ersten Tag des neuen Jahres als Glück verheißenden Tag ihrer Krönung. Die gesamte Szene, einschließlich der angeblichen Unterstützung durch ihren Vater, ist schlichtweg erfunden und reine Maßnahme für die Öffentlichkeitsarbeit. Hier erinnert sie an ihre Verdienste, besonders ihre berühmte Expedition in das Land Punt. Reliefs auf dem Portikus zum zweiten Hof

ÄGYPTENS MÄCHTIGER WEIBLICHER KÖNIG

Königin Hatschepsut ernannte sich 1473 v. Chr. zum Pharao. Die ambitionierte Frau, die 15 Jahre regierte, übernahm alle männlichen Titel und Attribute des königlichen Amtes. Für ihren Totentempel Djeser-dje-seru, »Heiligstes des Heiligen« (rechts) wählte Hatschepsut das natürliche Amphitheater der Klippen von Deir-el-Bahari. Das teilweise rekonstruierte Heiligste des Heiligen benötigte 15 Jahre Bauzeit. Besucher näherten sich vom Nil aus über einen fast 37 Meter breiten, von Sphinxen gesäumten Weg. Der Tempel selbst teilte sich auf in drei, durch Säulen getrennte und über ansteigende Rampen verbundene Höfe. Die Tempelwände zeigten die Sümpfe Unterägyptens und das Brechen und Transportieren großer roter Obelisken in Oberägypten. Der Portikus des zweiten Hofes erzählt die Geschichte der Expedition der Königin in das Land Punt. Auf einem Relief empfangen König und Königin von Punt (oben) die Besucher, die mit wertvollen Metallen und Pflanzen zurückkehrten.

Der kartuschenförmige Sarkophag aus rotem Granit (gegenüberliegende Seite, unten) von Pharao Thutmosis III., einem der größten Kriegerkönige Ägyptens (gegenüberliegende Seite, oben rechts), steht in seiner Grabkammer. Gemalte Auszüge aus dem *Totenbuch* bedecken die Wände wie Schriftrollen. In einem von Touristen verstümmelten Gemälde isst Thutmosis vom Baum des Lebens.

des Tempels zeigen die Expedition bei der Abfahrt am Roten Meer und ihre Ankunft in Punt, einschließlich des ältlichen Herrschers von Punt, Perehu, und seiner riesigen Königin, Eti, in Begleitung ihres Esels. Seine Höflinge tragen Geschenke für den ägyptischen Expeditionsleiter Panehsy. Zu sehen ist, wie man die Schiffe der Expedition mit Säcken von Myrrheharz und Myrrhebäumen mit durch Körbe geschützten Wurzelballen belädt. Männer tragen Ebenholz, Gold, Elfenbein, Weihrauchhölzer und Leopardenfelle. Affen, Hunde und Einheimische mit ihren Kindern drängen sich an Bord, um nordwärts zu reisen. Die Ägypter zahlen für ihre reiche Fracht mit Glasperlen, Armspangen und Waffen. Wochen später läuft die Expedition im Triumph in Theben ein. Hatschepsut weiht Amun Berge von Myrrhe.

Über Hatschepsuts gesamte Herrschaft hinweg regierte Thutmosis III. zumindest dem Namen nach mit ihr. Er mag den größten Teil seiner Zeit im Heer verbracht haben, denn Hatschepsut war keine militärische Führerin. Die Jahre waren gut investiert. Als die Königin 1458 v. Chr. nach etwa 15 Jahren Herrschaft starb, bestieg Thutmosis den ihm rechtmäßig zustehenden Thron. Unter dem Banner von Amun machte er sich umgehend auf, die östliche Grenze angesichts der Übergriffe durch asiatische Fürsten wieder zu festigen. Thutmosis war ein entschlossener Heerführer. In zehn Tagen marschierten seine Krieger durch die Wüste vom Nil bis nach Gaza, eroberten die Stadt, und rückten weiter auf die Festung Megiddo vor, die sich gegen die ägyptische Herrschaft erhoben hatte. Thutmosis beschloss, sich der Stadt nicht über eine nahe liegende Route zu nähern, sondern über einen engen Pass. Seine Offiziere warnten ihn vor möglichen Hinterhalten, doch Thutmosis durchquerte wagemutig an der Spitze seiner Truppen das gefährliche Flusstal. Die Taktik überrumpelte die Bewohner von Megiddo.

Am nächsten Tag stellte sich der Pharao zum Kampf. Thutmosis, »bedeckt von seiner glänzenden Rüstung wie der starkarmige Horus, zog aus in einem Streitwagen aus feinem Gold«. Die Megiddo-Krieger wurden verjagt, sie flüchteten zur Stadt »mit Gesichtern voller Angst, ihre Pferde, ihre Streitwagen aus Gold und Silber zurücklassend, dass man sie, da die Tore sich schlossen, an ihren Kleidern an den Wänden hochzöge. Statt sich ihren Vorteil zunutze zu machen, blieben die Ägypter unklugerweise zurück, um zu plündern. Megiddo hatte Zeit, seine Befestigungen zu verstärken, und fiel erst nach siebenmonatiger Belagerung. In der Zwischenzeit unterwarf Thutmosis III. das umliegende Territorium. »Die Prinzen dieses fremden Landes kamen auf ihren Bäuchen, um den Boden vor der Macht seiner Majestät zu küssen«, und brachten reichlich Tribut mit. Nicht umsonst hat der amerikanische Ägyptologe James Breasted Thutmosis III. »den Napoleon des alten Ägypten« genannt.

In den nächsten 18 Jahren unternahm Thutmosis Sommerfeldzüge gegen syrische Städte; nicht selten verschiffte er sein Heer vom Nil ans Rote Meer. Nach diesen Feldzügen waren die bedeutende Stadt Kadesch und mehr als 350 kleinere Zwingburgen und Städte in ägyptischer Hand. Viel von der Beute aus den Kriegszügen des Pharaos wurde darauf verwandt, die ohnehin bereits prunkvollen Schreine der Tempel in Karnak zu zieren.

Während der letzten zwölf Jahren seiner Regierung konnte sich der Pharao in dem Bewusstsein, dass sein Königreich sicher und in Richtung Asien sowie Nubien seine größte Ausdehnung hatte, auf seinen Lorbeeren ausruhen. Thutmosis III. regierte in großer Pracht, umgeben von wohlhabenden und höchst kompetenten Beamten. Die Verwaltung des Königreichs hing völlig von der Effizienz und dem guten Willen der königlichen Beamten – und schließlich von dem entscheidenden Beispiel, das der Monarch selbst gab, – ab. Die Gruft von Thutmosis' Wesir Rechmire hat eine Rede bewahrt, die der Pharao bei seiner Amtseinsetzung hielt, ihr Thema: Hingabe und Verantwortung:

Er ist das Kupfer, das das Gold im Hause seines Herrn schützt... / Er ist keiner, der sein Gesicht vor Verwaltungsbeamten und Ratgebern beugt, / Keiner, der sich an seinen Schutzbefohlenen bereichert... / Das Land ist begierig [nach dem Rat des Wesirs]; / Achte darauf, dass alles nach dem Gesetz geschieht, / Dass alles genau richtig getan wird, / [Einem Mann] seine Rechtfertigung [gebend].

Thutmosis stand bis zu seinem Tod an der Spitze eines blühenden Königreichs. Sein Sohn Amenophis II. folgte ihm 1426 v. Chr. auf den Thron und griff umgehend in Syrien ein, um die dortigen Aufstände zu ersticken. In seinem dritten Regierungsjahr wandte er sich gegen die aufrührerischen nubischen Häuptlinge, ließ sieben gefangen genommene Anführer hinrichten und am Bug seines Schiffes aufhängen. Sechs wurden im Tempel des Amun-Re in Karnak aufgehängt, der siebte in der nubischen Stadt Napata, »um die siegreiche Macht Seiner Majestät auf immer und ewig sichtbar zu machen«. Im Königreich herrschte nun Frieden, an Ägyptens Grenzen Ordnung. Sein Nachfolger Thutmosis IV. kam etwa 1400 v. Chr. auf den Thron und zementierte das Bündnis mit Ägyptens arabischen Rivalen, dem Königreich Mitanni am Euphrat, durch eine Ehe mit einer Tochter des Herrschers. 1390 ging der Thron an den Sohn von Mutemwiya, einer seiner Hauptfrauen. Amenophis III. war zwischen zehn und zwölf Jahre alt.

DIE BLENDENDE SONNENSCHEIBE

Die Ägypter erklärten eine königliche Geburt anhand der sexuellen Vereinigung der Mutter des Pharao mit Amun, der zeitweilig die Gestalt ihres Ehemannes annahm. Der Geburtsraum in Luxor gedenkt der Geburt von Amenophis III. »Als er [Amun] sich in die Majestät dieses Ehegatten, König von Ober- und Unterägypten verwandelt hatte ...,

Folgende Seiten: Der berühmte Sonnenhof des für Amenophis III. geschaffenen Großen Amun-Tempels von Luxor, der der Lieblingstempel des Pharaos war. Er ließ den Schrein verschwenderisch ausstatten, einen mehrräumigen Komplex an der Südseite errichten und sein Meisterwerk durch diesen Hof vollenden.

fand er sie in der Schönheit ihres Palastes ruhend. Sie erwachte vom Wohlgeruch des Gottes ... Er ging direkt auf sie zu ..., und er erlaubte ihr, ihn in seiner Gestalt als Gott zu sehen... Sie frohlockte ob seiner Schönheit, und Liebe zu ihm durchfuhr ihre Glieder ... Worte, gesprochen von Amun-Re, Fürst des Thrones der Zwei Länder, vor ihr: ›Amenophis, Herrscher von Theben, ist der Name dieses Kindes, das ich in deinen Körper gelegt habe ... Er wird wie Re auf ewig über die Zwei Länder herrschen.‹« Dies war der Moment, in dem sich das königliche Ka bildete, die unsichtbare und unsterbliche Lebenskraft, die seit Anbeginn der Zeiten und von den königlichen Vorfahren auf den Pharao niederkam.

Der neue Pharao heiratete eine Frau ohne königliche Abstammung namens Teje, die Tochter eines adligen Paares, Juja und Tuja. Im fünften Jahr seiner Herrschaft führte er Krieg gegen aufrührerische Stammesfürsten. Prahlerisch berichten Stelen vom Mut des Königs, dem »Löwen mit den grimmigen Augen, dessen Klauen das schändliche Kusch ergriffen, der alle seine Häuptlinge in ihren Tälern niedertrampelte«. Die übliche königliche Rhetorik, keine Frage, ebenso wie die Rede über sein Können als großer Jäger. Schon als Junge hatte Amenophis III. die Jagd geliebt. Hunderte von Soldaten trieben wilde Stiere, Elefanten oder Löwen in riesigen Gehegen zusammen. Dann preschte Amenophis in voller Amtstracht in seinem von prächtigen Pferden gezogenen Kriegswagen vor und malträtierte die eingesperrten Tiere mit Pfeilen und Speeren. Das Gemetzel muss beeindruckend gewesen sein. Ein Gedächtnis-Skarabäus vermerkt pflichtschuldigst: »Seine Majestät bewegte sich auf all die Wildstiere zu. Deren Zahl: 170 Wildstiere. Die Zahl der Tiere, die Seine Majestät an diesem Tag erjagte: 56 Wildstiere.« Nicht weniger als 123 Skarabäen dieser Art berichten, Amenophis habe im ersten Jahrzehnt seiner Herrschaft 102 Löwen »mit eigenen Pfeilen« erlegt. Alles sorgfältiges Kalkül, um das Image eines göttlichen Herrschers, großen Kriegers und unfehlbaren Jägers zu formen, der über die Mächte des Chaos und des Bösen triumphiert.

Amenophis nannte sich selbst »Blendende Sonnenscheibe«. Die offizielle Ideologie huldigte ihm als Herrn der Welt von Mykene bis Babylon und zeigte ihn, Feinde und Gefangene zertretend. Solch hochtönende Träume entsprachen dem Geist der Zeit, tatsächlich aber waren Ägyptens außenpolitische Beziehung weitaus komplexer. Wie nie zuvor war es ein kosmopolitisches Land mit der Macht und dem Reichtum, deren es bedurfte, um in der östlichen Mittelmeerwelt eine beherrschende Stellung einzunehmen. Amenophis war ein meisterhafter Diplomat, ein Genie, wenn es um Schmeichelei, den strategischen Einsatz von reichen Geschenken und politischen Heiraten ging. Der große Pharao verstand sich auf das komplizierte Gleichgewicht der Kräfte, das den Frieden zwischen den ehrgeizigen Staaten um das östliche Mittelmeer aufrecht erhielt, und er hatte die militärische Macht und den verwirrenden Reichtum, um seinem

EIN ÜBERLEBENSGROSSER PHARAO

Amenophis III. (oben), die »Blendende Sonnenscheibe«, war ein Meister der diplomatischen und politischen Intrige. Der Totentempel von Amenophis (links) am Westufer des Nils, gegenüber dem Tempel von Luxor, spiegelt seine Vorliebe für extravagante Aussagen und üppige Zurschaustellung wider. Zwei fast 20 Meter hohe Sandsteinstatuen von Amenophis bewachen den einstigen Eingang des ehedem riesigen Gebäudes. Seit dem Erdbeben von 27 v. Chr. haben sich hier griechische und römische Reisende versammelt, um dem glockenähnlichen Ton einer der beiden Figuren zu lauschen, der durch den sich bei Sonnenaufgang ausdehnenden Stein verursacht wurde. Die durch Kaiser Septimius Severus veranlassten Reparaturen brachten ihn für immer zum Schweigen. Jeden Sommer ließ die Überschwemmung nur das innerste Heiligtum, einen kleinen Hügel, wasserfrei. Das jährliche Hochwasser hat den Tempel schließlich zerstört.

Wort Nachdruck zu verleihen. In einer Welt, in der öffentliche Zurschaustellung alles war, gab es für die ägyptischen Pharaonen wenig Konkurrenz.

Etwa 1887 entdeckten ein paar Bauern bei der Stadt Amarna, der Königsstadt von Amenophis' Nachfolger und Sohn Echnaton, ein Versteck aus zerbröckelnden Tontäfelchen. Niemand weiß, wie viele der Tafeln mit keilförmigen Inschriften aus den Archiven des Pharao im Prozess ihrer Entdeckung verloren gingen. Etwa 350 auf den Tafeln eingeritzte diplomatische Briefe zeugen von Amenophis' außenpolitischem Talent.

Es ist, als säßen wir neben ihm, während er mit Tontafeln einen diplomatischen Krieg führt. Wir sehen ihn, wie er, Gold aus Ägyptens scheinbar unerschöpflichen Vorräten – die Währung ägyptischer Macht – versprechend, diplomatische Ehen aushandelt. Wir erfahren, dass er im zehnten Jahr seiner Herrschaft bereits mit der Tochter von König Tuschratta von Mitanni verheiratet war, wodurch er die Allianz seines Vaters mit dem uralten Rivalen festigte. Dieser strategische Zug hielt die aggressiven Hethiter auf der entfernten Seite des Taurusgebirges in Schach und brachte Ägypten einen wertvollen Verbündeten in der fruchtbaren Sichel ein.

Amenophis war ein eingefleischter Dauerbräutigam. Nacheinander warb er um die Nichte der Prinzessin von Mitanni, zwei babylonische Prinzessinnen und die Tochter des Königs von Arzawa. König Kadaschman-Enlil von Babylon zögerte. Er beschwerte sich, der Pharao habe

Amarna, Hauptstadt unter Echnatons Regierung, war Paradestück der Aton-Anbetung. Echnatons Baumeister wählten einen von Klippen umringten Platz am Fluss. Die Stadt säumte den Nil auf 13 Kilometer. Tempel und wichtigste öffentliche Gebäude befanden sich im Zentrum des durch die Klippen definierten Halbkreises. Die Königsstraße, die Palast und Stadtzentrum verband, verlief parallel zum Fluss.

»meine Streitwagen unter die Streitwagen der *hazanu* [kleinerer syrischer und palästinischer Könige] gemischt: Ihr habt sie wie alle anderen vor dem Land erscheinen lassen, sodass sie für sich allein nicht sichtbar sind.« Er ist zornig darüber, dass seine Schwester, die 20 Jahre zuvor mit dem Pharao verheiratet worden war, unter die anderen Gemahlinnen im Harem gemischt wurde. »Ist sie wirklich meine Schwester? Meine Boten haben sie nicht erkannt …« Der Pharao antwortet kühl, dass sie wohl sei, doch des Königs Botschafter seien »Niemande« gewesen, die eine Audienz nicht verdienten. Für die Ägypter war die babylonische königliche Gemahlin nichts als die Schwester eines ausländischen Vasallen, eines der königlichen Geschenke. Welche diplomatischen Spannungen auch immer die Folge waren, die ägyptische Ideologie verlangte, dass befriedete Feinde sich vor dem Pharao verneigten. Bei anderer Gelegenheit bat der König von Babylon um die Hand einer Pharaonentochter. »Seit undenklichen Zeiten ist keine Königstochter von Ägypten vergeben worden«, war die strikte Antwort. Babylon protestierte, wenn auch erfolglos. Keine ägyptische Prinzessin sollte je Werkzeug der Diplomatie werden.

Amenophis' Währung in Friedensverhandlungen war Gold. Er kannte die unstillbare Gier seiner Rivalen nach dem gelben Metall. Assuruballit, König von Assyrien, schrieb schmeichelnd: »Gold ist in deinem Land wie Schmutz; man sammelt es einfach auf. Warum bist du so sparsam damit? Ich baue einen neuen Palast. Sende mir so viel Gold, wie zu seiner Ausstattung nötig ist.« Er war bitter enttäuscht, als das versprochene Geschenk hinter seinen Erwartungen zurückblieb. Amenophis verteilte Gold mit berechnender Finesse. Einmal versprach er seinem Schwiegervater, König Tuschratta von Mitanni, zwei massive Goldstatuen, sandte aber stattdessen nur zwei vergoldete Bilder. Tuschratta tobte und verlangte weitere Geschenke aus Gold, »das nie zuvor bearbeitet wurde«. Jeder bedeutsame diplomatische Austausch wurde von Schmeichelei und prunkvollen Geschenken in Form von Schmuck oder exotischen Dingen begleitet. Einmal sandte Tuschratta »Zehn Pferdegespanne, zehn hölzerne Streitwagen mit allem, was dazu gehört; und 30 Frauen und Männer«. Mitgiften aus Gold und Ähnlichem beliefen sich nach heutiger Währung auf Hunderttausende von Dollar und waren Teil der Ausgaben, die das diplomatische Geschäft nötig machte. Amenophis erkaufte den Frieden mit Gold und Prinzessinnen.

Wenige Pharaonen verwandten soviel Zeit und Geld auf ihre Selbstdarstellung. Das dreißigste Jahr seiner Regierung feierte Amenophis mit einer Heb-Sed-Zeremonie in Theben, deren Maßstab jahrhundertelang unvorstellbar blieb; sie war die erste von dreien unter seiner Herrschaft. Er ließ im ganzen Königreich reihenweise lebensgroße Statuen seiner selbst errichten. Kunde von den Festivitäten erreichte sogar das ferne Babylon, was den dortigen König zu der Beschwerde veranlasste: »Als du ein großes Fest feiertest, hast du nicht … nach mir geschickt mit den Worten: ›Komm, iss und trink.‹«

Genie, Ketzer oder Wahnsinniger? Das Urteil über Pharao Echnaton, der in seinem 17. Regierungsjahr die bestehende Ordnung der ägyptischen Zivilisation erschütterte, indem er das Licht eines einzigen Gottes, des in der Sonnenscheibe verkörperten Aton, verehrte, steht noch aus. Ein unbekannter Künstler schuf diesen erstaunlich schmalgesichtigen Echnaton mit den vollen Lippen.

Das Heb-Sed war der Höhepunkt nach Jahren des Bauens und der öffentlichen Arbeit. Amenophis war verschwenderisch in seinen Ausgaben für Karnak und befahl umfangreiche Umbauten am Amun-Tempel in Luxor. Er selbst ließ gegenüber von Theben einen kolossalen Totentempel errichten, der in der nächsten Dynastie abgebrochen und fortgetragen wurde. Geblieben sind nur zwei gewaltige Statuen des Pharaos, die über Jahrhunderte fälschlicherweise als die Kolosse von Memnon (von klassischen Schriftstellern nach dem legendären äthiopischen Prinzen benannt, der vor dem homerischen Troja kämpfte) bekannt waren.

Die »Blendende Sonnenscheibe« starb 1353 im siebenunddreißigsten Jahr ihrer Herrschaft. Amenophis wurde in einem großartigen Grabmal im Tal der Könige bestattet.

DER KETZERPHARAO

Genie, Ketzer, Wahnsinniger – der Geschichte mangelt es nicht an Beinamen für Amenophis' Sohn, Amenophis IV. Warum wandte er sich zugunsten Atons, einer einzigen Sonnengottheit, von der Anbetung der traditionellen Götter Ägyptens ab? Warum änderte er seinen Namen in Echnaton, und warum verlegte er seine Hauptstadt so plötzlich an einen neuen Ort auf halbem Weg zwischen Memphis und Theben?

Bereits früh in seiner Herrschaft ließ Echnaton vier neue Tempel in den Bezirken von Karnak erbauen, doch waren sie nicht Amun-Re geweiht, sondern der Sonnenscheibe, Aton; das muss unter der Priesterschaft des Sonnengottes einige Bestürzung ausgelöst haben. Die ideologische Verschiebung setzte sich fort. In seinem fünften Regierungsjahr änderte der König plötzlich seinen Namen von Amenophis (»Amun ist zufrieden«) in Echnaton (»Er, der Aton dient«). Die Änderung entsprang seinem scheinbar ketzerischen Glauben nicht an die Hunderte von traditionellen ägyptischen Göttern sondern an das, was er für die höchste Macht von allen hielt: das Licht der Sonne, das der Erde tagtäglich Leben spendet. Eine berühmte Inschrift beschreibt, wie Echnaton Aton (dem Licht) huldigt, wobei Sonnenstrahlen auf die Erde herabfließen, die in Händen enden, von denen jede ein Anch, die Hieroglyphe für »Leben«, anbietet.

Aton war keine wirkliche Neuheit, da er bereits im Alten Reich als Nebenaspekt des Sonnengottes Verehrung erfahren hatte. Doch Echnaton betete ausschließlich Aton als göttliche, allein dem Pharao zugängliche Kraft an und klammerte damit den Bedarf nach einer Priesterschaft aus. Die Gruft von Echnations Erstem Minister, Eje, gibt eine Hymne an Aton wieder, von der es heißt,der König habe sie selbst geschrieben: »Du erscheinst in Schönheit am Himmelshorizont, du lebendiger Aton, der erstes Leben spendet … Kein anderer kennt dich, außer deinem Sohn Echnaton, du lässt ihn kundig sein deiner Pläne und deiner Macht.« In seinem Grab sagt Eje, der

Königin Nofretete in der herrlichen Pose aristokratischer Gelassenheit. Der deutsche Ägyptologe Ludwig Borchardt fand dieses Meisterwerk in einem Magazin, das zur Werkstatt von Echnatons »Bauaufseher und Bildhauer« Thutmose in Amarna gehörte. Mehr als 20 Prototypen aus Gipsabdrücken von der königlichen Familie und anderen stammten aus dieser Werkstatt.

König selbst habe ihn in der neuen Lehre unterwiesen. Niemand weiß, warum Echnaton seinem unkonventionellen Glauben anhing. Einige Gelehrte sind der Meinung, er habe eine echte intellektuelle Revolution in Gang gesetzt, die erste in der bezeugten Geschichte. Andere vermuten, er sei bemüht gewesen, die politische Macht der Amun-Priester in Theben zu beschneiden.

Echnaton veränderte auch den bestehenden Kunststil. Eine an Bek, Echnatons Oberbildhauer und Bauaufseher, erinnernde Stele erzählt uns, der König persönlich habe die Hofbildhauer angewiesen, einen neuen, freieren Stil zu entwickeln. Brillant reagierten die Künstler mit einem neuen königlichen Stil. Sie stellten Echnaton mit einem verlängerten Gesicht, langem Kinn und einem auf einem langen Hals thronenden großen Kopf dar. Er war an ungewöhnlichen Stellen – um Hüften, Schenkel, um Gesäß und Brust – dick und ging auf spindeldürren Beinen. Generationen von Ägyptologen haben ihm, von seiner seltsamen Erscheinung verwirrt, chronische Krankheiten attestiert oder gar diskutiert, ob er ein Zwitter gewesen sein könnte. Wahrscheinlicher aber ist, dass der Amarna-Stil eine entspannte Sinnlichkeit vermittelte, den die Höflinge des Königs bald nachahmten. Bek selbst bildete sich, wie den Pharao, mit hängendem Bauch und Brust ab.

Dieser naturalistischere Kunststil könnte ein Versuch gewesen sein, das Königtum als etwas anderes, außerhalb der normalen Ebene menschlicher Existenz Liegendes zu beschreiben. Echnaton hielt sich selbst für den irdischen Vermittler Atons, der Quelle göttlicher Kraft für die Menschheit. So stellt er sich und seine Familie in inoffiziellen Posen dar, die wahrscheinlich nicht dazu dienten, Familienwerte zu propagieren, sondern das Bild des Königs als höchsten Gott allen Lebens zu vermitteln. Er beschrieb sich persönlich ständig als jenen, »der von der Wahrheit lebt«, implizierend, er allein verstünde die wahre Offenbarung des Göttlichen. Der Amarna-Stil beinhaltet – deutlich anders als alle Kunstrichtungen vor oder nach ihm – einen erfrischenden und oft bestrickenden Naturalismus.

Königin Nofretete (»Die Schöne ist gekommen«) ist, nach Ramses II. und Tutanchamun, wahrscheinlich die bekannteste Pewrsönlichkeit unter den alten Ägyptern. Die weltberühmte Büste von ihr, heute im Berliner Museum, ist das Porträt einer klassischen Schönheit. Sie erscheint häufig in offiziellen Kunstwerken und vor allem auf den Wänden des Aton-Tempels in Karnak, wo sie mit sogar beim Erschlagen eines Gefangenen mit einer Keule gezeigt wird – wohl kaum die Tat einer unterwürfigen Gemahlin. Sie gebar dem Pharao sechs Töchter. Ihre zweite Tochter Meketaton starb etwa in Echnatons zwölftem Regierungsjahr. In einem Relief der königlichen Gruft sind die von Trauer erfüllten Eltern neben dem hingestreckten Körper zu sehen.

Anfangs tolerierte Echnaton die althergebrachten Götter. Er muss dabei auf so starken Widerstand gestoßen sein, dass er zu drakonischen Maßnahmen griff. Er ächtete Amun, schloss die großen Tempel des Gottes in Karnak und übernahm ihre Einkünfte. Amuns Name wurde von öffentlichen Gebäuden und Denkmalen getilgt. Unvermittelt verlegte der Pharao die königliche Hauptstadt an den jungfräulichen Ort Amarna auf halbem Weg zwischen der traditionellen Hauptstadt Memphis und dem religiösen Zentrum Theben. Der Name der neuen Stadt und des kurzzeitigen Regierungssitzes war Achetaton oder »Horizont des Aton«. Die verlassenen Überreste liegen knapp unter der Oberfläche, sie wurden nicht vom Schutt späterer Städte überlagert – eine Wohltat für Archäologen.

Der König wählte für Amarna ein natürliches Amphitheater aus Felsklippen, die Grenzen markierte er durch 15 große, behauene, in den Fels geschnittene Stelen, die den Pharao mit seiner Familie bei der Anbetung Atons zeigen. Aton habe den König an diesen mit keiner anderen Gottheit verknüpften Ort geführt, erklären sie.

Ein Jahr später kehrte Echnaton zu einem zweiten Besuch zurück und ließ weitere Inschriften in die Klippen meißeln. »Der Bereich zwischen diesen vier Tafeln ... gehört Aton, meinem Vater: Berge, Wüsten, Wiesen, Inseln, Hochebene und Tiefebene, Wasser, Dörfer, Männer, Tiere und all die Dinge, die Aton, mein Vater, auf immer und ewig schaffen wird.« Er schwor auch, in der Nähe der Stadtbezirke bestattet zu werden. Der Pharao ließ seine neue Stadt entwerfen und, unbehindert von den Konventionen der Vergangenheit, schnell anlegen. Sie erstreckte sich, mit einer Bevölkerung von mehr als 20 000 Menschen und reichlich Ackerland umschließend, über eine Fläche von etwa 13 x 5 Kilometern. Er selbst lebte in der Nordstadt, in einem schwer befestigten Palast. Die königlichen Bezirke beherbergten auch ein Verwaltungsgebäude und ein gewaltiges Warenlager. Eine Prozessionsstraße bildete das Rückgrat von Achetaton. Die so genannte Königsstraße führte von der Nordstadt am Palast der ältesten Tochter des Königs, Meritaton, vorbei zur Stadtmitte, wo der Große Palast mit bunt bemalten Hallen, Höfen und gepflasterten Gehwegen errichtet worden war.

Dies muss der Ort gewesen sein, an dem der König Delegationen aus dem Ausland empfing und Amtszeremonien abhielt. Der Pharao saß unter sorgfältig platzierten Sonnendächern, während die fremden Würdenträger gezwungen waren, lange Stunden in der Hitze auszuharren. Der assyrische König Assuruballit I. schrieb einen harschen Beschwerdebrief an Echnaton, sein Thema: »Warum lässt man meine Gesandten in der prallen Sonne stehen? Sie werden in der prallen Sonne sterben. Wenn es dem König wohl tut, in der prallen Sonne zu stehen, dann lasset ihn selbst in der offenen Sonne stehen und lasset ihn dort alleine sterben.«

Eine Ziegelbrücke über die Königsstraße verband die Verwaltungsgebäude mit einem kleinen Amtspalast mit einem Fenster für öffentliche Auftritte, in dem der Pharao sich der Öffentlichkeit zeigte.

Folgende Seiten: In Sonnenstrahlen badend spielen Echnaton und seine Gemahlin Nofretete mit ihren Kindern. Links hebt Echnaton seine Tochter Meritaton hoch, um sie zu küssen. Anchesenpaaton lehnt sich gegen Nofretetes Schulter. Währenddessen sieht Meketaton, die auf den Knien ihrer Mutter schaukelt, Nofretete an und deutet auf ihren Vater.

Kleine Büros, darunter die offiziellen Archive, das »Büro des Schriftverkehrs des Pharaos«, waren über den ganzen Palast verteilt. Der große Tempel des Aton und ein anderer kleinerer Tempel für die selbe Gottheit mit offenen Höfen und Altären, die, anders als die verborgenen Schreine in Karnak und Luxor, den Aton-Kult öffentlich machten, lagen in der Nähe. Der König, allmächtiger Mittler zwischen Nation und Sonne, beaufsichtigte die Festivitäten persönlich.

Alles in Amarna diente dem Sonnengott und seinem lebenden Repräsentanten auf Erden. Der Pharao und seine Familie lebten in prunkvoller Isolation in der Nordstadt und erschienen nur zu offiziellen Anlässen, um mit großem Gepränge zu den Palästen und Tempeln der Innenbezirke herabzusteigen. Echnaton und Nofretete fuhren feierlich in ihren prächtig verzierten Triumphwagen vor, während die königliche Leibgarde, »angeführt vom Polizeichef von Achetaton, Mahu«, an sie gedrängt nebenher lief. Solche Momente königlicher Umzüge unterschieden sich deutlich von jenen der Barken des Gottes Amun, die über die Prozessionsstraße nach Theben gereist waren. In Amarna ritt der König höchstselbst in seiner Rolle als göttlicher Herrscher vor das Volk. Viele seiner förmlichen Audienzen betonten, wie sehr der Hof von ihm abhängig war. Der Pharao in seinen glitzernden Amtsgewändern war ein blendender Anblick.

Grabreliefs berichten, dass der Pharao hohe Beamte vor dem offiziellen Hof vom Fenster aus für öffentliche Auftritte belohnte. Der zu Ehrende näherte sich dem König in einem Hof über eine Baumallee. Ein Schreiber verlas die Titel des Beamten, alte wie neue, und vielleicht einige seiner Verdienste, während der zu Ehrende sich tief verbeugte, wobei seine Stirn siebenmal den Boden berührte. Voller Stolz gab der Höfling Pennifer ein Relief in Auftrag, das zeigt, wie ihm Echnaton Goldketten überreicht, während niedere Beamte und Schreiber weitere Geschenke in eine Truhe packen. Im Verlauf der Zeremonie bringen königliche Diener Amphoren mit Öl und Wein sowie Körbe mit anderen nützlichen Dingen herbei, während weitere Beamte darauf warten, an die Reihe zu kommen.

Die Stadt selbst bestand aus einer Reihe von Vierteln, die der Archäologe Barry Kemp beschrieben hat: »Der König und sein Gefolge treten in den Hintergrund, und hauptsächlich sind es Abbilder, die an seine Gegenwart erinnern. In den Häusern sehen wir Beamte ..., die das gute Leben privater Einkünfte und staatlicher Zuwendungen genießen ..., die ihre Zeit zwischen ihren Stadthäusern und den Heimen ihrer Familien in den Provinzen aufteilen, Briefe schreiben und Besuche machen, um in Verbindung zu bleiben. In den kleineren Häusern drängt sich eine Palette von Menschen geringeren Ansehens: einige Diener, andere Inhaber niederer Beamtenposten, viele stellen Dinge zum Verkauf her ... Geschäftige Leute, Müßiggänger ... einige verzweifelte, viele gehetzte Menschen.«

DAS GUTE LEBEN IN AMARNA

Über 1500 Jahre hinweg hatte sich die ägyptische Königskunst nur wenig verändert. Könige, Königinnen und Adlige trugen unnahbare, perfekte Gesichter zur Schau. Echnaton aber förderte naturalistischere Stile und die Verwendung leuchtender Farben. Die königliche Familie, mit ihren Kindern oder bevorzugten Adligen posierend, spielte in der Kunst eine zentrale Rolle. Es gibt sogar Szenen, die den König und die Königin in Trauer über den Tod ihrer Tochter Meketaton zeigen – bis dahin kein Thema der königlichen Kunsttradition. Echnaton selbst erscheint oft mit verlängertem Gesicht, langen Ohren und vollen Lippen; hier beim Tragen eines Opfertabletts. Vielfarbige Glasbehälter wie die fischförmige Salbenflasche verraten, dass Amarna eines der großen Zentren der Glasherstellung jener Zeit war. Die Traube aus auf Draht aufgefädelten Perlen zierte einst ein Gebäude. Das Trinkgefäß aus Alabaster, mit Bronze- und Kupferwerkzeugen ausgehöhlt und geformt, trägt Echnatons Namen.

Während Echnaton sich seinem Gott widmete, regierten seine beiden obersten Beamten, Eje, der vielleicht sein Schwiegervater war, und General Haremhab, ein Land, das erste Zeichen der Überforderung zeigte. Diese beiden eng miteinander verbundenen Beamten sollten später Pharaonen werden. Irgendwie gelang es ihnen, politische und religiöse Unruhen zu ersticken, während sie sich zugleich den wechselnden politischen Strömungen am Hof beugten. Sie befahlen über die loyale Bürokratie, gingen aber, wie alle Höflinge des Pharaos, mit dem neuen Glauben konform, selbst wenn diese Anpassung nur oberflächlich war. In Ehren gehaltene religiöse Artefakte aus den Häusern Amarnas verraten uns, dass viele einfache Leute noch einigen uralten Götterglauben anhingen. Gleiches mag für das ganze Land gegolten haben, obwohl die großen Tempel geschlossen worden waren und die Priesterschaft nicht aktiv war.

Echnatons Experiment schlug fehl. Wir wissen nicht, wie sehr die Bevölkerung seine revolutionären Ideen unterstützte. Man hatte sie gelehrt zu glauben, dass das Leben mit einer Reihe bekannter, oft rezitierter kosmischer Ereignisse begonnen hatte: dem Auftauchen des Urhügels inmitten der dunklen Wasser, der Geburt von Osiris und so weiter. Menschliches Leben und die bekannte Welt von Maat waren Ergebnis dieser mythischen Geschehnisse. Die neue religiöse Welt war vielleicht unfassbar, ja sogar Furcht einflößend. Aton war ein unpersönlicher Gott, den man nicht anders darstellen konnte als durch eine Sonnenscheibe oder eine Hieroglyphe. Die alther-

Die Kanopenverschlüsse aus Tutanchamuns Grab stellen Figuren mit Nemestüchern mit Geierköpfen und Uräus, dem kobraähnlichen Beschützer von Unterägypten, dar.

Folgende Seiten: Die Porträtmaske des jungen Königs Tutanchamun als Gott Osiris blickt gelassen mit Augen aus Quarz und schwarzem Obsidian, die verziert wurden, als seien sie geschminkt. Die durchstochenen Ohren zierten einst goldene Scheiben.

gebrachten Götter waren anthropomorpher, Wesen, zu denen es dem Volk leichter fiel, einen Bezug herzustellen und die kurz bei öffentlichen Zeremonien erschienen. Der Pharao mag die Belanglosigkeit vieler religiöser Vorstellungen der Zeit erkannt und sie durch das einfache Konzept der Sonnenscheibe ersetzt haben. Doch die Anbetung Atons erzeugte politische Unruhe. Echnatons Visionen von einem neuen Kosmos schwanden kurz nach seinem Tod dahin und waren bald nicht mehr als eine unangenehme Erinnerung.

Zumeist beschäftigte sich Echnaton mit seinen religiösen Andachten und seiner neuen Hauptstadt. In der Außenpolitik suchte er die Ausgaben seines Reiches zu senken und zugleich der Macht der Hethiter Zügel anzulegen. Das strategische Bündnis mit Mitanni zerbrach, den dringenden Bitten von König Tuschratta zum Trotz. Ägyptens loyale Vasallen im Grenzgebiet baten flehentlich um Beistand gegen aggressive Aufständische und bedrohliche Hethiterkönige und stießen bei Echnaton auf taube Ohren. Hethitische Gesandte schmeichelten dem ägyptischen Hof, während ihre Truppen Mitanni überrannten, Tuschratta wurde ermordet. Um zu überleben, übertrugen einige ägyptische Verbündete ihre Ergebenheit auf die wachsende hethitische Präsenz. Im Übrigen ließ Echnaton zu, dass seine Vasallen untereinander zu streiten begannen, um zu verhindern, dass sie sich gegen die ägyptische Herrschaft verbündeten. Und er erlaubte dem Königreich Amurru im heutigen Syrien, sich als Pufferzone zwischen Ägypten und der wachsenden Macht der Hethiter auszudehnen. Es scheint, als habe er einen größeren Feldzug vermeiden wollen, vielleicht weil er seine Truppen im eigenen Land benötigte, um die innere Sicherheit aufrecht zu erhalten.

Ägypten war, als Echnaton etwa 1336 v. Chr. starb, in ernst zu nehmender Unordnung. Archäologen streiten über die nun folgenden Einzelheiten. Man nimmt an, dass in den vier Jahren, bevor Prinz Tutanchamun seinen Platz auf dem Thron einnahm, zwei Pharaonen herrschten. Der junge König, wahrscheinlich ein Sohn Echnatons, war erst zehn Jahre alt, aber bereits mit seiner Schwester Anchesenpaaton, Nofretetes ältester Tochter, verehelicht. Diese Heirat brachte ihm die Unterstützung des Hauptzweiges der königlichen Familie ein und sicherte seine Nachfolge in einer Zeit intensiver politischer Intrige. Er hatte auch die Unterstützung der beiden wichtigsten hohen Beamten im Königreich: Eje, Befehlshaber über die Streitwagen und Wedelträger zur Rechten des Königs, und Haremhab, General und fähiger Verwaltungsbeamter. Haremhabs Titel verraten seine erstaunlich vielseitigen Aufgaben: »Aufseher über die Generäle des Fürsten der Zwei Länder«, »des Königs Stellvertreter an allen Orten« und, am wichtigsten von allem, »Erbprinz von Süd- und Nordägypten«, ein Titel, der ihn als erklärten Nachfolger seines Herrn auszeichnete. Wir wissen nichts über das Verhältnis von Eje zu Haremhab, aber sie müssen ein gemeinsames Interesse daran gehabt haben, die alte Ordnung und ihre Sitten wieder herzustellen.

Ein wunderbares Möbelstück: ein Thron mit Gold- und Silberintarsien aus Tutanchamuns Grab. Der junge König ruht auf einem Stuhl im Inneren eines Blumenpavillons, der für die Strahlen der Leben spendenden Sonne offen ist. Königin Anchesenamun in einem feinen Leinengewand salbt seine Schulter mit Duftöl.

Die zwei könnten eine Abmachung getroffen haben, die Haremhab schließlich zum Nachfolger machte, sollte ihr junger Herr keine Erben zeugen.

Diese beiden bemerkenswerten Männer führten Ägypten für Tutanchamun auf effektive Weise und verloren keine Zeit, den alten, rechten Glauben wiedereinzuführen. Nur ein Jahr nach seiner Thronbesteigung änderte Tutanchaton seinen Namen in Tutanchamun, während seine Frau Anchesenamun wurde. Seine Ratgeber verlegten den Hof zurück nach Memphis. Der Pharao erließ vom uralten Palast Thutmosis' I. aus eine Proklamation, die seine althergebrachten Titel rezitiert und die Darbringung traditioneller Geschenke ankündigt für »seinen [göttlichen] Vater und alle Götter … nachdem, was zerstört war, wieder hergestellt ist … und die Unordnung aus den Zwei Ländern verbannt wurde«. Man erkennt die nicht allzu subtilen Handschriften Ejes und Haremhabs in der plötzlichen Großzügigkeit des Königs gegen Amun und Ptah, der Wiedereinsetzung der örtlichen Kulte und der Sanierung der Tempel.

Der junge König hatte den Thron neun Jahre inne, als die Ägypter gegen die strategisch wichtige Stadt Kadesch in der Levante zu Felde zogen, die sich, von den Hethitern ermutigt, der Herrschaft des Pharaos widersetzte. Die Operation schlug fehl. Der Hethiterkönig Suppiluliumas I. unterwarf prompt die Churriter Nordsyriens und festigte seine Macht über die vormals ägyptischen Einflussgebiete im Norden. In diesem kritischen Moment starb Tutanchamun.

Sein Tod ereignete sich plötzlich im Alter von etwa 20 Jahren. Er wäre kaum mehr als eine Fußnote in der Geschichte geblieben, hätte es da nicht die Entdeckung seines nahezu unberührten Grabes durch Lord Carnarvon und Howard Carter 1922 im Tal der Könige gegeben. Die Entdeckung schlug die Welt in ihren Bann, doch die Ursache seines Todes bleibt ein faszinierendes Rätsel. Röntgenstrahlen haben einen kleinen Knochensplitter tief in der Schädelhöhle des Königs enthüllt, vielleicht Folge eines Schlages auf den Kopf. Fiel der König vom Streitwagen? Wurde er in der Schlacht getötet? Oder hat eine rivalisierende Gruppe bei Hofe ihn einfach ermordet? Wir wissen nur, dass Tutanchamuns Tod völlig überraschend kam, sodass man ihn in einem kleinen Felsengrab bestattete. Viele der Gegenstände in der Kammer stammten aus dem staatlichen Bestattungsmagazin, darunter mindestens auch einer der Särge des Königs, der andere Merkmale aufweist. Selbst der Quarzitsarkophag war aus zweiter Hand, seine Oberfläche hatte man hastig neu beschnitten, um den ursprünglichen Namen zu entfernen.

Der Tod des Königs versetzte Anchesenamun in eine schwierige Situation. Sie hatte keine Kinder und war von älteren emporstrebenden Männern umgeben. Sie könnte die Königin gewesen sein, die den noch nie dagewesenen Schritt unternahm, König Suppiluliumas I. einen Brief zu schreiben, in dem sie ihn bat, ihr einen seiner Söhne zur Heirat zu schicken, und so die Nachfolge zu sichern. »Niemals werde ich einen meiner Diener nehmen und ihn zu meinem Gatten

machen«, schrieb die Frau, offensichtlich auf Eje und Haremhab anspielend. Suppiluliumas war erstaunt. »Nichts wie dieses ist mir in meinem ganzen Leben passiert!«, rief er aus. Er schickte Boten los, um ihre Geschichte zu überprüfen, und sandte dann seinen Sohn Prinz Zannanza als künftigen Gatten. Der Prinz hat Memphis nie erreicht; er wurde unterwegs ermordet oder starb an einer Seuche.

All seinen Ehrentiteln zum Trotz war Haremhab nicht in der Lage, den Thron zu besteigen. Der Syrienkrieg nahm ihn in Anspruch und dürfte ihn außer Landes gehalten haben. Eine mächtige Gruppe bei Hofe zog den alten Eje vor, der in Tutanchamuns Grabkammer, die Königskrone tragend, beim Vollziehen der uralten Mundöffnungszeremonie bei der Bestattung zu sehen ist. Haremhab blieb über Ejes vier kurze Regierungsjahre im Hintergrund und forderte erst nach Ejes Tod, etwa 1319, sein Thronrecht ein.

Haremhab war ein perfekter Pragmatiker mit großer Erfahrung. In seiner 30-jährigen Herrschaft gelang es ihm, das Ansehen von Amun wieder herzustellen, doch traf er Vorsorge, Priester aus dem Heer zu berufen, um früheren Exzessen vorzubeugen. Karnak wurde wieder aufgebaut und Echnatons Atontempel abgerissen, die Steine verwendete man zum Verfüllen eines neuen Tempelpylonen. (Bei der modernen Restaurierung, einer brillanten Leistung archäologischer Forschung, kamen Tausende dieser Blöcke zum Vorschein; sie wurden mithilfe von Computern zusammengesetzt, um die auf ihnen dargestellten Amarna-Szenen zu rekonstruieren.) Haremhab entfernte systematisch alle Spuren seiner Amarna-Vorgänger von öffentlichen Denkmalen. Er ging sogar so weit, sich selbst offiziell in der Herrscherlinie nach dem beliebten Amenophis III. einzureihen. Der ehemalige General behielt die Kontrolle über das Militär, indem er das Heer in zwei große Einheiten teilte, eine im Norden und eine im Süden. Sein Ziel war kein geringeres als die Schaffung der Voraussetzungen für ein neues Zeitalter, diesmal eines militärischen Königreichs. Diesen Plan hat er verwirklicht.

DER GUTE HIRTE, DER FÜR SEINE TRUPPEN SORGT

Haremhab gelang es nicht, einen Erben zu zeugen, und so ging der Thron für zwei Jahre an seinen engen Vertrauten Ramses I., einen Berufsoffizier des Heeres, dessen Familie aus dem nordwestlichen Deltagebiet um Avaris stammte. Sein Sohn Sethos I. – wie sein Vater Heerführer und ehemaliger Wesir – folgte ihm um 1290 v. Chr. auf dem Thron. Wie es auch bei seinen Vorgängern der Fall gewesen war, entsprang Sethos' Macht seiner Tüchtigkeit im Krieg. Er unterhielt enge Beziehungen zum Militär und heiratete, als er Tuja, ein Offizierstochter, zur Frau nahm, im Soldatenkreise. Sie hatten vier Kinder. Der

Folgende Seiten: Tutanchamuns Goldsarg und Granitsarkophag liegen in seiner Grabkammer im Tal der Könige. An den Wänden zeigen hastig ausgeführte Malereien den Wesir Eje als Pharao bei der Mundöffnungszeremonie Tutanchamuns, einem Ritual, das seine Herrschaft legitimierte.

Älteste, ein Junge, starb bereits früh; eine Tochter, Tia, und ein jüngerer Sohn, Ramses, erreichten das Erwachsenenalter. Die jüngste Tochter, Henutmire, wurde sehr viel später geboren und schließlich Nebenfrau ihres älteren Bruders, der als Ramses II. seinem Vater nachfolgte.

Sethos' gut erhaltene Mumie zeigt einen Mann von auffälliger Erscheinung und großer Entschlossenheit. Stets rastlos und ein geborener Soldat, sah Sethos seine göttliche Berufung in der Wiederbelebung der ruhmreichen Tage von Thutmosis III. und Amenophis III. Um Ägyptens Wiedergeburt und das neue Zeitalter der Größe symbolisch darzustellen, nahm er wie Tutanchamun den Titel »Wiederholer der Geburten« an.

Die Energie des Pharaos war bemerkenswert. Im ersten Jahr seiner Regierung eiferte er Thutmosis mit einem schnellen Vormarsch durch den Gazastreifen nach und schützte so seine Nachschublinien zu Küstenhäfen vor Angriffen. Dann bezwang Sethos mehrere befestigte Städte. Inschriften sprechen von einer großen Zahl Gefangener, die in der Gegenwart Amuns erschlagen wurden. Auf späteren Feldzügen trafen die Ägypter in Schlachten im Libanon auf die Hethiter, aus denen sie siegreich hervorgingen. Ein Relief in Karnak zeigt Sethos' Krieger, die den hethitischen Verteidigern die Festung Kadesch entreißen – eine Stadt, die unter der Herrschaft von Ramses II. nicht nur symbolisch große Bedeutung erlangen sollte.

Unter allen Pharaonen erwarb nur Sethos den Ehrentitel »Der gute Hirte, der für seine Truppen sorgt«. Bei einer Besichtigung des Goldminengebietes in der Arabischen Wüste bei Edfu fielen dem König die schwierigen Bedingungen von Wüstenreisen auf; er befahl den Bau einer Wasserstation und eines Brunnens für durchreisende Goldkarawanen. »Er ist voller Wasser in großen Mengen«, prahlt er. Sethos ließ in der Nähe einen Tempel mit Szenen seiner Siege über asiatische und nubische Gegner errichten und berief darüber hinaus eine spezielle Gruppe von Goldwäschern, die auf ewig für einen Vorrat des wertvollen Metalls für den Tempel sorgen sollte.

Nach Sethos' Maßstäben, der öffentliche Bauwerke in nie gekanntem Maße in Auftrag gab, war das Brunnenprojekt eine Kleinigkeit. Er schuf eine Chronik seiner Siege in Karnak, wo seine Baumeister und Kunsthandwerker an der großen Hypostylenhalle arbeiteten, einem Meisterwerk ägyptischer Kunst mit 134 gigantischen, das Papyrusdickicht des Ursumpfes verkörpernden Säulen. In Abydos gab Sethos ein weiteres Glanzstück in Auftrag: einen Osiris-Tempel zum Gedenken an seine Ergebenheit gegenüber dieser beliebtesten aller ägyptischen Gottheiten. Der Tempel mit sieben Heiligtümern für die wichtigsten Götter umfasste auch eines, das dem nun vergöttlichten König gewidmet war, der noch während der Bauarbeiten am Tempel starb.

Eine Halle mit Aufzeichnungen ist für Ägyptologen von besonderem Interesse: Sie zeigt Sethos und seinen Sohn Ramses vor den offiziellen Listen aller ägyptischer Pharaonen der Frühzeit und verknüpft sie so mit den Anfängen der ägyptischen Monarchie.

240

DIE GRABSTÄTTE VON SETHOS I.

Pharao Sethos I. (um 1290 – 1279 v. Chr.), ehemaliger Wesir und Heerführer, wurde nach elfjähriger Regierung in einem kunstvollen Grab im Tal der Könige – einem der längsten, tiefsten und prächtigsten aller Königsgräber dort – bestattet. Giovanni Belzoni, ein Kraftmensch aus dem Zirkus, der Abenteurer wurde, entdeckte das Grab im Oktober 1817, kopierte die großartigen Malereien und stellte sie in London mit dem Alabastersarkophag des Königs aus. Die bemalten Gänge von Sethos' Grab führten mehr als 90 Meter steil hinab zu einem Grabgewölbe, in dem der König lag (links). Astronomische Texte zieren die obere Hälfte der Kammer, von Gottheiten flankierte Sternbilder die unteren Etagen. Szenen aus dem *Totenbuch* und andere heilige Texte bedecken die Wände. Die Holzbarriere im Vordergrund öffnet sich zu einem Gang unter der Kammer – vielleicht eine symbolische Pforte zu den Urwassern der Tiefe. Der König, eine der besterhaltenen Königsmumien (oben), hat bis heute eine Aura von Autorität bewahrt.

Auf königliche Weisung verzichteten die Schreiber auf jede Erwähnung Hatschepsuts oder der Könige von Amarna. Die Liste springt von Amenophis III. direkt zu Haremhab. Einige Dokumente gehen sogar so weit, die Regierungszeit Echnatons als »Zeit des Feindes« zu beschreiben.

In der Wüste, hinter einem der Tempel von Abydos, ließ der König ein als Osireion bekanntes Bauwerk errichten, das man durch einen langen Tunnel mit gemalten Szenen, Bildern aus dem *Buch der Tore* über die Reise durch die Unterwelt, betrat. Der Durchgang mündet in eine gewaltige 30 x 20 Meter große Halle, in der Sethos' Leichnam vor der Beisetzung im Tal der Könige aufgebahrt lag. Zu dem unterirdischen Gebäude gehörte ein zentraler von Wasser umgebener Hügel, der an den Ursprung der ägyptischen Welt in den Urwassern erinnerte.

Sethos' absolutes Meisterwerk aber war seine Gruft im Tal der Könige, vielleicht das kunstvollste aller ägyptischen Königsgräber. Praktisch alle Pharaonen des Neuen Reiches seit Thutmosis I. hatte man in Felsengräbern in dem kargen Tal, das heute Wadi Biban el-Muluk heißt, im Schatten des El-Qurn, eines pyramidenähnlichen, der Göttin Hathor heiligen Hügels bestattet. Warum Thutmosis und seine Nachfolger diesen Ort wählten, bleibt ein Geheimnis, aber das bei den Ägyptern als »der große Ort« bekannte Tal liegt unterhalb einer sozusagen symbolischen Pyramide nahe Theben, der heiligen Stadt des Amun. Die Monarchen des Neuen Reiches wurden in unterirdischen Kammern mit versteckten Eingängen begraben, die selbst den hartnäckigsten Grabräubern einen Strich durch die Rechnung machen sollten. Hier lagen sie in einer die Vorstellungskraft übersteigenden Pracht inmitten ihrer reichen Besitztümer und all der materiellen Annehmlichkeiten, derer sie im Jenseits bedurften, in ihren kunstvoll behauenen Sarkophagen und an Gold und Juwelen reichen Särgen. Die aromatischen Öle und Salben, die man mit ihnen begrub, waren Vermögen wert, das Gold in ihren Gräbern hätte jegliche Begierde mehr als befriedigt. Das Grab von Tutanchamun, hastig errichtet und ausgestattet, gewährt uns – trotz der teilweisen Plünderung – einen verlockenden Blick auf die außerordentlichen Reichtümer, die Sethos I. und andere große, langlebigere Könige in die Ewigkeit begleitet haben müssen.

Giovanni Belzoni, ein Zirkus-Kraftmensch, der sich der Schatzsuche zuwandte, entdeckte das Grab Sethos' I. im Oktober 1817. Er drang über eine schmale Treppe ein, auf die ein abschüssiger Gang mit exquisiten Malereien folgte, überbrückte einen Schacht, der Grabräuber in die Irre führen sollte, und durchdrang eine falsche Wand, hinter der sich eine vorgetäuschte Grabkammer verbarg. Dann gelangte er über einen verborgenen Eingang, eine weitere Treppe und einen Korridor hinab in einen Vorraum mit Säulen und dann in die eigentliche, mehr als 90 Meter tief unter der Erde gelegene Grabkammer. Sethos' prächtiger Alabastersarkophag lag noch dort, sein Deckel war von Grabräubern der Antike zerschlagen worden, die Belzoni vor langer Zeit zuvorgekommen waren.

Grandiose Malereien an den Grabkammerwänden stellten die Hymne des Re und Szenen mit dem König vor den Göttern dar. Die unteren Passagen zeigten die Mundöffnungszeremonie, die Decke der Grabkammer trug den Himmel mit Sternbildern und astronomischen Texten.

Allen Sicherheitsvorkehrungen zum Trotz waren die Gräber der toten Könige geplündert worden. Die Schätze unter der Erde waren so groß, dass die Räuber das Risiko einer Entdeckung in Kauf nahmen. Glücklichen Umständen ist es zu verdanken, dass Sethos' Mumie die Jahrtausende überdauerte. Vermerke an der Mumie halten fest, dass sie restauriert wurde: das erste Mal unter Herihor, einem Hohenpriester des Amun und ehemaligen General (um 1085 – 1079 v. Chr.), vermutlich nach der Plünderung der Gruft, und dann noch einmal 20 Jahre später. Verzweifelt verlegten die Priester ein großes Königsmumienversteck in eine tiefe Klamm in den Klippen bei Deir-el-Bahari, wo sie bis 1881 sicher verborgen blieben. In jenem Jahr tauchten auf dem Thebener Schwarzmarkt einige außergewöhnlich schöne Antiquitäten auf. Die Behörden ermittelten, und ihr Verdacht fiel auf die Familie Rasul. Ihre Mitglieder wurden verhört und geschlagen, aber sie leugneten jegliche Kenntnis; man ließ sie frei. Doch die Familie geriet in Streit über die Anteile an der Beute. Abdul Rasul ging nach Theben, um ein Geständnis abzulegen. Er führte den Archäologen Emile Brugsch zu einem unauffälligen Engpass in den Klippen am Westufer. Brugsch wurde an einem Seil in eine Dunkelheit hinuntergelassen, in der seine Kerzenlaterne eine außergewöhnliche Pharaonengruft beleuchtete. Der Beamte der Altertümerbehörde, Gaston Maspero, schrieb: »Und welche Pharaonen! Die vielleicht berühmtesten in der Geschichte Ägyptens: Thutmosis III. und Sethos I., Ahmose der Befreier und Ramses der Eroberer ... Ich frage mich noch immer, ob ich träume, wenn ich sie betrachte und berühre, was einst die Körper so vieler Persönlichkeiten waren, von denen wir nie mehr zu erfahren geglaubt hatten als ihre Namen.« 300 Männer wurden gezwungen, bei der Bergung der Mumien zu helfen und sie auf einen Nildampfer zu verladen. Als die wertvolle Fracht den Ort verließ, folgten klagende Frauen dem Boot, und Männer feuerten ihre Gewehre ab. Wieder in Kairo angekommen, wickelten die Archäologen einige der Mumien aus und blickten mehr als 3000 Jahre, nachdem jene ins Jenseits aufgebrochen waren, auf die sterblichen Überreste von Sethos I. und Ramses II.

DER ORT DER WAHRHEIT

Zur Zeit Sethos' war der Bau von königlichen Grabmalen ein durchorganisierter Vorgang. Nur die besten Handwerker und Künstler wurden im Tal der Könige beschäftigt, sie gehörten zu einer ständigen Belegschaft, die ausschließlich an Königsgräbern arbeitete.

PRIVILEGIERTE ARBEITER

Deir el-Medineh erstreckt sich in der Wüste nahe dem Tal der Könige (links). Hier ließen sich die Arbeiter der Nekropole nieder. Während die Pharaonengräber hauptsächlich religiöse Texte enthielten, stellen die erlesenen Malereien in den Handwerkergräbern das Alltagsleben dar: Der Handwerker Sennedjem zum Beispiel pflügt in Begleitung seiner Gattin die Felder einer jenseitigen Welt (ganz oben), und man sieht Szenen aus dem *Totenbuch* und das Auge des Horus (oben).

Nach jahrhundertealtem Brauch lebten sie, von anderen Arbeitern getrennt, in einem umfriedeten Dorf mit etwa 70 Häusern, Ort der Wahrheit genannt, heute als Deir el-Medineh bekannt. Es lag in der Wüste, etwas vom Tal entfernt, und wurde von Steinmetzen, Schreinern, Bildhauern, Konstruktionszeichnern und Malern bewohnt – der Elite des ägyptischen Handwerks mit Fähigkeiten, die über Jahrhunderte weitervermittelt worden waren. Als ungewöhnlich gebildete Gemeinschaft hinterließen sie ergiebige Aufzeichnungen, die uns vieles über den Alltag verraten. Das eigentliche Aushöhlen der Gruft brauchte nur relativ kurze Zeit. Selbst das Anlegen von Sethos' Grab könnte weniger als zwei Jahre gedauert haben. Dann rückten die Handwerker an, die einen Achtstundentag und eine Mittagspause hatten, alle zehn Tage einen Tag frei und während der bedeutenden Feste Sonderurlaub bekamen. Allgegenwärtig waren die Schreiber, die Anwesenheitsprotokolle führten und den Fortgang der Arbeiten kontrollierten.

Die Arbeit war oft hart und anspruchsvoll, sie verlangte den Körpern der jungen Männer hohen Zoll ab. Das wissen wir dank der modernen Technik, die uns mehr über die Krankengeschichte der Ägypter mitteilt, als sie selbst gewusst haben. Nacht zum Beispiel war ein thebanischer Weber, der etwa 1180 v. Chr. lebte. Seine Mumie gelangte vor etwa einem Jahrhundert ins kanadische Royal Ontario Museum. Für einen Weber war ihm eine aufwendige Bestattung zuteil geworden, aber Röntgenstrahlen verraten, dass man seine inneren Organe nicht entfernt hatte, ein

Ramses II. ließ seinen Totentempel binnen 20 Jahren von 1277 v. Chr. an errichten. Nur Teile der Pylonen und die hintere Hälfte des inneren Tempels stehen noch.

Folgende Seiten: Sitzstatuen von Ramses II. begrüßen die Besucher des Großen Amun-Tempels in Luxor. Links steht einer der vom König in Auftrag gegebenen Obelisken; der andere wurde im 19. Jahrhundert nach Paris gebracht.

Eingriff, der den Reichen vorbehalten blieb. Sie zeigen auch, dass er ein Jugendlicher war, der an langjähriger Unterernährung gelitten hatte. Nachts Körper erwies sich beim Auswickeln als bemerkenswert intakt. Eine zweitägige Autopsie brachte ein vollständiges Gehirn zutage, das in wachsartigem Zustand perfekt erhalten war. Nacht war 15 Jahre alt, knapp 1.43 Meter groß, litt an diversen chronischen Erkrankungen, aber er starb an Lungenentzündung. Seine Lungen enthielten Partikel von rotem Granit, die nur aus den Granitsteinbrüchen bei Assuan, weit stromaufwärts von Theben, einem Ort für Strafarbeiter, stammen können. Natürlich ist nicht bekannt, warum er in die Steinbrüche geschickt wurde.

Das Dekorieren von Königsgräbern beanspruchte viele Jahre, darum wurden auch so wenige fertig gestellt – mit der Ausnahme von Sethos' prächtiger Grabstätte. Betsy Bryan von der Johns-Hopkins-Universität hat die unvollendeten Malereien in dem Grab des königlichen Kellermeisters von Amenophis II., Suemniwet, der seinem Meister im fünfzehnten vorchristlichen Jahrhundert diente, untersucht. Suemniwet starb früh, folglich blieben seine Grabmalereien unvollendet, was wiederum Bryan Gelegenheit gab, den Arbeitsvorgang bei Gräbern einfacher Leute zu studieren. Sie fand heraus, dass zahlreiche Künstler in der Gruft arbeiteten, die auf verschiedene Weise vorgingen. Maler trugen viele Farbschichten in variierenden Tönen auf, um genau die richtige Farbe zu bekommen. Waren die groben Malereien in der dunklen innersten Kammer vielleicht von weniger fähigen Malern ausgeführt worden und sollten sie später durch Meister vervollkommnet werden? Ein unbekannter Meister zeichnete die Figuren in der gut ausgeleuchteten Vorderkammer freihändig; mit sicherem feinem Pinsel mit perfekten Proportionen und in subtilen Farben stellte er den Pharao und seine Königin dar.

RAMSES DER GROSSE

Als Sethos zu seinen Ahnen ging, bestieg sein 25 Jahre alter Sohn, Ramses II., den Thron; 66 Jahre regierte er. Von klein auf dazu erzogen, Pharao zu sein, begleitete er seinen Vater auf Feldzügen gegen Ägyptens Feinde. »Der älteste Königssohn« war ständig unterwegs, überwachte das Entfernen von Obelisken aus den Steinbrüchen in Assuan, beaufsichtigte die Bauprojekte seines Vaters und erwarb das Dekorum des hohen Amtes. Eine Inschrift in Abydos erklärt: »Der Herr Aller [Sethos] hat mich groß gemacht ... Er hat mich mit Frauen ausgestattet, ein königlicher Harem so schön wie der des Palastes, die des Südens und des Nordens lagen unter meinen Füßen.« Der junge Ramses erlernte auch die militärischen Bräuche, die seine Vorgesetzten schätzten. Sethos sorgte dafür, dass sein Sohn dem Weg der Ordnung und Eroberung, den er eingeschlagen hatte, folgte.

Ramses II. ließ den Großen Amun-Tempel in Luxor erweitern und verewigte sich dort gleichzeitig selbst. Die zwei sitzenden und vier stehenden Kolosse des Königs schmücken die Eingangspylonen, die gewaltige Darstellungen von Heldentaten in der Schlacht zieren.

Schon bald sah sich der neue Pharao in Asien mit Schwierigkeiten konfrontiert. In den Hethitern war ihm in Syrien, wo sie mit Ägypten um die Kontrolle über wichtige Handelswege konkurrierten, ein gefährlicher Gegner erwachsen. Sethos hielt die Herrschaft über die südlichen Küstenhäfen, doch hatten die Hethiter die strategisch wichtige Stadt Kadesch am Orontes eingenommen; fortgesetzt störten sie ägyptische Interessen. Im fünften Jahr seiner Regierung (1274 v. Chr.) sammelte Ramses ein gewaltiges Heer von 20 000 Mann um sich, das er in vier Regimenter teilte, die er nach Amun, Ptah, Re und Seth benannte. Im Frühling durchquerte er schnell den Gazastreifen und war Anfang Mai nur noch 16 Kilometer von Kadesch entfernt.

Zwei gefangen genommene Spione behaupteten, die hethitische Armee befände sich weit im Norden, und so rückte Ramses mit seinem Amun-Regiment vor. Er überquerte den Orontes und lagerte westlich von Kadesch, das durch Teilung des Wassers in Kanäle praktisch eine Insel bildete. Zu Ramses' Glück fingen seine Patrouillen zwei weitere Spione. Unter Folter gestanden sie, dass die beiden anderen Spione geschickt worden waren, um Falschinformationen zu streuen. Tatsächlich verbarg sich ein riesiges Hethiterheer mit mehr als 37 000 Mann und 2500 Streitwagen unter König Muwatallis jenseits von Kadesch, um aus dem Hinterhalt zuzuschlagen.

Die Hethiter brachen mit Macht über das Re-Regiment herein, das im Anmarsch war, um sich Ramses anzuschließen, sprengten es innerhalb von Minuten auseinander und stürmten gegen das königliche Lager vor. Ramses fand sich, von seinen engsten Gefolgsleuten und seinem Schildträger Menna abgesehen, allein. Er scharte die Überlebenden um sich, was ihn aber rettete, war seine Verstärkungstruppe, die rechtzeitig erschien, um die hethitische Flanke anzugreifen. Von zwei Seiten bedrängt, zog sich König Muwatallis bei Einbruch der Nacht zurück. Am nächsten Morgen griff Ramses mit seinem gesamten Heer an, doch in den schweren Kämpfen konnte sich keine Seite durchsetzen. Muwatallis schlug einen Waffenstillstand vor, und das ägyptische Heer zog heimwärts, ohne eine Entscheidung erzwungen zu haben.

Ramses sah in der unentschiedenen Schlacht von Kadesch ein Sinnbild seiner Macht. Er ließ seine Heldentaten an den Wänden von Karnak und Luxor, in Tempeln in Abydos, el Derr und Abu Simbel, tief in Nubien, immer wieder aufs neue verbreiten. Auch sein Totentempel gab die bekannte Geschichte wieder. Relief um Relief zeigt den alle überragenden König, wie er die vor ihm versprengten Feinde erschlägt. Begleitende Inschriften rezitieren in Versen und Prosa seine Taten. Sie berichten von den Spionen, von Ramses' Vormarsch, wie er »seinen Platz einnahm auf dem Thron aus feinem Gold« in der Nähe des Orontes, wo er vom nahen Hethiterheer, »zahlreicher als die Ufersande« erfuhr.

Als die Hethiter heranstürmten, zog Ramses seine Rüstung an »wie Seth im Moment seiner Macht«, bestieg seinen Streitwagen »Sieg in Theben«, und griff zornig seine Feinde an.

»Seine Majestät erschlug die ganze Streitmacht des Gegners von Hatti, zusammen mit all seinen großen Anführern und all seinen Brüdern ..., ihre Infanterie und ihre Streitwagenmacht, eine nach der anderen niederfallend ...« Nachdem »der schändliche Anführer der Hatti« einen Waffenstillstand vorgeschlagen hatte, kehrte Ramses nach Ägypten zurück. »Er unterwarf alle Länder durch die Furcht, die er einflößte, die Kraft Seiner Majestät schützte sein Heer, alle fremden Länder priesen sein makelloses Ansehen.«

Die Ägypter unternahmen in den Folgejahren neue Feldzüge gegen die Hethiter, doch schließlich begriff Ramses, dass er Nordsyrien gegen seine Feinde nicht würde halten können. Zugleich sahen sich die Hethiter mit inneren Unruhen und einer wachsenden Bedrohung durch die Assyrer bedroht. 1259 v. Chr., 15 Jahre nach Kadesch, unterzeichnete Ramses ein offizielles Friedensabkommen mit König Hattusilis III., das die Form eines Nichtangriffspakts annahm. Danach unterhielten beide Kulturen freundschaftliche Beziehungen, die man durch diplomatische Ehen zwischen Ramses und zwei Töchtern Hattusilis' festigte.

Im eigenen Land genoss Ägypten eine lange Periode des Wohlstands. Ramses nahm acht Hauptfrauen, deren oberste Nefertari war, die etwa im fünfundzwanzigsten Jahr seiner Herrschaft verstarb. Darauf heiratete er Istnofret, die ein Jahrzehnt später starb. Der Sitte entsprechend wählte Ramses seine späteren Frauen aus der direkten Familie, darunter seine jüngere Schwester und drei seiner Töchter, nicht zu vergessen die zwei Hethiterprinzessinnen. Am Ende seines Lebens hatte der Pharao 45 oder mehr Söhne und ungezählte Töchter gezeugt. Viele seiner Söhne starben vor ihm und wurden in dem berühmten KV5 im Tal der Könige zur letzten Ruhe gebettet.

Der unermüdliche Pharao startete ein ehrgeiziges Projekt öffentlicher Bauten. Ramses war besessen von der Kraft und dem berauschenden Symbolismus der Architektur. Er überschwemmte das Land mit riesigen Statuen seiner selbst, und noch heute ist er in Ägypten allgegenwärtig. Seine architektonische Leistung ist herkulisch: bedeutende Erweiterungen in Karnak und Luxor, die Fertigstellung des Schreins seines Vaters in Abydos, den er unvollendet vorgefunden hatte, und sein eigener Totentempel, das Ramesseum. Mehr als 3000 Arbeiter schufteten in den Sandsteinbrüchen in Dschebel el-Silsila, um Steine allein für seinen Tempel zu hauen.

Im Delta gründete der Pharao eine eigene Hauptstadt, Ausdruck der zunehmenden Bedeutung der Außenpolitik im ägyptischen Tagesgeschäft. Pi-Ramses, »das Haus des Ramses, Geliebten des Amun, durch Siege groß« lag in der Nähe des antiken Avaris. Die Königsresidenz allein, umgeben von Tempeln, einem Militärstützpunkt, Verwaltungsgebäuden und ausgedehnten Parks und Obstgärten, erstreckte sich über zehn Quadratkilometer. Kürzlich hat man die 1700 Quadratmeter bedeckenden Stallungen am Rand der Wüste entdeckt. Ramses besuchte seine Stadt regelmäßig, um religiösen Festen beizuwohnen und der Sommerhitze stromaufwärts zu entgehen.

Als eitler Selbstdarsteller wurde Ramses II. nicht müde, mit seiner großen Schlacht gegen die Hethiter bei Kadesch 1274 v. Chr. zu prahlen. Obwohl der Ausgang genau genommen unentschieden war, gab er an vielen Tempeln Reliefs seines »Sieges« in Auftrag. So auch an der Nordwand von Karnak (unten), in Luxor und am Ramesseum. Die Reliefs dokumentieren Ramses' Mut, wie er, unterstützt von Amun, die Hethiter angriff, Gefangene erschlug (links) und den Feind in Verwirrung stürzte.

NEFERTARI, DIE SCHÖNE

Königin Nefertari und Ramses II. wachen über die Fassade ihres Tempels (links), einer kleineren Version seines eigenen, einige hundert Meter entfernten Tempels bei Abu Simbel. Kleinere Statuen ihrer vier Kinder stehen zu ihren Füßen. Wie Abu Simbel selbst, ähneln die behauenen Felsenklippen den abfallenden Wänden eines Tempelpylonen mit zehn Meter hohen, in die Felsennischen geschlagenen Statuen. Nefertari, »Besitzerin von Anmut, Lieblichkeit und Liebe«, war vermutlich die Tochter des führenden Beamten Bakenchons. Sie verschwand bald nach der Widmung des Tempels aus der Geschichte und starb etwa 1254 v. Chr. Die große Königin wurde prunkvoll in Tasetneferu bestattet, dem Tal der Königinnen am Westufer des Nils, nahe der unwirtlichen letzten Ruhestätte der Pharaonen. Ihre Felsengruft, berühmt für ihre Stuckreliefmalereien, zeigt die anmutige Nefertari, auf das Feinste geschmückt, beim Darbringen von Opfern für die obersten Gottheiten (oben).

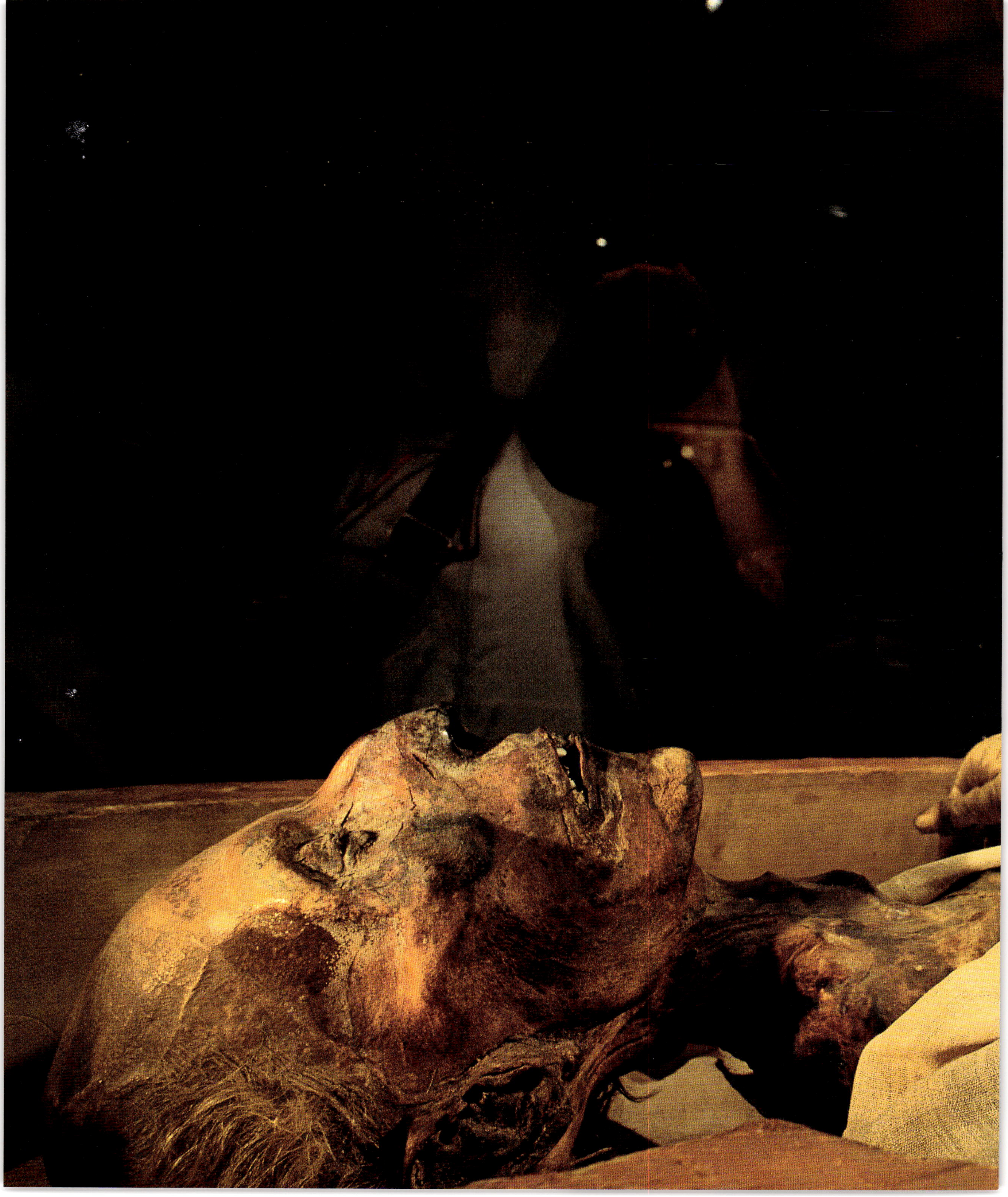

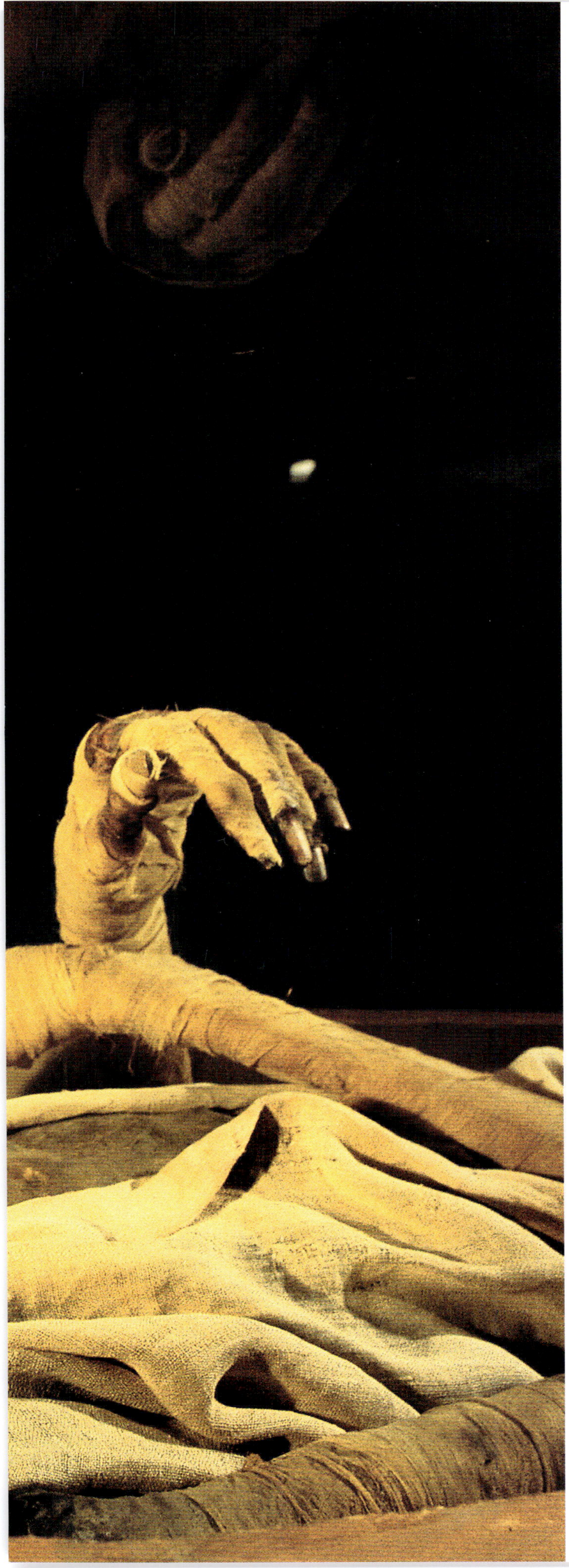

DER GROSSE RAMSES

Ramses II., »der Große«, verkörperte Ägypten auf der Höhe seiner Macht. 1304 v. Chr. geboren, regierte er 66 Jahre und wurde über 90 Jahre alt. Seine Baumeister wählten einen schlechten Platz für seine Gruft: Der Fels war weich. Die Wände stürzten ein, Überschwemmungen verwüsteten die tiefe Gruft und zerstörten viele Wandmalereien. Sternbilder und Gottheiten zieren die Grabkammer, während die Vorkammer Szenen aus dem Totenbuch zeigte. Ramses lag nicht lange in diesem Grab. Angesichts der Bedrohung durch Plünderer schleppten Priester der Nekropole seine Mumie fort. Schließlich fand sie in einer tiefen Felspalte mit anderen Königsmumien Ruhe. Ramses blieb hier bis 1881, als Grabräuber das Versteck aufspürten, ungestört. Glücklicherweise von Archäologen wieder gefunden und von französischen Konservatoren 1976 stabilisiert, liegt Ramses heute im Kairoer Museum (links). Er war ein König mit imposantem Profil, Kinn und Nase sind ausgeprägt. Medizinische Technik hat enthüllt, dass Ramses an Arthritis, Zahnabszessen und einem schwachen Kreislauf litt.

Wenig ist heute von Pi-Ramses erhalten, aber es könnte die Stadt sein, in der die Hebräer sich im »Land von Goshen« mühten und von der der Exodus der Israeliten ausging. In den ägyptischen Aufzeichnungen findet sich übrigens kein Hinweis auf die biblische Diaspora.

Die berühmtesten aller Bauten Ramses' liegen weit stromaufwärts: die beiden großen Tempel, die den Nil bei Abu Simbel in Unternubien überblicken. Ramses ließ über dem Ersten Katarakt sieben in Felsen gehauene Tempel errichten, der ehrgeizigste jedoch war Abu Simbel. Er prahlte ob »der Fülle an Arbeitern aus der Knechtschaft seines Schwertes in jedem Land«, die an Abu Simbel Frondienste leisteten. Seine Gefangenen begannen mit den Arbeiten in seinem fünften Regierungsjahr und schufteten bis 1256 v. Chr. nahezu 20 Jahre.

Vier kolossale Sitzstatuen Ramses', jede etwa zehn Meter hoch, bilden die Fassade des Großen Tempels. Der die Doppelkrone Ägyptens und das königliche Nemestuch tragende König blickt gelassen in die Ferne. Gefesselte afrikanische und asiatische Gefangene liegen, entsprechend nach Süden oder Norden angeordnet, unterhalb der Statuen. Seine Mutter und Königin Nefertari, aber auch mehrere Kinder, stehen zu seinen Füßen.

Der Eingang zum Tempel führt unter einer von Bildern des Königs flankierten Statue des Re hindurch. Der Gott trägt, ein Rebus zu Ramses' Thronnamen (User-Maat-Re – »Die Gerechtigkeit des Re ist stark«) bildend, die Symbole von Macht und Wahrheit. Im Inneren zieren

Ramses II. zeugte eine Vielzahl von Söhnen, nicht wenige von ihnen wurden möglicherweise im Grab KV5 bestattet. Die Ostwand der Hypostylenhalle zeigt den König und seine Söhne beim Angriff auf eine Hethiterfestung.

Folgende Seiten: Die Ägyptologen Kent und Susan Weeks untersuchen an der Wand von Grab KV5 im Tal der Könige Reliefs von Hathor und Osiris.

Kampfszenen, etwa aus der Schlacht von Kadesch, eine mit hohen Statuen des Königs als Osiris dekorierte Säulenhalle. Das innere Heiligtum enthält einen kleinen Altar und in einer hinteren Nische Sitzstatuen des Amun-Re, des vergöttlichten Ramses und von Re-Harachte. Ein kleinerer Tempel zu Ehren Nefertaris und der Göttin Hathor schließt direkt im Süden an: Er ist mit vier fast elf Meter hohen Statuen von Ramses und seinen zwei Königinnen geschmückt.

Abu Simbel wendet sich dem Osten, der aufgehenden Sonne, zu. Jeden Morgen fallen die ersten funkelnden Strahlen auf eine Reihe gemeißelter Paviane an der Oberkante der Fassade – sie heißen die Sonne stets symbolisch willkommen. Danach ergießt sich das Licht der aufsteigenden Sonne über die Königsstatuen und das Bild Amun-Res über dem Eingang, schließlich dringt sie in den Tempel selbst ein. Zweimal im Jahr, am 22. Oktober und am 22. Februar, senken sich die Strahlen der Sonne etwa 60 Meter weit in das Heiligtum, wo sie alle Statuen im hinteren Heiligtum erleuchten, nur nicht den Schöpfer Ptah.

Warum stattete der Pharao Abu Simbel so verschwenderisch aus? Die Antwort besteht aus einem Wort: Gold. Ramses benötigte für seine neuen Bauprojekte enorme Goldmengen. Ein friedliches, gut organisiertes Nubien lieferte den Großteil davon.

Das Gedächtnis der Pharaonen reichte weit zurück und sie vergaßen nie, wie das Königreich Kusch seinen Nutzen aus dem geteilten Ägypten gezogen hatte. Sie griffen zu drakonischen Maßnahmen, um zu verhindern, dass sich die Geschichte wiederholte. Ahmose hatte zu Beginn des Neuen Reiches mit der Eroberung begonnen; doch es war Thutmosis I., der Kerma plünderte und mit Hilfe von Vasallenhäuptlingen in Nubien eine indirekte Herrschaft etablierte. Der Zweck war einfach: die Kontrolle über den einträglichen Handel entlang des Flusses. Gegen Ende der Herrschaft von Thutmosis II. (etwa 1480 v. Chr.) erreichte Nubiens Goldproduktion Schwindel erregende 572 Pfund pro Jahr. Diese Menge erhöhte sich in späteren Jahrhunderten sogar noch. Die aufsässigen nubischen Häuptlinge lehnten es ab, fernen Herren Tribut zu zahlen. In regelmäßigen Abständen suchte das ägyptische Heer sie heim, richtete Rebellen hin und nahm einige hundert Gefangene. Innerhalb von ein paar Generationen brachen erneute Unruhen aus. Doch diesmal konnten die Pharaonen die wiederholten Provokationen nicht länger hinnehmen. Thutmosis I. marschierte nach Süden und besetzte, weit stromaufwärts, die dicht besiedelte Flussregion am Dolonga. Danach wurde Nubien ägyptische Kolonie. Militärische Aktivitäten beschränkten sich auf Feldzüge gegen Eindringlinge aus der Wüste.

Die Pharaonen des Neuen Reiches griffen in Nubien und Asien zu unterschiedlichen Strategien. In Asien bestanden sie darauf, dass die Fürsten kleinerer Staaten sie anerkannten und Tribut entrichteten. Dabei ließen sie die sozialen und politischen Strukturen der unterlegenen Königtümer intakt, einerseits weil die Ägypter die levantinischen Fertigkeiten wie Weben, Metall-

Nut, die Himmelsgöttin, liegt ausgestreckt im Inneren des Sarkophags vom Sohn Ramses II., Pharao Merneptah. Chabewes, ein Name der Nut, der »die Eine mit den tausend Seelen« bedeutet, erstreckt sich über den Himmel, die Sternbilder sind ihr Gewand. Sie schützte den toten König, der in ihr himmlisches Reich aufstieg.

verarbeitung und andere Künste schätzten und brauchten, andererseits aber auch, weil sie deren uralte Religionen bewunderten. Den Nubiern wurde solcher Respekt nicht entgegengebracht. Die Pharaonen strukturierten Unternubien einfach zu einem Vasallenstaat nach ägyptischen Vorstellungen um, der nur existierte, um Gold, materielle Güter und Sklaven zu liefern.

Der König ernannte einen ranghohen Beamten zum »Königssohn von Kusch« mit der Aufgabe, Nubien zu verwalten und sicherzustellen, dass die Steuern pünktlich gezahlt wurden. Eine hierarchische Bürokratie nach ägyptischem Vorbild, komplett mit dem üblichen Heer von Schreibern und einer starken Militärpräsenz, verwaltete Unternubien. Ägyptische Siedler ließen sich in der ganzen Kolonie nieder und besetzten Schlüsselpositionen in der Administration. Den nubischen Häuptlingen, die weit stromaufwärts am Dongola lebten, wurde beachtliche Autonomie zugestanden. So sicherten sich die Ägypter die Kooperation einheimischer Anführer, die zuvor dem hoch entwickelten Staat von Kerma Gefolgschaft geleistet hatten. Man gründete größere Städte und zahlreiche Tempel, darunter auch den großen Tempel des Amun in Jebel Barkal, in dem die Einheimischen den Thron dieses Gottes sahen. Nominell behielten einheimische Anführer die Souveränität über ihre Länder. Ihre Söhne reisten als Geiseln an den ägyptischen Hof, um zusammen mit den Prinzen asiatischer Herrscher dort ausgebildet zu werden, wo »sie die Sprache der Ägypter im Gefolge ihres Königs hörten« und ihre eigene Sprache vergaßen.

Über die Jahrhunderte entwickelte sich eine neue nubische Aristokratie, die engere Bindungen und Loyalitäten zu ihren wenigen Landsleuten in Ägypten empfand als zu ihrem eigenen Volk. Inschriften zeigen heimkehrende Prinzen, die wie wohlhabende Ägypter leben, ihre Plantagen inspizieren, mit Streitwagen jagen und ihr Dasein genießen. In der Gruft des Wesirs Huy in Theben sind die Adligen Unternubiens als Delegation bei Hofe in modischer ägyptischer Kleidung dargestellt. Währenddessen schufteten die meisten Nubier als bescheidene Arbeiter auf dem Grund und Boden, der dem Pharao, Tempelpriestern oder einheimischen Adligen und Verwaltungsbeamten gehörte. Fast 500 Jahre war Nubien im Namen des Goldes einem intensiven Ägyptisierungsprogramm unterworfen. Die Goldminen der Kolonie, in denen Sklaven, Kriegsgefangene und Sträflinge unter außerordentlich harten Bedingungen schürften, wurden auf Schritt und Tritt genau überwacht. So abschreckend war die Arbeit in den Goldminen, dass sie Teil eines rechtsverbindlichen Schwures wurde: »Sollte ich lügen, soll man mir Nase und Ohren abschneiden und mich nach Kusch schicken.«

Ramses II. herrschte über ein Königreich, dessen Reichtum in der gesamten östlichen Mittelmeerwelt legendär war. Als er über neunzigjährig 1213 v. Chr. starb, ließ er ein Ägypten auf dem Höhepunkt seiner Macht zurück.

Diese Stele berichtet vom Sieg des Pharao Merneptah, des dreizehnten Sohnes von Ramses II., der »die Saaten des israelischen Volkes zerstörte«.

Folgende Seiten: Die Göttin Nut streckt sich über den Himmel an der Decke der Grabkammer von Ramses VI.; die Sonne wird vom Körper der Göttin verschlungen, um neu geboren zu werden.

SEEVÖLKER UND PALASTINTRIGEN

Ramses starb, als die Stabilität der ägyptischen Grenzen zu wanken begann. Die Hethiter waren gute Verbündete geworden, doch nun gerieten sie an ihren nördlichen Grenzen unter Druck infolge Wassermangels und schlechter Ernten. Ramses' dreizehnter Sohn Merneptah regierte ungefähr zehn Jahre und unterdrückte in dieser Zeit Aufstände in Libyen und Nubien. Eine Inschrift in Karnak prahlt: »6259 Libyer erschlagen, ihre unbeschnittenen Phalli davongetragen.« Als die Hethiter sich auf das gegenseitige Unterstützungsabkommen mit den Ägyptern beriefen, sandte der König Getreideladungen.

Nach Merneptahs Tod um 1204 herrschte Verwirrung im Land, die sich erst mit der Thronbesteigung Ramses' III. aus der 20. Dynastie um 1187 legte. Er war der letzte der großen Pharaonen, doch regierte er in einer Zeit, in der sich die Probleme verschärften. Seine erste Herausforderung war ein Einmarsch der Libyer im Delta, den die Heere des Pharaos in blutigen Kämpfen zurückschlugen. Die Überlebenden gingen in die Sklaverei. Solche Infiltrationen waren in Zeiten der Dürre, wenn die Wüstenvölker begehrliche Blicke auf das fruchtbare Tal warfen, an der Tagesordnung. Doch die libyschen Angriffe verblassten angesichts der Tumulte in Asien, in deren Folge die Seevölker bis zu den Toren Ägyptens vordrangen, zu Belanglosigkeiten.

Seevölker – diese Bezeichnung beschwört das Bild kühner, Handel treibender Abenteurer, vergleichbar vielleicht mit den Wikingern späterer Zeit an einem anderen Ort. Tatsächlich hatten diese Seevölker keine ausgeprägt ethnische oder nationale Identität. Viele waren Seefahrer und Kaufleute aus der Ägäis und östlichen Mittelmeerhäfen, die ihr Leben damit verbrachten, von Hafen zu Hafen, von Italien an den Nil zu ziehen. Einige der Seevölker waren Wüstennomaden, Viehtreiber oder Bauern. Bestenfalls waren sie lose Zusammenschlüsse von Küstengemeinschaften, zu denen auch die Philister der Levante und andere aus so weit entfernten Gebieten wie der Ägäis und Sizilien gehörten. In einer kosmopolitischen Welt waren sie die Wanderer, die Seeleute und die berufsmäßigen Söldner, die von der Hand in den Mund lebten und sich mehr als andere Dürre und Hungersnot schutzlos ausgeliefert sahen. Um 1200 v. Chr. stürzten Missernten das ganze Hethiterreich ins Chaos. Die verzweifelten Seevölker wandten sich gegen die Hethiter und besiegten sie. Dann griffen sie von Syrien aus Ägypten an, eine Horde auf dem Marsch, komplett mit Frauen, Kindern und Ochsenkarren, die das Niltal nicht nur überfallen, sondern sich auch dort niederlassen wollte.

Neben Angreifern zu Land hissten Hunderte von Schiffen die Segel. Ramses machte an seinen Grenzen mobil und tötete die Eindringlinge an der Spitze seines Heeres; so berichtet er in der langen Inschrift an seinem Totentempel in Medinet Habu: »das Haus der Millionen Jahre von König Ramses III. vereint mit der Ewigkeit im Reich des Amun«.

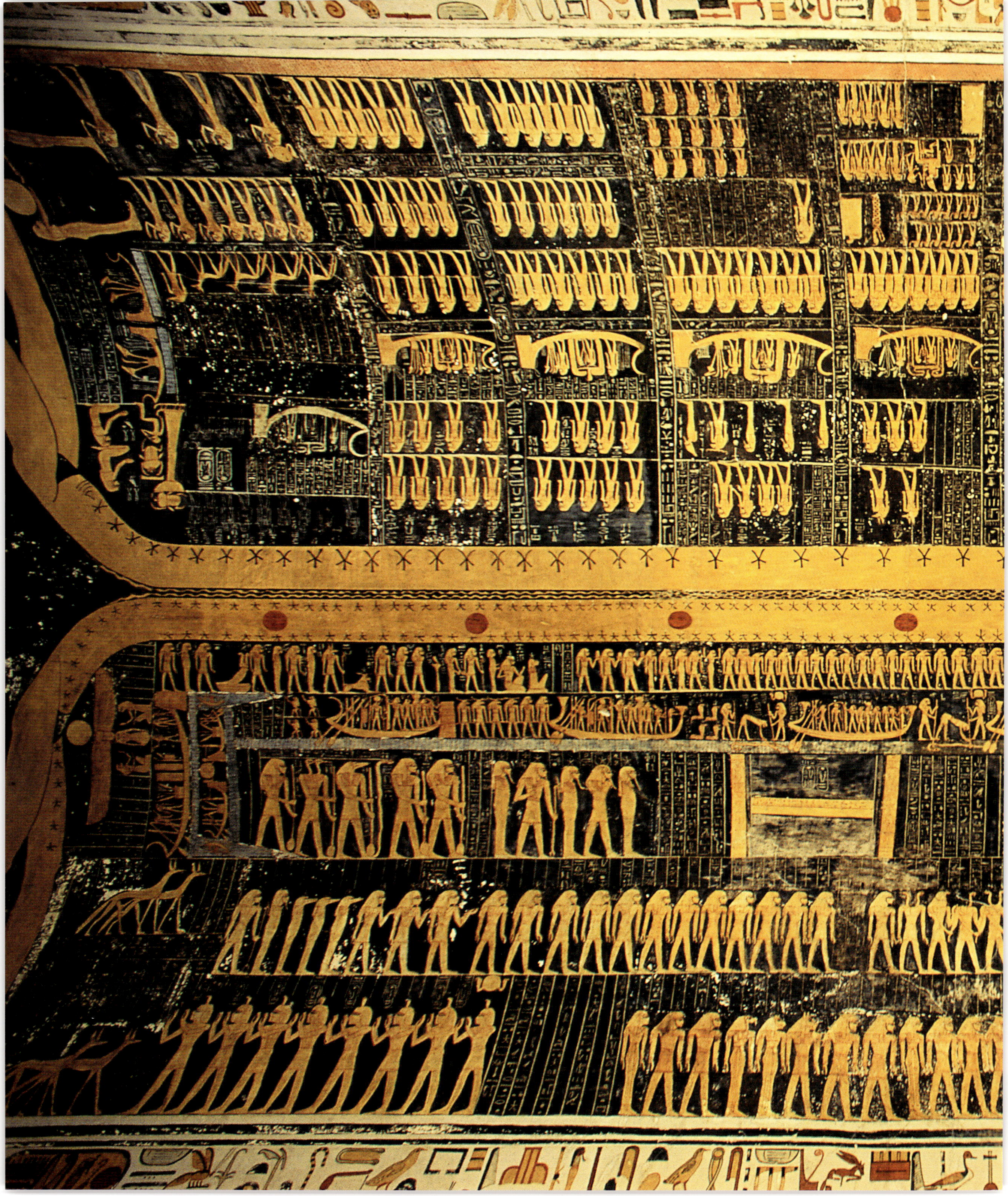

Die feindliche Flotte näherte sich der östlichen Nilmündung, in der die ägyptische Marine sie stellte. Bogenschützen säumten die Ufer, und von den Verschanzungen ägyptischer Kriegsschiffe regnete ein Pfeilhagel auf die Schiffe der Angreifer herab, sobald sie in Reichweite kamen. Reliefs in Medinet Habu zeigen die Bogenschützen, wie sie in aller Ruhe den Feind niedermähen.

Die Seevölker wurden vernichtet, und die Gefahr durch Invasion war gebannt – nur um prompt durch eine andere Bedrohung ersetzt zu werden, diesmal im Westen, wo die Libyer erneut versuchten, ins Delta vorzustoßen.

Auch hier tötete Ramses mehr als 2000 Angreifer und erbeutete eine große Zahl Rinder. Ein Relief an der Nordwand von Medinet Habu erzählt, wie militärische Schreiber dem König eine Aufstellung der getöteten Feinde bringen: 175 abgetrennte rechte Hände werden vor ihm aufgetürmt. Der König zweifelt die Zahl an, bis die Schreiber pflichtbewusst die 175 abgehackten Penisse der Toten einsammeln, um die Richtigkeit der Zählung zu beweisen.

Als das Ende der 31-jährigen Regierungszeit des Königs nahte, brodelten im Palast die Intrigen um die Nachfolge. Teje, eine von Ramses' Nebenfrauen, plante, den König zu ermorden, damit ihr Sohn Pentewere sich des Thrones bemächtigen könne. Die Verschwörer hatten sogar vor, verbotene Beschwörungen aus einem gestohlenen Buch königlicher Magie zu verwenden, um die Schlüsselwachen zu betäuben.

Das Grab des Pharaos Amenophis II. diente mindestens neun weiteren Königen als letzte Ruhestätte, um sie vor Plünderern zu schützen. Priester der Nekropole verstauten die Körper hier in zwei versiegelten Kammern. Auf der Liste der Namen finden sich unter anderen Amenophis III., Merneptah und Thutmosis IV.

Das vereitelte Komplott reichte tief in den königlichen Harem. Ein Gerichtspapyrus im Museum von Turin berichtet, wie Ramses 14 Beamte berief, die die 40 Beschuldigten, darunter auch vier königliche Diener, aburteilen sollten. Er verlieh ihnen volle Autorität, um Beweise zu sammeln, ein Urteil zu fällen, ja sogar die der Schuld Überführten hinzurichten.

Den Gefangenen wurde in Gruppen der Prozess gemacht: 28 Personen, darunter die Urheber und Königin Teje, wurden schuldig befunden und vermutlich zum Tode verurteilt; sechs weitere wurden gezwungen, vor Gericht Selbstmord zu begehen, vier andere, einschließlich Prinz Pentewere, durften in ihren Zellen Hand an sich legen. Die letzte Angeklagtengruppe umfasste drei Richter und zwei mit dem Fall betraute Beamte. Sie wurden beschuldigt, zahlreiche Verschwörerinnen und andere Gefangenen gastlich bewirtet zu haben. Von diesen fünf wurden vier zur Amputation von Nase und Ohren verurteilt, einer von ihnen beging Selbstmord. Der Pharao könnte vor dem Fällen der Urteile gestorben sein. Mit ihm endete Ägyptens bedeutendste Ära. Seine Nachfolger regierten kaum länger als ein paar Jahre. Als Ramses VI. 1145 v. Chr. auf den Thron kam, brodelte es im Land vor Unruhen.

Ägyptens östliche Grenze wurde angegriffen. Die Grenzlinie wich von der Levante bis an den Rand des östlichen Deltas zurück. Der Staat gab sogar die Türkisminen im Sinai auf. Die Preise im Land schnellten in die Höhe, als der Goldnachschub aus Nubien versiegte und die Produktivität der Minen im Wadi-el-Allaqi-System nachließ. Dem Pharao fehlte es an Arbeitskräften und Ressourcen, um die Arbeit in den Minen in ausreichendem Maße vorantreiben zu können. Zu Hause hatte gar der königliche Grabmalbau mit Schwierigkeiten zu kämpfen. Die Arbeiter der Nekropole in Deir el-Medina streikten, weil sie seit sechs Monaten keinen Lohn erhalten hatten.

Das politische Zentrum verlagerte sich nach Norden ins Delta, und so blieben Theben und seine Umgebung der seit jeher mächtigen Priesterschaft des Amun überlassen, die so reich an Besitztümern war, mit denen Generationen von Pharaonen sie überschüttet hatten, dass sie im Land die annähernd stärkste ökonomische Macht darstellten.

Zur Zeit Ramses' XI. (1104 – 1075 v. Chr.) bestand Ägypten faktisch wieder einmal aus zwei Ländern: Der Pharao regierte den Norden, und die Hohenpriester des Amun in Theben kontrollierten Oberägypten. Der sagenhafte Reichtum des Landes war versiegt – teils weil mehr Gold bei den Toten unter der Erde lag, als es im Reich der Lebenden gab. Ägyptens berühmter diplomatischer Einfluss schwand mit seinem Wohlstand. Die Beamten des Pharaos fürchteten Reisen ins Ausland, und nicht selten wurden sie ausgeraubt.

Ramses XI. ist nie im Tal der Könige bestattet worden. Seine aufgegebene Grabstätte wurde zur Werkstatt, in der die Priester der Nekropole Gold und Wertgegenstände von königlichen Särgen und Mumien entfernten, bevor diese an neue Orte gebracht wurden.

DIE SPÄTZEIT

Der Tempel von Kalabscha (dem antiken Talmis) steht an den Ufern des von Menschenhand geschaffenen Nassersees. Der Letzte der Ptolemäer und der römische Kaiser Augustus ließen Kalabscha zu Ehren des nubischen Gottes Horus-Mandulis, also Isis und Osiris, errichten. Später diente das Heiligtum als christliche Kirche. Wie Abu Simbel wurde Kalabscha, als es durch den Bau des Assuan-Staudamms gefährdet war, an einen höher gelegenen Ort versetzt.

Späte vordynastische Periode	Frühdynastische Periode	Altes Reich	Erste Zwischenperiode	Mittleres Reich
circa 3100 v. Chr.	ca. 2950–2575 v. Chr.	ca. 2575–2150 v. Chr.	ca. 2125–1975 v. Chr.	ca. 1975–1640 v. Chr.

DIE SPÄTZEIT

Diese vergoldete Mumie aus dem Tal der Mumien in der Oase Bahariya südöstlich von Kairo zeugt vom Wohlstand des hellenistisch-römischen Ägypten, als die großen Pharaonen längst vergessen waren. In der post-pharaonischen Ära verflüchtigte sich Ägyptens sagenhafter Reichtum allmählich. Nubische Könige brachten das Land an sich, doch 663 v. Chr. setzten sich die Assyrer durch, und Assurbanipal plünderte Theben. Später gewann Ägypten seine Unabhängigkeit zurück, und nach 653 v. Chr. verwalteten Könige aus Saïs das Land wie Wirtschaftskapitäne. 525 v. Chr. kamen die Perser, 332 gefolgt von Alexander dem Großen. Nach seinem Tod etablierten die Ptolemäer eine fast 300 Jahre währende griechische Dynastie und verwandelten Ägypten in eine ökonomische Schaltzentrale. Traditionalisten lehnten den griechischen Einfluss ab und hielten an der alten Lebensweise fest. 30 v. Chr. wurde Ägypten römische Provinz.

Zweite Zwischenperiode	Neues Reich	Dritte Zwischenperiode	Spätzeit	Hell.-Röm. Zeitalter
ca. 1630–1520 v. Chr.	ca. 1539–1070 v. Chr.	ca. 1075–715 v. Chr.	ca. 715–332 v. Chr.	332 v. Chr.–395 n. Chr.

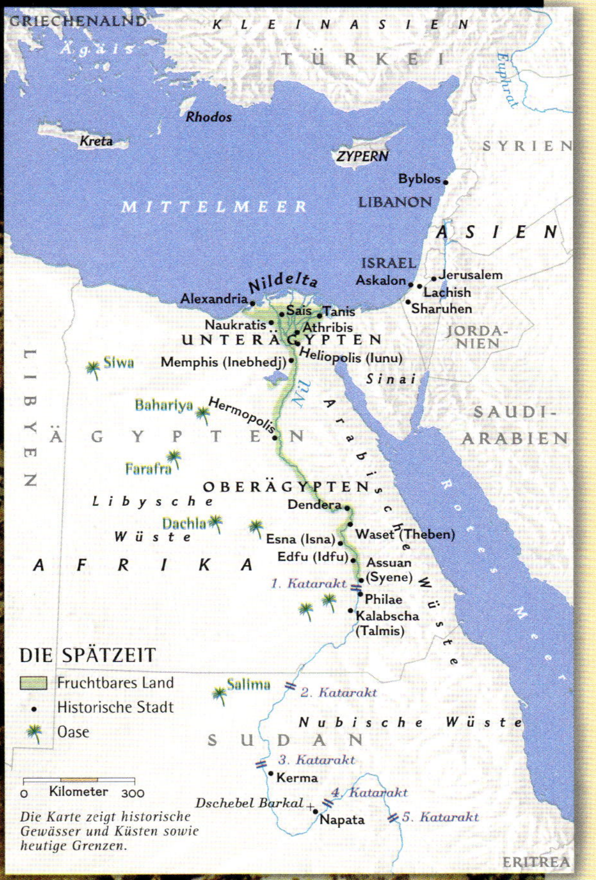

21. Dynastie (Tanis)
Smendes I.
Amenemnes
Pususennes I.
Amenemope
Osorkon I.
Siamun
Psusennes II.

(Theben–Hohepriester)
Herihor
Pianch
Pinedjem I.
Masaherta
Mencheperre
Smendes II.
Pinedjem II.

Psusennes III.

22. Dynastie
LIBYSCH
Scheschonk I.
Osorkon II.
Takelothis I.
Scheschonk II.
Osorkon III.
Takelot II.
Scheschonk III.
Pami
Shoshenq V.
Osorkon V.
Harsiese (Theben)

23. Dynastie
LIBYSCH
Pedubaste
Scheschonk IV.
Osorkon IV.
Takelothis III.
Rudamon
Iuput
Nimlot
Peftjauawybast

24. Dynastie
Tefnachte
Bkchoris

25. Dynastie
NUBISCH
Kaschta
Piye

NUBISCH
Schabaqé
Schabirqo
Taharqo
Tanotamun

26. Dynastie
Psammetich I.
Necho II.
Psammetich II.
Apries
Amasis
Psammetich III.

27. Dynastie
PERSISCH
Kambyses
Darius I.
Xerxes
Artaxerxes I.
Darius II.

28. Dynastie
(Vertreibung der Perser)
Amyrtaios

29. Dynastie
Nepherites I.
Psammuthis
Hakoris
Nepherites II.

30. Dynastie
Nektanebis I .
Teos
Nektanebis II.

31. Dynastie
PERSISCH
Artaxerxes III.
Arses
Darius III.

Mazedonische Dynastie
Alexander der Große

Ptolemäische Dynastie
Kleopatra VII.

Römische Kaiser

SKANDAL IN THEBEN

Wir können uns das sorgfältige Intrigenspiel im Vorfeld, die geheimen Treffen in einer einsamen Schlucht, lautlose, sich verstohlen durch die tiefschwarze ägyptische Nacht bewegende Gestalten vorstellen. Fieberhaftes Graben in der Dunkelheit, Öllampen in den Händen, die Räuber raffen so viele Schätze an sich, wie sie wegschleppen können, und verschwinden, bevor die Sonne aufgeht. Der Raub war unvermeidlich. Jeder Ägypter wusste, dass die Reichen und Mächtigen Schätze in die Ewigkeit mitnahmen. Ein einziges Ornament aus dem Grab eines Pharaos konnte einen armen Dorfbewohner über Jahre ernähren. Grabraub breitete sich in mageren Zeiten wie eine Epidemie in Ägypten aus. Während des 16. Regierungsjahres von Ramses IX. (etwa 1110 v. Chr.) wurde Theben von einem großen Skandal erschüttert. Schon seit Jahren kursierten Gerüchte über heimliche Grabungen. Paser, Bürgermeister von Theben und ehrlicher Bürokrat, befasste sich mit dem Fall. Paser initiierte eine offizielle Untersuchung über Grabplünderungen, und schon bald hielt er Aussagen von Augenzeugen in Händen.

Mythische Schilfstände aus Stein (gegenüber), die Säulen der Hypostylenhalle im Horus-Tempel (oben) in Edfu in Oberägypten erzeugen die Illusion des schattigen urzeitlichen Sumpfes der Schöpfung. Zwischen 237 und 57 v. Chr. unter den Ptolemäern fertiggestellt, ist Edfu der am vollständigsten erhaltene antike Tempel Ägyptens.

Der Silbersarg des Pharao Psusennes I. (um 1040 – 995 v. Chr.) wurde 1939 von dem französischen Ägyptologen Pierre Montet entdeckt. Die alten Ägypter hielten Silber für die Knochen der Götter und Gold für deren Fleisch. Psusennes trägt die offiziellen Reliquien eines Königs und den Krummstab und Dreschflegel eines Pharaos.

Paser trug den Fall dem örtlichen Wesir vor, der eine offizielle Kommission damit beauftragte, die Gräber zu inspizieren. Hastiges Vertuschen am Westufer gewährleistete, dass die Fahnder nur auf wenige Unregelmäßigkeiten stießen.

Paser war ein zielstrebiger Mann. Er fuhr fort, den Wesir mit Beweisen für den Grabraub zu bombardieren. Ein Jahr später konnten selbst höchste Beamte nicht mehr leugnen, dass etwas nicht in Ordnung war. Der Wesir ließ erneute Erkundigungen einziehen. 45 Grabräuber wurden vor Gericht gestellt und auf die Fußsohlen geschlagen, um Geständnisse zu erzwingen. Ihre Aussagen sind erhalten geblieben, ironischerweise auf geraubten Papyri, die im 19. Jahrhundert an Touristen verkauft wurden. Der Fall endete mit grausamen Bestrafungen der Täter, die vermutlich auch den Tod durch Pfählen einschloss. Einige der Angeklagten sprach man frei, als offenkundig wurde, dass die Schläge sie zu Falschaussagen getrieben hatten. Die Prozesse trugen nur bedingt dazu bei, die Flut der Plünderungen zu verhindern, auch später gab es vereinzelt Erwähnungen weiterer Verhandlungen.

EIN LAND IN SCHWIERIGKEITEN

Ein Jahrtausend vor Christus waren die großen Pharaonen kaum mehr als eine Erinnerung. Zu Zeiten der 18. Dynastie waren die Ägypter machtvolle Eroberer, aber nach dem Echnaton-Debakel bestanden ihre Heere hauptsächlich aus Söldnern aus Libyen, Nubien und den östlichen Mittelmeerländern. Ägypten verlor an Selbstvertrauen und konzentrierte sich auf sich selbst. Die Menschen lebten in einer bequemen Bürokratie mit Aussicht auf geruhsame erbliche Ämter. Die Priesterschaft des Amun erwarb immer mehr Reichtum und vergrößerte ihren politischen und ökonomischen Einfluss beträchtlich.

1085 v. Chr. übernahm das Militär faktisch die thebanische Priesterschaft. Herihor, ein General, der als Vizekönig von Kusch und als Wesir gedient hatte, wurde Hohepriester. Er war mächtig genug, um seine Autorität gegenüber den letzten Ramessiden zu behaupten und an der Seite seiner Frau Nodjmet, der Schwester Ramses' XI., eine neue Herrscherklasse zu etablieren. Sechs Jahre lang regierte er neben dem Pharao, starb aber vor ihm. Inzwischen lag das politische Zentrum im Norden, wo die Könige der 19. und 20. Dynastie wie Ramses II. am Mittelmeer wichtige Häfen gegründet hatten. Diese kosmopolitischen Städte und ihre blühenden Märkte spiegelten Ägyptens wachsende Beteiligung an der östlichen Mittelmeerpolitik wider.

Die duale Regierungsweise setzte sich nach dem Tod Ramses' XI. fort, wobei die Machthaber in Theben dem König in Tanis, einer Stadt im nordöstlichen Delta, zumindest formal Reverenz erwiesen. Sieben Könige der 21. Dynastie regierten zwischen 1075 und 945 v. Chr. in Tanis.

Die Pharaonen waren mit den politischen Ereignissen in Asien beschäftigt, als David versuchte, die Israeliten zu einen und die Philister zu vernichten. Jahrhundertelang waren asiatische Prinzessinnen diplomatische Ehen mit dem ägyptischen Hof eingegangen. Nun sandten die gar nicht mehr so stolzen Ägypter Prinzessinnen an so wichtige Persönlichkeiten wie Hadad, den Kronprinzen von Edom. Auch König Salomon von Israel heiratete eine ägyptische Prinzessin. Die Truppen des Pharaos waren in Asien aktiv und eroberten Gezer von den Philistern.

1939/40 entdeckte der französische Ägyptologe Pierre Montet die Grabkammern der Könige der 21. Dynastie unter dem Pflaster eines Tempels der Götter Amun, Mut und Chonsu in Tanis. Das kostbare Grab von König Psusennes (um 1040 – 995 v. Chr.) war unversehrt, die einzige gänzlich unberührte königliche Grabstätte, die je in Ägypten gefunden wurde (das von Tutanchamun war kurz nach der Versiegelung zweimal geöffnet worden). Der König trug eine goldene Maske, ähnlich der von Tutanchamun, doch von geringerer künstlerischer Qualität. Im Innern des silbernen Sarges, der wiederum in einem menschenähnlichen Sarg aus schwarzem Granit lag, der einst einem Adligen der 19. Dynastie gehört hatte, war nur wenig von der Mumie erhalten geblieben. Die Särge standen in einem Sarkophag aus rotem Granit, der mehr als 200 Jahre zuvor zur Bestattung von König Merneptah, dem Nachfolger Ramses' II., gedient hatte. Diese Form des »Recyclings« ist in früheren Zeiten beispiellos; sie könnte ein Hinweis darauf sein, dass die Grabstätten im Tal der Könige ausgeraubt wurden.

Um 945 v. Chr. ging die königliche Macht auf eine Reihe libyscher Führer über, die in der 22. und 23. Dynastie regierten. Der Begründer Scheschonk I., früherer Oberbefehlshaber der Streitkräfte, war ein starker Herrscher, der Tanis und Theben wieder vereinte. Scheschonk hielt sich an der Macht, indem er im ganzen Land Schlüsselpositionen mit Familienmitgliedern besetzte. Durch einen Feldzug gegen die Königreiche Juda und Israel im Jahr 925 v. Chr. stellte er Ägyptens Präsenz in Asien wieder her. Das Heer des Pharaos kesselte Jerusalem ein, ließ sich aber mit »den Schätzen aus dem Hause des Herrn und den Schätzen des Königshauses« bestechen, »er nahm gar alles und er nahm all die Schilde aus Gold, die Salomon gefertigt hatte, fort«.

Sein Triumph war von kurzer Dauer. Bald erwuchsen ihm im Osten ernste Probleme. Ihre begehrlichen Blicke auf die reichen Märkte und Städte der Levante gerichtet, zogen die assyrischen Könige Assurnasirpal II. und sein Sohn Schalmaneser III. (ca. 858 – 828 v. Chr.) gegen Syrien und Palästina zu Felde. 835 v. Chr. schloss Ägypten eine Allianz mit Israel und Byblos. Gemeinsam hielten sie den assyrischen Vorstoß auf, doch nun machten Ägypten Schwierigkeiten im eigenen Land zu schaffen – der 50-jährigen Regierungsperiode von Scheschonk III. (um 835 – 785 v. Chr.) zum Trotz. Der Süden spaltete sich vom Norden ab, und das Delta zerfiel in einzelne, von verschiedenen Städten dominierte Königreiche. Nach dem Tod von Scheschonk III. regierte eine Reihe unbedeutenderer Könige über Unterägypten.

Obwohl die Erinnerung daran erhalten blieb, löste sich Ägyptens legendärer Goldreichtum langsam in Luft auf. »Das ägyptische Theben, wo überreich die Häuser sind an Schätzen, das hunderttorige Theben«, schrieb Homer in der um 750 v. Chr. aufgezeichneten *Illias*. Noch immer gab es viele wohlhabende ägyptische Familien, doch wurden sie von den gleichen Gesundheitsproblemen geplagt wie ihre ärmeren Landsleute. So wurde etwa 850 v. Chr. eine Frau namens Djedmaatesanch nach der Einbalsamierung in einem wunderschön gestalteten Sarg beerdigt; sie war eine Sängerin im Großen Tempel des Amun bei Karnak in Theben. Ihre unversehrte Mumie wurde 1910 nach Toronto ins Royal Ontario Museum gebracht und blieb unberührt, bis die moderne Medizin es erlaubte, sie zu untersuchen, ohne den Sarg zu öffnen. 1977 unterzog man ihren ganzen Körper einer Ultraschalluntersuchung, 1994 einer weiteren mit verbesserter Technik. Djedmaatesanch war unter Qualen an einem schweren Abszess im Oberkiefer gestorben, einem unter den alten Ägyptern weit verbreiteten Leiden.

Ohne ihr Gold büßten die Pharaonen ihren diplomatischen Einfluss und ihren Zugang zur Macht in Asien ein. In den Augen des Auslands verlor Ägypten den Ruf, das Shangri-La der Alten Welt, wie der Ägyptologe Peter Clayton es nennt, zu sein. Seine Herrscher waren nicht länger Furcht einflößende Gottkönige, die angesichts des Chaos die Ordnung im Reich aufrecht erhielten, sondern Monarchen, die in einer komplexer werdenden Welt ums Überleben kämpften.

Besonders im Nildelta herrschte ein reges Kommen und Gehen von Splitterkönigreichen – Ägypten war nur dem Namen nach noch ein Staat. Aber um 730 v. Chr. schlossen sich die verschiedenen lokalen Machthaber gegen eine neue Bedrohung zusammen. Diesmal kam sie aus dem Süden: Nubien expandierte in das Territorium seines früheren Herrn.

NUBISCHE PHARAONEN

Nubien war seit den Tagen Ramses' XI. eigene Wege gegangen; damals hatte der Vizekönig von Kusch, er war möglicherweise nubischer Herkunft, einen Putschversuch unternommen. Er war von Herihor geschlagen worden und tief in den nubischen Süden geflohen. Ein neues, wichtiges Kusch-Königreich entstand in der Napata-Region, unterhalb des Vierten Kataraktes in Obernubien und in der Nähe des großen Schreins von Amun in Jebel Barkal. Die Könige von Napata trieben Handel mit Ägypten und behielten die wechselhaften politischen Ereignisse flussaufwärts im Auge, aber sie bewahrten die eigene afrikanische Kultur.

Im 8. Jahrhundert reiste der Napata-König Kaschta, der sechste seiner Linie, in den Norden nach Theben. Erst kürzlich zum Glauben des Amun konvertiert, stellte sich Kaschta als Pilger, als Verteidiger des wahren Glaubens dar – vielleicht ein Versuch, kuschitische und thebanische Bestrebungen, sich ganz Ägypten zu unterwerfen, zu legitimeren. Die Priester des Amun bestätigten seine Königslinie und ein formales Bündnis zwischen Napata und Theben. Jahrhunderte der Feindschaft zwischen Afrika und Ägypten wichen einer gleichberechtigten Partnerschaft.

Kaschta starb um 750 v. Chr. Sein Sohn Pije verlebte die ersten 20 Jahre seiner Herrschaft in Napata. Ihn erreichte jedoch die Kunde von einer Bedrohung Thebens durch einen Fürsten des Deltas namens Tefnachte, der ganz Ägypten unter seine Herrschaft bringen wollte. Thebanische Offiziere ersuchten Pije, das Reich Amuns gegen den Eindringling zu schützen. Einzelheiten dessen, was nun folgte, erfahren wir durch eine Gedenkstele, die Pije bei Jebel Barkal errichten ließ.

Die Thebaner dazu drängend, Widerstand zu leisten, so gut sie nur konnten, schickte er ein Heer nach Norden. Seine Generale schlugen Tefnachte zurück, ohne jedoch dessen Truppen zu vernichten. Jetzt erst erschien der König persönlich, um die Angelegenheit zu Ende zu bringen. Mit brillantem politischen Opportunismus nahm Pije am Opet-Fest in Theben teil und sorgte dafür, dass die Amun-Statue – wie in den Tagen der großen Pharaonen – auf dem althergebrachten Prozessionsweg zur Schau gestellt wurde. Die Geste gefiel den Konservativen und brachte ihm die Unterstützung Oberägyptens ein.

Um 730 v. Chr. ging Pije gegen eine unbequeme Koalition von vier Königen aus dem Norden vor. Sie zu schlagen war ein Leichtes, er behandelte sie nachsichtig, eher wie Menschen, die dumme Fehler begangen hatten, denn als Rebellen. Dann wandte er sich gegen Unruhestifter weiter flussabwärts. Er belagerte Hermopolis im Mittleren Ägypten, wo der dortige Herrscher Nimlot ihm all seine Schätze, inklusive seiner eigenen Krone, auslieferte und seine Frau ausschickte, um für sein Leben zu bitten.

Pije kehrte nach Theben zurück, nahm die Krönungsnamen von Thutmosis III. und Ramses II. an und zog sich dann – unerklärlicherweise – in seine nubische Heimat zurück. Ägyptischen Boden betrat er nie wieder. Unweigerlich nahmen die Rebellen, die er nachsichtig behandelt hatte, ihre Machtkämpfe wieder auf. Pijes Bruder Schabaqe gelang es 715 v. Chr., die Kontrolle über ganz Ägypten an sich zu ziehen. Er war auf die Wiederbelebung alter religiöser Überzeugungen und Bräuche ebenso eifrig bedacht wie sein Bruder. Schabaqe startete groß angelegte Bauprojekte in Theben, Dendra, Esna und an weiteren Tempeln – alles zum Ruhme Amuns und anderer ägyptischer Götter. Eine seiner Hauptbeschäftigungen aber waren die sich zunehmend aggressiver verhaltenden Assyrer. Er konnte König Sargon II. in Schach halten, seine Nachfolger allerdings waren weniger erfolgreich. Sargon war durch Konflikte andernorts im Reich ausgelastet gewesen, König Sanherib hingegen ging mit aller Gewalt gegen das aufständische Israel vor, belagerte die

Um 690 v. Chr. bestieg der nubische Pharao Taharqo den Thron von Ägypten. Als ergebener Traditionalist bemühte er sich um die Instandsetzung des Amun-Tempels in Karnak und plante weitere ehrgeizige Bauprojekte. Nach der Niederlage seines Heeres gegen die Assyrer aber floh Taharqo nach Süden, tief ins nubische Landesinnere.

Stadt Lachisch (ein Ereignis, das die Bibel im Zweiten Buch der Könige erwähnt) und zwang den König von Juda, Hiskia, Jerusalem zu übergeben. Pharao Schabirqo war eine Allianz mit den Rebellen eingegangen, hatte aber wenig getan, um ihnen zu helfen. Sanherib bezeichnete das einst mächtige Ägypten verächtlich als gebrochenes Schilf.

Ein anderer Nubier namens Taharqo wurde um 690 v. Chr. Pharao und kam in den Genuss eines kurzen Aufschubs assyrischer Eroberungsgelüste, obwohl das Land unter seiner Herrschaft weit davon entfernt war, geeint zu sein. Er war ein fähiger Mann, doch erntete er den Sturm, den sein Vorgänger in Asien gesät hatten. Nachdem der assyrische König Sanherib um 681 v. Chr. in Ninive einem Mordanschlag zum Opfer gefallen war, drängte eine Allianz zwischen Taharqos Heer und der Stadt Askalon die Streitkräfte von König Sanheribs Sohn Asarhaddon um 674 v. Chr. zurück. Zwischen seinen Kriegszügen in Asien investierte Taharqo viel in Bauten für Amun, die der uralten religiösen Ordnung huldigten. Etwa 671 v. Chr. drang der auf Rache sinnende Asarhaddon tief nach Ägypten ein, eroberte Memphis und nahm den Großteil der königlichen Familie gefangen; Taharqo floh nach Süden.

Wieder und wieder erhoben sich die aufsässigen Ägypter, so auch unter Pharao Tanotamun, dem Cousin Taharqos. Von Visionen antiker Größe ermutigt, jagte Tanotamun nordwärts durch Ägypten und eroberte Memphis zurück. Sein Glück währte kurz. Ein wutentbrannter König Assurbanipal suchte 667 v. Chr. den Nil mit einer großen Streitmacht heim, nahm Memphis wieder in Besitz und plünderte Theben nach einem bösartigen Angriff, der Schockwellen durch den gesamten östlichen Mittelmeerraum sandte. Karnak und Luxor wurden ausgeraubt, die königlichen Schatzkammern geleert, die antiken heiligen Stätten zerstört. Tanotamun floh südwärts nach Napata und kehrte, da die Assyrer ihre Kontrolle über das Land südlich von Assuan festigten, niemals zurück. Die Jahrhunderte währende nubische Dynastie endete 675 v. Chr. mit seinem Tod.

SAÏTEN UND PERSER

Wie üblich ernannten die Assyrer einen Strohmann zum Herrscher über ihre neuen und aufgeteilten Gebiete. Im Jahre 665 v. Chr. machte Assurbanipal einen ortsansässigen Adligen namens Necho zum König der Deltastadt Saïs und seinen Sohn Psammetich zum Fürsten des ebenfalls im Delta gelegenen Athribis. Necho starb im folgenden Jahr, und so fiel es Psammetich zu, Unterägypten mit Theben auszusöhnen. Er hatte das Glück, von Mentuemhet, dem Prinzen und Bürgermeister von Theben, in seinen Bemühungen unterstützt zu werden.

DAS GRAB DES JUFAA

1998 entdeckten tschechische Ägyptologen im geheiligten, aus der 5. Dynastie stammenden Pyramidenkomplex von Abusir die Grabstätte eines Priesters der 27. Dynastie namens Jufaa. Er diente den Pharaonen Amasis und Psammetich III. und wurde zur Zeit der persischen Besatzung unter Darius I. (521 v. Chr.) bestattet. Seine Gruft wies eine Umfriedung aus Schlammziegeln auf, einen tiefen Hauptschacht und eine Grabkammer, die noch immer mit den ursprünglichen Felsblöcken versiegelt war und deren Wände wunderbar erhaltene Inschriften und Reliefe trugen. Ladislav Bares und Miroslav Verner öffneten Jufaas unberührten massiven Steinsarkophag 1998 (links). Sie hoben den Deckel mit äußerster Vorsicht und fanden darin einen menschenförmigen Sarkophag aus Basalt (oben), der die Mumie enthielt. Die durch hohe Wasserspiegel verursachte extreme Feuchtigkeit hatte sie stark geschädigt. Jufaa war mit zahlreichen nichtägyptischen Tongefäßen und in Begleitung von nicht weniger als 408 glasierten Uschebti-Figuren ins nächste Leben aufgebrochen.

Die Mumie des Priesters Jufaa trug eine Ummantelung aus exquisiten glasierten Tonperlen (gegenüberliegende Seite). Die Schutzgöttin Isis breitet ihre Schwingen über Jufaas Brust aus. Bevor die Feuchtigkeit ihr zerstörerisches Werk begann, war sein Kopf vergoldet. Nach der Entnahme aus dem Sarkophag wurde die Mumie vorsichtig in eine speziell gefertigte Kiste aus Sperrholz gelegt. In einer modernen Beerdigungsprozession trugen Arbeiter Jufaa zum wartenden Wagen; in der Ferne sind die Pyramiden von Abusir zu erkennen (unten). Die Mumie wurde in ein Labor nach Giseh in die Nähe von Kairo gebracht. Ursprünglich hatten die Entdecker angenommen, Jufaa sei ein alter Mann gewesen, aber medizinische Untersuchungen bewiesen das Gegenteil. Nachdem Anthropologen die Mumie ausgewickelt und die einbandagierten Amulette geborgen hatten, durchdrangen Röntgenstrahlen den ausgetrockneten Leichnam (siehe den Schädel rechts) und ermittelten sein Alter: zwischen 25 und 35 Jahren.

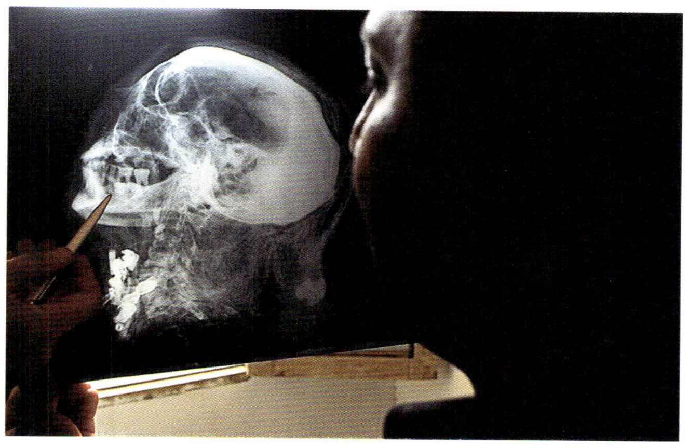

Mentuemhet, ehemals rechte Hand von Taharqo, hatte unter dem verbliebenen Adel Thebens beträchtlichen Einfluss. Psammetich rekrutierte ein großes Heer von Söldnern, darunter viele Griechen, um seine Gegner im Delta zu bezwingen.

Zum Glück für Ägypten regierte Psammetich mehr als ein halbes Jahrhundert und brachte so dem Land, in dem die Pharaonen deutlich an Ansehen verloren hatten, die dringend notwendige Stabilität. Er und seine saïtischen Nachfolger verwalteten das Land in einer Welt, in der Assyriens Macht rasch zerfiel, eher als Wirtschaftskapitäne denn als göttliche Herrscher. Im Jahr 635 v. Chr., als die Assyrer mit Unruhen im eigenen Land zu kämpfen hatten, warf Psammetich das fremde Joch mutig ab. Um diese Zeit, 612 v. Chr., wurde Assyriens Hauptstadt Ninive von Persern und Skythen geplündert. Ägypten war wieder ein wohlhabender, unabhängiger Staat.

Unter der Oberfläche breitete sich bei den Traditionalisten, die sich nach unkomplizierteren Tagen zurücksehnten, Unmut über die Saïten aus. Fremdenhass führte im Heimatland zu Aufständen und Ausschreitungen. Um 570 endete ein Bürgerkrieg zwischen Söldnern und regionalen ägyptischen Soldaten in einer blutigen Schlacht, in der das einheimische Heer unter General Amasis siegte, der daraufhin Pharao wurde. Er versuchte, die ethnischen Spannungen zu lösen, in dem er Fremden, die sich in der Stadt Naukratis im Delta ansiedelten, besondere Handelsprivilegien zubilligte und den Hafen so zu einer antiken Entsprechung einer Freihandelszone machte.

Während Amasis den Außenhandel förderte, richteten die Perser begehrliche Blicke auf Ägypten. Nur ein Jahr, nachdem Psammetich III. 526 v. Chr. den Thron bestiegen hatte, sah er sich mit einer kampfstarken Invasion unter König Kambyses konfrontiert. Das ungeübte Heer des Königs war für die gut ausgerüsteten und erfahrenen persischen Truppen, die sich von Beduinenführern durch die Wüste hatten lotsen lassen, kein Gegner. Die Ägypter wurden geschlagen und Psammetich III. floh nach Memphis, wo man ihn gefangen nahm und ins Exil schickte.

Herodot, der Ägypten ein Dreivierteljahrhundert später besuchte, schilderte die abscheulichen Taten von König Kambyses. Als dieser zum Beispiel am Tag nach dem Fall von Memphis Freudenrufe vernahm und erfuhr, dass das Volk die Geburt eines neuen heiligen Apis-Stiers feierte, befahl er, den Bullen zu ihm zu bringen, und durchbohrte ihn eigenhändig mit einem Speer – ein frevelhafter und gottloser Akt angesichts der Bedeutung des Stiers: Der Kult des heiligen Stiers reichte in das Alte Reich zurück, war vielleicht sogar noch älteren Ursprungs. Der lebendige Apis-Stier war die Inkarnation des Gottes Ptah, des Begründers von Memphis. Jeder Apis-Stier hatte die gleiche Zeichnung: schwarz mit einem weißen Diamantfleck auf der Stirn und weitere typische Merkmale. Speziell dafür ausgewählte Priester hüteten den Stier, der ein verwöhntes und luxuriöses Dasein im Ptah-Tempel von Memphis fristete.

Apis war Orakel und Prophet, eine Quelle der Weisheit, mit Wärtern, die jede seiner Bewegungen beobachteten und deuteten. Wenn Apis starb, verfiel das Land in Trauer. Die Entdeckung eines neuen Apis-Stieres mit der richtigen Zeichnung war Anlass zu großer Freude.

Kambyses entweihte Amasis' Mumie: Er veranlasste, den toten König symbolisch seiner Unsterblichkeit beraubend, ihre Verbrennung. Nach anfänglichen Erfolgen erging es Kambyses schlecht. Es heißt, er habe ein ganzes Heer auf der Suche nach der Oase Siwa in der Wüste verloren. Noch heute tauchen gelegentlich Meldungen über die Entdeckung der »verlorenen Streitmacht« in der ägyptischen Boulevardpresse auf.

Darius I. folgte 521 Kambyses auf den Thron; er interessierte sich intensiver für die Verwaltung Ägyptens. Doch wurde er durch Ereignisse andernorts abgelenkt, besonders durch seinen Krieg gegen die Griechen, der 490 v. Chr. in einer Niederlage bei Marathon endete. Die Ägypter machten sich die Situation zunutze und erhoben sich gegen die persische Herrschaft. König Xerxes rächte sich erbarmungslos und ernannte seinen grausamen Sohn Achaemenes zum Satrapen. Xerxes fiel 466 einem Attentat zum Opfer. Wieder rebellierten die Ägypter, diesmal unter der Führung von Prinzessin Inaros von Heliopolis und Amyrtaios von Saïs. Mithilfe griechischer Verbündeter konnten sie sich zunächst behaupten, doch bald gewannen die Perser die Oberhand und Inaros wurde hingerichtet.

Unter Darius II. (424 – 404 v. Chr.) brachen neue Aufstände aus, die so erfolgreich waren, dass Ägypten während der Herrschaft dieses Königs und Artaxerxes' I., der beiden letzten persischen Monarchen der 27. Dynastie, eine Quasi-Unabhängigkeit genoss. Der letzte persische Marsch gegen Ägypten fand 343 v. Chr. statt, als Pharao Nektanebis II. in Pelusium von einer Streitmacht mit mehr als 20 000 griechischen Söldnern angegriffen wurde. Ein griechischer General auf der persischen Seite umging die ägyptische Flanke, eroberte Pelusium und andere Städte im Delta und schließlich auch Memphis. Pharao Nektanebis floh südwärts nach Nubien, womit die Herrschaft des letzten gebürtigen ägyptischen Pharaos endete. Diesmal währte die persische Besatzung nur ein Jahrzehnt. Der letzte persische Satrap, Mazaeus, ließ Alexander den Großen praktisch widerstandslos ins Land eindringen, und wurde für sein Entgegenkommen mit einem hohen Amt in Babylon belohnt.

Nachdem er den Umhang seines Vaters Philipp II. von Mazedonien geerbt hatte, marschierte der zwanzigjährige Alexander in das zerfallende Perserreich ein und schlug Darius III. 333 v. Chr. in der Schlacht bei Issos. Ein Jahr später hatten Alexander und seine Soldaten Ägypten erobert. Er besuchte das in der griechischen Welt berühmte Orakel von Amun (Ammon) in der Oase Siwa, das ihn pflichtgemäß zum Sohn des Amun-Re erklärte. Er gründete die Stadt Alexandria, die erste und größte aller Städte, die seinen Namen tragen sollten, und tat viel, um

Ein Prozessionsweg führt zum berühmten Tempel der Isis in Philae, heute die Insel Agilkia bei Assuan. Viktorianische Reisende ließen sich ob der schönen Insel und ihrer malerischen Ruinen zu lyrischen Ergüssen hinreißen. Das höchst glanzvolle Heiligtum mit seinen erlesen verzierten Säulen entstand unter den Ptolemäern. Isis war bei den Römern als Göttin so beliebt, dass ihr Tempel bis 550 n. Chr. benutzt wurde.

die Tempel, die die Perser elf Jahre zuvor bei ihrer Invasion geplündert hatten, zu restaurieren. Alexander könnte in Memphis sogar zum König gekrönt worden sein. Der Schrein des Amun-Tempels in Luxor wurde auf sein Geheiß wiederaufgebaut und mit Reliefs geschmückt, die Alexander beim Darbringen von Opfern für Amun-Min zeigen. Aber der rastlose Mazedonier blieb nie lange genug, um sich des Thrones von Horus wirklich zu bemächtigen. Er nahm seine Feldzüge nach Asien wieder auf und starb 323 v. Chr. in Babylon.

Die konservativen Kräfte in Ägypten lehnten die Griechen, andere Ausländer und die Fremdherrschaft ab. Folglich wandten sich die einheimischen Ägypter nach innen. In dem Maße, wie die Priester den alten Glauben als Bastion gegen fremde Einflüsse nutzten, wurden die Hieroglyphen kryptischer und unverständlicher, wurde die Komplexität der ägyptischen Theologie verworrener. Pilgerreisen kamen in Mode und vor allem: Das einfache Volk widmete sich Tierkulten. Nicht den Tieren selbst wurde Verehrung zuteil, sondern ihrer Verbindung zu bestimmten Gottheiten. Paviane und Ibisse wurden mit dem Gott Thot assoziiert, Katzen mit der Katzengöttin Bastet und Hunde mit Anubis. Diese Art der Verehrung kann nicht überraschen, denn es waren politisch verworrene Zeiten des Verfalls, in denen sich durchschnittliche ägyptische Bürger durch den Verlust der Unabhängigkeit und der einst so stolzen Stellung in der Welt bedroht fühlten. Aber sie hatten noch immer ihre eigene Kultur und ihre persönlichen Götter, die ihnen ihre Identität als echte Ägypter bewahrten. Ihre demütigen Wallfahrten und persönliche Hingabe verbanden sie auf viel direkterem Wege mit einem vertrauten Kosmos, als die riesigen anonymen Schreine der großen Götter in Theben und Memphis es vermochten.

DIE PTOLEMÄER

Nach Alexanders Tod teilten seine Generale sein Imperium unter sich auf. Ptolemaios, Sohn des Lagus, beanspruchte Ägypten für sich. Am 7. November 305 v. Chr. erklärte er sich zum Pharao. Und Ptolemaios' Nachkommen regierten Ägypten nahezu 300 Jahre bis zum 12. August 30 v. Chr., dem Todestag der Königin Kleopatra (Kleopatra VII.).

Die Ptolemäer machten die ägyptische Monarchie mehr oder weniger zu einer Familienangelegenheit. Jeder Pharao ernannte lange vor dem eigenen Tod einen Sohn zu seinem Nachfolger. Ehen innerhalb der Familie wurden zu einer festen Institution. Die Pharaonen sahen sich selbst als gütige Herrscher an der Spitze eines harmonischen Reiches und gaben sich Königstitel wie *Evergetes*, »Wohltäter«, und *Soter*, »Retter«. Ihre Höfe waren berühmt für ihre Extravaganz. Teil einer von Ptolemaios II. Philadelphus organisierten Prozession im Rahmen eines Festes zu Ehren seines Vaters Mitte des 3. Jahrhunderts war ein mechanisches Floß, das eine fast vier Meter

hohe Statue trug. Die Figur erhob sich, goss ein Trankopfer aus Milch aus einem goldenen Gefäß und setzte sich wieder. Auf einem anderen Floß befand sich eine etwa elf Meter lange Weinpresse mit nicht weniger als 60 als Satyrn verkleideten Menschen, die Reben zertrampelten. Griechische und mazedonische Bräuche prägten das Verhalten bei Hof auf eine Weise, die die konservativen Höflinge des Neuen Reiches, für die althergebrachte Etikette über allem stand, entsetzt hätte.

Die Ptolemäer sahen sich als durch und durch moderne Staatsoberhäupter. Sie nannten sich selbst »gütige Götter«, doch gibt es keine Anzeichen dafür, dass sie sich tatsächlich für göttliche Herrscher hielten wie ihre Vorgänger in der Antike. Obwohl die Familie für die Ptolemäer wichtig war, umgab den Hof dauerndes Intrigenspiel. Manchmal entluden sich solche Ränkespiele in Bürgerkriegen, in denen Bruder gegen Schwester, Vater gegen Sohn stand. Ptolemaios VIII. Evergetes II. beleidigte seine Untergebenen derart, dass er 163 v. Chr. gezwungen war, nach Zypern zu fliehen. Dort bereitete er seine Rückkehr nach Ägypten vor, wo nun seine Schwester und Gemahlin Kleopatra II. regierte, indem er seinen Sohn Memphites tötete, ihn zerstückelte und ihr die Leiche sandte. 129 fiel er in Ägypten ein und riss den Thron an sich.

Die späteren Ptolemäer waren fast ebenso gewissenlos. Ptolemaios X. Alexander I., der zu Beginn des 1. Jahrhunderts v. Chr. regierte, aß und trank so exzessiv, dass er allein ohne fremde Hilfe nicht mehr zu gehen vermochte. Ptolemaios XI. Alexander II. heiratete seine Tante, die den

Thron geerbt hatte, allerdings tötete er sie innerhalb eines Monats nach der Hochzeit. Nach 19-tägiger Regierung wurde er 80 v. Chr. gelyncht.

All seinen Intrigen und Gewalttätigkeiten zum Trotz war das ptolemäische Ägypten ein wirtschaftliches Kraftwerk. Die Ptolemäer kontrollierten ein riesiges Reich, das sie sich durch Diplomatie und militärische Intervention geschaffen hatten. Sie lagen in ständigem Krieg mit den Seleukidenherrschern Persiens, um strategisch wichtige Städte in Syrien und der Levante.

ALEXANDRIA IN ÄGYPTEN

Das blühende und geschäftige Delta war das wirtschaftliche Zentrum des Königreiches. Strenge Einbürgerungsregeln garantierten den griechischen Charakter der Städte. Die Städter im Delta sprachen und kleideten sich griechisch. Schiffe aus allen Teilen der Mittelmeerwelt legten in seinen Häfen an. Zur Zeit Alexanders des Großen war Heraklion ein wichtiger Hafen und auch später noch ein viel besuchter Wallfahrtsort. Ein Archäologenteam unter Leitung des französischen Unterwasserforschers Franck Goddio ortete die Lage des Hafens neun Meter unter der Wasseroberfläche und ungefähr sechseinhalb Kilometer vor der Küste des modernen Alexandria und hat Münzen und Statuen geborgen.

Der sandsteinverkleidete Tempel aus Schlammziegeln mit mehr als 45 Kammern überblickt Baharijas Tal der Goldenen Mumien. Er ist der einzige bekannte ägyptische Schrein, der Alexander dem Großen gewidmet wurde. Er eroberte Ägypten 332 v. Chr. fast ohne Gegenwehr. Zahi Hawass glaubt, dass die Bauern und Händler von Baharija ihren Friedhof in der Nähe anlegten, um in alle Ewigkeit nahe dem legendären Gottkönig beerdigt zu werden.

Alexandria, das Juwel in der ptolemäischen Krone, überflügelte Athen schon bald als kulturelles Zentrum der griechischen Welt. Seine Gründerväter stammten aus allen Teilen des griechischen Reiches. Nahezu eine halbe Million Menschen lebte im 1. Jahrhundert v. Chr. in der Stadt. Viele nannten es *Alexandria ad Aegyptum*, »Alexandria bei Ägypten«, denn es war fast ein Staat im Staate. Die Stadt lag etwa 32 Kilometer westlich der westlichsten Nilmündung, durch einen Damm mit der Insel Pharos verbunden. Auf einem felsigen Vorsprung der Insel stand eines der sieben Wunder der Alten Welt, ein 280 v. Chr. erbauter Leuchtturm, von dem es heißt, er sei 140 Meter hoch gewesen. Alexandrias Bibliothek, die größte der Welt, beherbergte hunderttausende Bände und unterstützte eine Gesellschaft von Gelehrten und Poeten aus der ganzen hellenistischen Welt, darunter den Mathematiker Euklid (um 300 v. Chr.).

1992 begann Franck Goddio, den Meeresgrund von Alexandrias Hafen zu kartieren. Für den Ausgangspunkt orientierte er sich an Strabo, einem griechischen Geographen, der kurz nach Kleopatras Tod fünf Jahre darauf verwandte, die Stadt zu vermessen. Erdbeben und Flutwellen hatten Strabos Alexandria vor vielen Jahrhunderten verschlungen. Tatsächlich enthüllen Messungen mit Magnetometern und Sonargeräten heute eine von Erderschütterungen stark veränderte Topographie. Mehr als 3500 Erkundungstauchgänge führten zu zahlreichen Funden, von denen jeder mit Hilfe eines durch Satelliten gesteuerten globalen Positionierungssystems (GPS) genau lokalisiert, katalogisiert, manchmal mit Unterwasserabdrücken nachgebildet und am Fundort belassen wurde. Die Überreste eines 30 Meter langen Schiffes, das auf das 1. Jahrhundert v. Chr. oder etwas später datiert wurde, liegen noch immer im königlichen Hafen.

DAS TAL DER GOLDENEN MUMIEN

In der Oase Baharija, südöstlich von Kairo, trat 1996 der Esel eines Wächters der Altertümerbehörde in ein Loch und enthüllte das Gesicht einer Mumie, die aus dem Sand lugte. Dies war einer der aufsehenerregendsten neueren Funde. 2000 Jahre zuvor hatte in Baharija eine wohlhabende Gesellschaft von Landwirten und Weinbauern gelebt. Ihre begüterten Händlerfamilien wurden auf einem längst vergessenen Friedhof bestattet, der sich über gut 36 Quadratkilometer erstreckte und von 332 v. Chr., der Zeit Alexanders des Großen, durch römische Zeiten hindurch bis ins 4. Jahrhundert n. Chr. in Gebrauch war.

Der ägyptische Archäologe und Direktor der Pyramiden, Zahi Hawass, und ein Forschungsteam erforschen den Friedhof von Baharija. Bis 1999 hatten sie 105 in Familiengruften beigesetzte Mumien zusammen mit Grabornamenten, Halsketten, Keramiken sowie griechischen und römischen Münzen freigelegt. Eine Gruft, Grab 54, enthielt 43 eng nebeneinander

DAS TAL DER GOLDENEN MUMIEN

Ein wohlhabender Mann von etwa 50 Jahren und seine Gattin ruhen mit 41 anderen Baharijanern in dieser Gruft mit mehreren Kammern (rechts) im Tal der Goldenen Mumien. Münzen zur Entlohnung des Fährmanns der Sonnenbarke liegen neben einer bemalten Mumienmaske (ganz oben). Eine Holztafel hinter der Maske zeigt Osiris, der von Horus und Isis gekrönt wird. Weibliche Statuetten (oben) beklagen die Toten.

Römische Ägypter aus dem 1. bis 3. Jahrhundert n. Chr. gaben Porträts für ihre Mumien in Auftrag, heute »Faijum-Mumien« genannt. Es waren Bilder wie dieses Kindergesicht, die man auf einem Friedhof bei Hawara fand.

Folgende Seiten: Die römische Festung, rund 40 Kilometer von der Oase Baharija entfernt, schützte einst einen der Haupthandelswege der römischen Eroberer.

aufgereihte Mumien unterschiedlicher Generationen. Am üppigsten verziert war die Mumie eines 50-jährigen Mannes. Er war mit einem Brustschild aus Kartonage (verleimte Leinenschichten) komplett in Leinen eingewickelt, Brustkorb und Kopf waren mit einer Goldschicht bedeckt.

Ein junger Mann mit goldener Maske war in zahlreiche Lagen Leinen eingewickelt worden, dann hatte man seinen Kopf, seine Schultern und den Oberkörper mit einer Kartonage bedeckt und mit traditionellen Bildern von Totengottheiten bemalt. Es gibt auch Mumien von Kindern, zum Beispiel ein Geschwisterpaar, oder eine junge Frau, die kurz vor der Hochzeit starb. Sie wurde mit einer Stuckmaske beigesetzt, deren Bemalung ihr das Aussehen einer Braut verlieh, denn die Ägypter glaubten, sie würde im Leben nach dem Tode vermählt.

ÄGYPTEN WIRD TEIL DES RÖMISCHEN REICHES

Die Ptolemäer waren sich der wachsenden Macht der Römer durchaus bewusst. 170 und 168 v. Chr. fiel der Seleukidenkönig Antiochus IV. ins Delta ein und ließ sich schließlich in Memphis nach altem Brauch zum Pharao krönen. Doch im Sommer 168 traf ein römischer Abgesandter in Antiochus' Hauptquartier bei Pelusium ein und befahl ihm arrogant, sich aus Ägypten zurückzuziehen. Antiochus erbat Zeit, um seine Berater zu konsultieren. In einer bedrohlichen Demonstration römischer Macht zeichnete der Emissär einen Kreis um den König und befahl ihm, seine Entscheidung zu treffen, bevor er aus dem Kreis trat. Die Seleukiden zogen sich angesichts der diplomatischen und militärischen Realitäten pflichtschuldigst zurück, denn Rom war im Begriff, rasch zur beherrschenden Macht in der östlichen Mittelmeerwelt aufzusteigen.

Über Generationen hatte Ägypten freundschaftliche diplomatische Beziehungen zu den Römern unterhalten und sie mit Getreide beliefert. Doch nach 168 v. Chr. lag Ägyptens Unabhängigkeit in Roms Hand, und es stand unter seinem Schutz. Die Ptolemäer waren nun kaum mehr als römische Marionetten, und als Satellitenstaat Roms gedieh ihr Land. Römische Politiker lechzten nach dem ägyptischen Reichtum. 65 v. Chr. erwogen Crassus und Julius Cäsar, das Land zur römischen Provinz zu machen. Die Ereignisse arbeiteten ihnen in die Hände. König Ptolemaios XII. belastete das Volk mit so hohen Steuern und biederte sich bei Rom in solchem Ausmaß an, dass seine Untertanen ihn vertrieben. Er setzte sich nach Italien ab und bestach Julius Cäsar, um die Anerkennung seines Thronrechts durch den Senat zu erreichen. Gabinius, Prokonsul von Syrien, gab ihm drei Legionen, um gegen Alexandria zu marschieren. Er errang den Thron zurück und ermordete Königin Berenike IV., die als seine Nachfolgerin regiert hatte. Unterstützt durch die Militärpräsenz der Römer, regierte er vier Jahre.

Königin Kleopatra gebar Julius Cäsar einen Sohn, Cäsarion (Kaisarion). Auf diesem Relief präsentiert sie ihn den Göttern im Tempel der Hathor in Dendera in Oberägypten. Bis die Römer das Land 30 v. Chr. annektierten, wurde Kaisarion ihr Mitregent Ptolemaios XV.

Die Tochter von Ptolemaios XII., Kleopatra VII., erbte den Thron im Alter von 17 Jahren unter der Bedingung, dass sie den älteren ihrer beiden Brüder, Ptolemaios XIII., heiratete. Sie erfuhr von einem Anschlag auf ihr Leben, floh nach Syrien und kehrte an der Spitze eines Heeres zurück, nur um vor Pelusium eine Pattsituation herbeizuführen. Nun wurde Ägypten in die politischen Machtkämpfe Roms verwickelt. Julius Cäsar folgte seinem verhassten Rivalen Gnaeus Pompeius Magnus (Pompeius) nach Pelusium, als dieser bei Ptolemaios XIII. Zuflucht suchte. Pompeius wurde prompt ermordet, und Ptolemaios XIII. ertrank bei einem Kampf gegen die Römer auf der Insel Pharos. Kleopatra heiratete nun ihren jüngeren Bruder Ptolemaios XIV., gleichzeitig wurde sie Cäsars Geliebte und gebar ihm einen Sohn, Ptolemaios XV. Kaisarion.

Kleopatra, die auch Ägyptisch sprach, forderte Respekt, selbst wenn ihr Land Roms Vasall war. Als kluge und durch und durch politische Frau von großer Rücksichtslosigkeit erkannte Kleopatra, dass ihr Land jetzt ein Unterpfand in einem wesentlich größeren Machtkampf war, der nach Cäsars Ermordung im Senat 44 v. Chr. das Römische Reich erschütterte. Unweigerlich wurde Kleopatra in die heftigen Rivalitäten zwischen den Kontrahenten Gaius Octavius (Oktavian) und Marcus Antonius (Mark Anton) verwickelt, die das Römische Reich nach Cäsars Ermordung geteilt hatten. Antonius befahl Kleopatra zu einem Treffen in Sizilien, wo sie in einer Staatsbarke mit purpurfarbenen Segeln und silbernen Rudern zu sanft spielender Musik erschien, in exotisches Parfum gebadet und als Amor gekleidet. Mark Anton verliebte sich in die Königin, die beiden wurden ein Paar und führten in Alexandria, wo ihre derben Bankette die Bewohner die ganze Nacht wach hielten, ein aufwendiges Leben.

Wieder in Rom, startete Oktavian eine unbarmherzige Hetzkampagne gegen Marcus Antonius und gelangte in den Besitz vertraulicher Dokumente, in denen das Paar Ägypten und das östliche Imperium unter seinen Kindern aufteilte. Rom genehmigte den Krieg, der am 2. September 31 v. Chr. in einer schweren Seeschlacht bei Actium gipfelte, in der Marcus Antonius geschlagen wurde, nachdem sich Kleopatras Schiffe plötzlich und ohne Vorwarnung zurückgezogen hatten. Ein Jahr später marschierte Oktavian in Alexandria ein. Marcus Antonius stürzte sich ins Schwert; auch Kleopatra beging Selbstmord. Oktavian ordnete an, beide in der königlichen Krypta zu bestatten, die Kleopatra für sich hatte vorbereiten lassen.

Auf einer in Alexandria zum Andenken an den Sieg bei Actium errichteten Stele verkündet ein unbekannter einheimischer Dichter: »Cäsar besänftigte den Sturm des Krieges und das Klirren der Schilde … und kam frohlockend in das Land am Nil, schwer beladen mit der Last von Gesetz und Ordnung und den überfließenden Reichtümern des Glücks, wie Zeus, der Gott der Freiheit.« Oktavian begnügte sich mit einem Satz: »Ich habe Ägypten dem Reich des römischen Volkes einverleibt.« Das Land der Pharaonen war zur Provinz des Römischen Reiches geworden.

REGISTER

Halbfette Seitenangaben verweisen auf Abbildungen

WEITERFÜHRENDE LEKTÜRE, ANMERKUNGEN ZU AUTOR UND FOTOGRAF SOWIE DANKSAGUNGEN

Weiterführende Lektüre (deutsche Veröffentlichungen)

Baines, John und Jaromir Malek: Bildatlas der Weltkulturen: Ägypten. Weltbild, 1988.

Brier, Bob: Der Mordfall Tutanchamun. Eine wahre Geschichte. Piper, 2000.

David, Rosalie und Rick Archbold: Wenn Mumien erzählen. Heyne, 2001.

Davies, Vivian und Reneé Friedman: Unbekanntes Ägypten. Mit neuen Methoden alten Geheimnissen auf der Spur. Theiss Konrad, 1999.

Hawass, Zahi: Das Tal der goldenen Mumien. Scherz, 2000.

Herodot: Das Geschichtswerk des Herodot von Halikarnassos. Histories Apodexis. Insel, 2001

Gregoire Kolpaktchy: Ägyptisches Totenbuch. Scherz, 1998.

Lehner, Mark: Das erste Weltwunder. Die Geheimnisse der ägyptischen Pyramiden. Econ, 1997.

Malek, Jaromir: Ägyptische Kunst. Phaidon , 2001.

Malek, Jaromir (Hrsg.): Ägypten – Geschichte, Kunst, das Leben heute. Christian, 1993.

Reeves, Nicholas: Faszination Ägypten. Frederking & Thaler, 2001.

Reeves, Nicholas und Richard Wilkinson: Das Tal der Könige. Econ, 1997.

Schulz, Regine und Matthias Seidel: Ägypten – Die Welt der Pharaonen. Könemann, 1997.

Shaw, Ian (Hrsg.) und Paul Nicholson: Reclams Lexikon des alten Ägypten. Reclam, 1998.

Silverman, David P. (Hrsg.): Das alte Ägypten. Frederking & Thaler, 2001.

Verner, Miroslav: Die Pyramiden. Rowohlt, 1999.

Weeks, Kent R.: Ramses II. Das Totenhaus der Söhne. Die sensationelle Entdeckung im Tal der Könige. Droemer Knaur, 2001.

Weiterführende Literatur (englischsprachige Veröffentlichungen)

Aldred, Cyril: The Egyptians. Thames & Hudson, 1984.

Baines, John and Jaromir Malek: Cultural Atlas of Ancient Egypt. Facts on File, 2000.

Butzer, Karl W.: Early Hydraulic Civilization in Egypt: – A Study in Cultural Ecology. University of Chicago Press, 1976.

Clayton, Peter: Chronicle of the Pharaohs. Thames & Hudson, 1994.

Freeman, Charles: The Legacy of Ancient Egypt. Facts on File, 1997.

Kemp, Barry J.: Ancient Egypt: – Anatomy of a Civilization. Routledge, 1989.

Lichtheim, Miriam: Ancient Egyptian Literature – A Book of Readings, Volumes 1&2. University of California Press, 1976.

Malek, Jaromir (Hrsg.): Cradles of Civilization – Egypt. University of Oklahoma Press, 1993.

Reeves, Nicholas: The Complete Tutankhamun. Thames & Hudson, 1990.

Wilkinson, Richard: The Complete Temples of Ancient Egypt. Thames and Hudson, 2000.

Danksagungen

Die Buchredaktion von NATIONAL GEOGRAPHIC dankt für die Unterstützung von Zahi Hawass, Direktor der Pyramiden, Kairo, Ägypten; Stuart Tyson Smith, Ph.D., Dozent, Anthropologische Fakultät, Universität Kalifornien, Santa Barbara; den beratenden Redakteuren Michele Tussing Callaghan und Rebecca Lescaze, dem NGS-Labor für Fotografie und Bildbearbeitung, NG-Karten- und der NGS-Registerabteilung.

Danksagungen an Museen

Die NATIONAL GEOGRAPHIC SOCIETY dankt den folgenden Museen für die Kenneth Garrett erteilten Genehmigungen, Objekte aus ihren Sammlungen zu fotografieren:

Ägyptisches Museum, Kairo: S. 1, 14-15, S. 25, 31, 39, 40, 58 oben links, 67 unten rechts, 70, 81, 83 alle, 102, 115, 122–123, 126, 127, 128, 132, 133, 136–137, 138–139, 142, 146–147, 149 153, 160-161, 163, 167, 172, 178, 192, 212, 214, 216–217, 219, 225, 237 oben, 240, 247, 248, 261, 278.
Nubisches Museum, Assuan: S. 27, 264
Luxor Museum: S. 194 oben rechts, 201, 205
Ägyptisches Museum, Berlin: S. 206, 210–211
Britisches Museum, London: S. 213 oben
Metropolitan Museum of Art, New York: 213 Mitte
Ashmolean Museum, Oxford: 213 unten

Brian Fagan

Brian Fagan wurde in Großbritannien geboren und studierte an der Universität Cambridge Archäologie und Anthropologie. Seit 1967 ist er Professor für Anthropologie an der Universität Kalifornien, Santa Barbara (USA). Fagan ist international für seine Schriften über Archäologie bekannt und Autor zahlreicher Bücher über so vielfältige Thema wie die erste Besiedlung Amerikas, die Kultur der Azteken und die El Niños der Antike. Unter seinen Werken finden sich ein Bestseller über die Geschichte der Ägyptologie, aber auch die noch nicht in deutscher Übersetzung erschienenen Titel *The Rape of the Nile*, *Time Detectives* und *Floods, Famines and Emperors*. Bei NATIONAL GEOGRAPHIC hat er bereits zweimal veröffentlicht: *Into the Unknown* und das auf Deutsch erschienene *Abenteuer Archäologie*. Fagan lebt mit Frau und Tochter in Santa Barbara, Kalifornien, er liebt Fahrrad und Kajak fahren, Kreuzfahrten und Katzen.

Kenneth Garrett

Der an der Universität Virginia (USA) und der Universität Missouri (USA) ausgebildete Fotograf hat sich auf Archäologie, Paläontologie und alte Kulturen spezialisiert. Für NATIONAL GEOGRAPHIC fotografiert er archäologische Objekte in der ganzen Welt, seine Arbeiten werden aber auch in vielen anderen Zeitschriften und Büchern veröffentlicht, darunter *Smithsonian, Archaeology, Fortune, Geo Explorer, Forbes, Time, Life, Audubon* und *Natural History*.

Garrett möchte den zahlreichen Wissenschaftlern, Direktoren und Kuratoren danken, die über die Jahre die in diesem Buch erschienenen Aufnahmen ermöglicht haben. Dr. Ali Gaballah, der Vorsitzende des Hohen Rates für Altertümer, war höchst entgegenkommend bei der Erteilung der Genehmigungen, die es NATIONAL GEOGRAPHIC ermöglichten, die fortschreitende Forschung im heutigen Ägypten zu dokumentieren. Die Direktoren des Kairoer Museums, Mohammed Saleh und Soheir el Sawy, gewährten ihm für seine Arbeit in ihren Sammlungen Zugang zu ihren hervorragenden Kuratoren. Dr. Zahi Hawass und Dr. Salima Ikram, die ihm großzügig ihre Zeit widmeten, um ihm das Hintergrundwissen zu vermitteln, das nötig war, um zu entscheiden, was aus fotografischer Sicht in dieses Projekt einfließen sollte. Besondere Anerkennung muss dem Chefredakteur von NATIONAL GEOGRAPHIC, William L. Allen, für sein Interesse an der Fortführung der Projekte in Ägypten gezollt werden, die das Rückgrat dieses Buches bilden. Kent Kobersteen, Director of Photography (Fotografische Leitung), und Susan Smith, Associate Director (Produktionsleitung), haben Garrett auf seinen vielen Reisen unterstützt. Und schließlich dankt er den Bildredakteuren, mit denen er für die Bebilderung eng zusammengearbeitet hat: John Echave, Todd James, Elie Rogers und John Agnone.

Das Reich der

PHARAONEN

Brian Fagan
Fotos von Kenneth Garrett

Veröffentlicht von der National Geographic Society
John M. Fahey, Jr., *Präsident*
Gilbert M. Grosvenor, *Aufsichtsratsvorsitzender*
Nina D. Hoffman, *Vizepräsidentin*

Erarbeitet von der Buchredaktion
Kevin Mulroy, *Vizepräsident und Chefredakteur*
Charles Kogod, *Bildredaktionsleitung*
Barbara A. Payne, *Redaktionsleitung*
Marianne R. Koszorus, *Leitung Gestaltung und Ausstattung*

Mitarbeiter an diesem Buch
Martha Crawford Christian, *Projektleiter und Lektor*
John Agnone, *Bildredakteur*
Marty Ittner, *Artdirektorin*
Diana L. Vanek, *Dokumentation*
Jeanne E. Peters, *Textredakteurin*
Carl Mehler, *Leitung der Kartographie*
Joseph F. Ochlak, Gregory Ugiansky und National Geographic Maps, *Kartenrecherche und -herstellung*
R. Gary Colbert, *Herstellungsleiter*
Richard S. Wain, *Herstellungsbetreuung*
Sharon Kocsis Berry, *Illustrationsassistentin*
Mark A. Wentling, *Registererstellung*

Herstellung und Qualitätskontrolle
George V. White, *Direktor*
John T. Dunn, *Stellvertretender Direktor*
Vincent P. Ryan, *Manager*
Phillip L. Schlosser, *Finanzverwaltung*

Titel der amerikanischen Originalausgabe:
Brian M. Fagan
EGYPT OF THE PHARAOS
Photographs by Kenneth Garrett

Veröffentlicht von der National Geographic Society, Washington, D.C., 2001
alle Rechte vorbehalten

Deutsche Ausgabe veröffentlicht von NATIONAL GEOGRAPHIC DEUTSCHLAND (G+J/RBA GmbH & Co. KG), Hamburg 2001

Übersetzung: Tracey J. Evans
Lektorat der Übersetzung: Frank Auerbach
Koordination: Carlo Lauer
Satz: Buchmacher Bär
Titelgestaltung: Lutz Jahrmarkt
Produktion: Ursula Stahl (Leitung), Herbert Hofmann
Druck und Verarbeitung: Mondadori

Printed in Italy

ISBN 3-934385-35-4